运动旅游
Sports Recreation

徐菲菲 林雨莊 编著

东南大学出版社
·南京·

图书在版编目(CIP)数据

运动旅游 / 徐菲菲,林雨莊编著. —南京:东南大学出版社,2019.6

ISBN 978-7-5641-8302-8

Ⅰ.①运… Ⅱ.①徐…②林… Ⅲ.①休闲体育-旅游业发展-研究-中国 Ⅳ.①F592.3

中国版本图书馆CIP数据核字(2019)第033308号

运动旅游
yùndòng lǚyóu

编　　著	徐菲菲　林雨莊
出版发行	东南大学出版社
地　　址	南京市四牌楼2号　邮编:210096
出 版 人	江建中
网　　址	http://www.seupress.com
经　　销	全国各地新华书店
印　　刷	兴化印刷有限责任公司
开　　本	700 mm × 1000 mm　1/16
印　　张	21.25
字　　数	405千字
版　　次	2019年6月第1版
印　　次	2019年6月第1次印刷
书　　号	ISBN 978-7-5641-8302-8
定　　价	58.00元

本社图书若有印装质量问题,请直接与营销部联系。电话:025-83791830

前 言

2009年12月,国务院下发了《国务院关于加快发展旅游业的意见》(国发〔2009〕41号),提出大力推进旅游与体育等相关产业和行业的融合发展,支持有条件的地区发展体育旅游。2010年7月国务院又印发了《贯彻落实国务院关于加快发展旅游业意见重点工作分工方案》(国办函〔2010〕121号),该方案中多处就体育旅游业的相关工作进行了安排,提出由国家发展改革委、国土资源部、住房和城乡建设部、环境保护部、体育总局、旅游局负责规范高尔夫球场、大型体育主题公园等的发展。由此开启了中国户外运动旅游发展的新阶段。

随着中国经济的发展,人民收入的提高,民众的旅游需求将会经历这么几个阶段:从初始阶段的观光游览型旅游,到现阶段的休闲体验型旅游,再到将来的运动游乐型旅游。这一方面反映了旅游市场的日益发达,另一方面也反映了游客体验的日趋成熟。本书所讨论的运动旅游,其实是西方人日常生活中游憩、度假活动的重要部分,深入自然的露营、划船、滑雪、钓鱼等活动是家庭生活的一部分,也是健康社会的基础。例如美国人向来以体育运动精神作为民族精神,几乎家家户户都会进行和户外运动有关的休闲度假活动,英国、澳大利亚等也是如此。而中国才刚刚进入休闲度假阶段,考虑到中国的人口基数,运动旅游在中国市场的发展潜力巨大。

两位编著者长期从事旅游教学与实质规划工作,也并非疯迷运动,但是在欧美等西方国家生活多年,工作中也接触到许多旅游学术领域、游憩资源利用、户外运动规划等项目,发现许多有趣的在自然环境中的游玩项目,却因爱好者分散,很少受到关注。例如飞行伞安全性高、装备费用不高、入门学习容易、环境资源丰富,发展潜力很大,但是因目前法规、管理、场地未能及时配套,所以仍然局限于一些小众市场。再比如许多水库池塘,因需要保护水资源与生态,不能设置动力船艇项目,但是风帆板、SUP站立划桨板,能在静水环境中开展,是一项无污染、低影响的活动。如果这些环境资源能够被利用,则能带来巨大的观光游憩效应与社会经济效益，并为促进全民健康、推动民众福祉作出贡献。

　　因此两位作者开始着手收集数据，整编本书。然而在确定书名的时候，几经易稿。如何才能让书名引起人们阅读的兴趣呢？运动旅游？户外运动？户外休闲？游憩旅游？其实大概意思都一样，就是Outdoor Sports Recreation，走向大自然的休闲运动，非体育场馆的运动项目，不仅仅局限于观光游览型和交互体验型旅游项目，而且可以发展成兴趣爱好的户外游玩项目。最后，考虑到运动旅游一词覆盖的全面性，遂取《运动旅游》为书名。希望本书可以供运动、旅游、规划、环境等相关从业者参考，并为运动管理、公园管理、旅游管理、度假村管理等专业的学生提供参考依据。

目　录

Ch.1　运动旅游的内涵（Meaning） 1
- 1.1　运动旅游意义 1
- 1.2　运动旅游分类 3
- 1.3　极限运动领域 6
- 1.4　运动旅游资源 11
- 1.5　运动与旅游产业 15
- 1.6　运动旅游的发展策略 19

Ch.2　陆域运动旅游（Land Recreation） 22
- 2.1　越野健行（Hiking） 25
- 2.2　原野定向（Orienteering） 28
- 2.3　马拉松（Marathon）、路跑（Jogging） 32
- 2.4　登山（Mountaineering） 35
- 2.5　攀岩（Rock climbing）与抱石（Bouldering） 42
- 2.6　溯溪（River Tracing）与降溪（Canyoning） 52
- 2.7　森林拓展（Forest Adventure） 57
- 2.8　高空滑索（Zip-line） 60
- 2.9　露营（Camping） 64
- 2.10　钓鱼（Fishing） 72
- 2.11　自行车（Biking） 78
- 2.12　骑马（Riding） 88
- 2.13　滑草（Grass Skiing） 93
- 2.14　滑雪（Skiing） 96
  - 2.14.1　滑雪单板（Snowboarding） 101
  - 2.14.2　滑沙（Sandboarding） 106

2.15 滑轮鞋、直排轮（Roller skating）……………… 107
2.16 滑板、滑轮板（Skateboarding Roller skating）……… 112
2.17 滑冰（Ice Skating）……………………………… 117
2.18 射箭（Archery）………………………………… 122
2.19 射击（Shooting）………………………………… 130
2.20 漆弹战斗（Airsoft、War Game、Survival Game）…… 139
2.21 蹦极（Bungee Jumping）………………………… 145
2.22 高尔夫球（Golf）………………………………… 148
2.23 卡丁车（Karting, Go-Kart）……………………… 157
2.24 其他陆域项目（Others）………………………… 165
  2.24.1 太空球（Zorbing）……………………… 166
  2.24.2 观鸟（Birdwatching）…………………… 167
  2.24.3 拔河（Tug of War）……………………… 168
  2.24.4 飞盘（Flying disk）……………………… 169
  2.24.5 摩托车（Motorcycle）…………………… 170
  2.24.6 跑酷（Parkour）………………………… 171
  2.24.7 竞技风筝（Stunt Kite）………………… 172

Ch.3 水域运动旅游 Water Recreation ……… 174

3.1 冲浪板（Surfing）………………………………… 177
3.2 风帆板（Windsurfing）…………………………… 186
3.3 风筝板（Kiteboarding）…………………………… 194
3.4 拖曳滑水（WakeboardWater Skilling）…………… 199
3.5 浮潜（Snorkeling）……………………………… 204
3.6 水肺潜水（SCUBA）……………………………… 207
3.7 皮划艇（Kayak）………………………………… 211
3.8 独木舟（Canoeing）……………………………… 215
3.9 立桨板（SUP）…………………………………… 219
3.10 橡皮筏漂流（Rafting）…………………………… 222
3.11 赛艇、划船（Rowing）…………………………… 227
3.12 风帆船（Sailing）………………………………… 234

3.13 水上摩托艇（Jet Ski）……………………………… 246
3.14 其他水域项目（Others）…………………………… 250
  3.14.1 水上飞行板（Flyboard）…………………… 251
  3.14.2 划龙舟 ………………………………………… 251
  3.14.3 游艇（Yacht）………………………………… 252
  3.14.4 香蕉船（Water Skiing）……………………… 253
  3.14.5 游泳（Swimming）…………………………… 253

Ch.4 空域运动旅游 (Sky Recreation) …………… 256

4.1 飞行伞（Paragliding）……………………………… 258
4.2 滑翔三角翼（Hang gliding）……………………… 269
4.3 热气球（Hot Air Ballon）………………………… 274
4.4 降落伞（Parachuting）…………………………… 280
4.5 拖曳伞（Parasailing）……………………………… 286
4.6 其他空域项目 ……………………………………… 288
  4.6.1 遥控飞机（Remote Model Aircraft）………… 288
  4.6.2 轻航机（Motor Glider）……………………… 290
  4.6.3 飞鼠装（Wingsuit flying）…………………… 292

Ch.5 运动旅游规划与管理 (Planning & Management) …… 294

5.1 游憩资源调查（Resources Survey）……………… 294
5.2 游憩区空间规划（Recreation Area Planning）…… 298
5.3 游憩区经营管理（Recreation Management）…… 308
5.4 相关案例（Case Study）…………………………… 318

参考书目 ………………………………………………… 329

后 记 …………………………………………………… 331

Ch.1 运动旅游的内涵（Meaning）

1.1 运动旅游意义

传统意义上的观光旅游就是离开居住地到特定地点观赏自然与人文风景，并伴有体验民俗、美食等的活动。这些以静态观赏活动为主的旅游活动称为"观光"（Sightseeing）。

很长时间里我们把"旅游（Tourism）"等同于"景点观光（Sightseeing）"。随着社会经济的进一步发展，经济收入与工作外空闲时间的增加，到此一游的视觉体验已不再能满足人们的需求，人们到美丽的风景区、温泉区、森林、海滩去放松身心，住在环境优雅安静、生活节奏缓慢的地方，闲逛静思，品尝美食，泡汤喝茶，体验风土人情，因此"休闲度假（Leisure）"的概念得以延伸。而在休闲度假中，景点的知名度并不重要，只要是开阔的空间，舒适的气候环境，都是休闲度假的资源。

休闲度假是静态的、步骤缓慢的旅游形式。"户外运动旅游（Outdoor Sports Recreation）"更关注人与风景的互动，更能令人享受融合于高山、森林、溪流景观的愉悦感与运动的满足，更能深入体验壮丽山水、身体伸展的乐趣。

户外游憩（Outdoor Recreation）是一门成熟的学科，西方学者们对此有明确的定义。户外游憩包含休闲度假，也包含观赏生态、游玩主题游乐园、古迹探索等活动。运动旅游（Sport Tourism）特指户外游憩中运动性质明显的项目，同时也是非固定地形的项目，比如背包步行或骑自行车穿越田野与丘陵、攀登山岳、水域划船、滑水冲浪、溜冰滑雪、漂浮飞翔等，这些都是比景点观光（Sightseeing）更宽广的领域。如果观看高山峡谷还不过瘾，利用气流、顺势滑翔、热气球俯瞰、蹦极将会更加令人期待与满足。

因此，运动旅游（Sport Tourism）或是户外运动旅游（Outdoor Sport Recreation），值得被抽离出来，发展成为旅游学科中的新领域。运动与游憩结合的活动就称为运动旅游、户外旅游。国外的旅游学者 Gibson 将运动旅游分为以下三个类型：

（1）主动参与型的运动旅游：游客以参与其感兴趣的运动为主要动机，旅游是次要目的，比如到特定地点潜水、滑雪，顺程至当地旅游景点参观。

（2）观赏赛会或活动型的运动旅游：游客以观赏运动赛会或运动活动为主要目的，比如专程前往某个城市参观奥运会、世足赛、F1方程式赛车等活动。

（3）参观运动设施的运动旅游：该类型运动旅游是对过去运动的人或事物怀旧的过程，比如参观奥运会场馆、运动景点、运动纪念场馆等活动。

本书不探讨上述第二、三类的运动旅游，仅探讨在风景资源中，如何发展及规划运动旅游，如何减少对环境产生的负面影响，并且在安全、舒适、可持续的前提下发展运动旅游。第一类型的运动旅游，也就是户外运动旅游，它的价值不在于输赢，而在于旅游与环境的互动，例如自行车、登山、健行、划船、飞行伞都是十分低碳环保的运动，坚持环境可持续发展才能更符合生态旅游的目标。

运动旅游的项目大多是自娱自乐，不仅玩的花样有千百种，而且在野外玩，享受大自然的美好，更能锻炼身体、提升技能。多了解国际正式比赛的规则，有助于发展体育，也有助于学习到更准确的运动内涵。

运动旅游的本质就是游玩，生活环境中有山玩山，有水玩水，有草地玩滑草、骑马射箭，有冰雪玩溜冰、玩滑雪，有沙漠地玩滑沙、沙雕、沙滩车，无处不可游玩。因为现在的信息传递与交通运输更为便利，拉近了不同族群生活圈的距离，也形成了拥有共同爱好的小众团体。喜好登山、钓鱼、热气球、滑水等的团体活动都提升了户外运动旅游的质量。综上，我们可以给运动旅游下一个定义：利用野外环境条件，达成风景体验、身体伸展、游玩乐趣目的的旅游活动项目。

根据科学研究，运动15至30分钟之后，人体可以释放出脑内吗啡（Endorphin），或称胺多酚，是一种会制造大量"愉快感觉"的神经麻醉剂。脑内吗啡属于一种人体内自行生成的类吗啡生物化学合成物，它是由脊椎动物的脑下垂体和丘脑下部所分泌的氨基化合物（肽），能与吗啡受体结合，产生跟吗啡、鸦片剂一样的止痛和愉快感，等同天然的镇痛剂。

运动就是游戏娱乐，运动可以获取快乐，可以调节烦躁情绪，可以促进健康，因此人们趋之若鹜。游憩活动也有同样的效果，将两者结合，可以创造更大的发展空间。现代的人类已经不需要借由运动狩捕动物、抵抗外敌，但是现代人类的生活中，仍然需要运动锻炼体能，获取快乐。运动和游憩活动均作为经济活动的重要项目，将两者结合成为运动旅游能够创造巨大的经济效益，促进 GDP 的增长。

1.2　运动旅游分类

运动旅游的项目繁多，而且日新月异，我们搜集了时下的运动旅游项目，同时又有新的项目。比如从前的冬季山区的滑雪（Skiing）与夏季海滨冲浪（Surfing），被结合成单滑板滑雪（Snowboarding），原先只是出于娱乐将两个雪橇绑在一起，然而短短一年间就风行于欧美大陆，还成了冬季奥运的项目；再比如从新西兰开始兴起的蹦极（Bungee Jumping）；帆船与冲浪板结合成风帆板；滑板用于沙地、草地与雪地成为滑沙、滑草与单板滑雪，受到电影钢铁人影响水上钢铁人（喷流飞行板）、飞鼠装低空翼跳伞、遥控直升机摄影等，要搜集齐全有一定程度的困难，我们仅能将目前最普及、最大众化的项目进行分类与探讨。

首先，我们可将运动旅游项目分为体育场馆运动项目与野外运动项目，前者包含室内的项目：桌球、羽毛球、体操、游泳、滑冰、拳击、武术、柔道、击剑、篮球等；也包含室外的项目：马术、赛马、赛车、田径、网球、排球、棒球、足球、橄榄球等。室内的项目可以由人工控制环境，使各场运动不受天气或日夜影响，使竞赛更为公平。而且这些有固定体育场馆的项目，都已经有很成熟的场地规范与国际比赛规则，是体育界与建筑规划师们熟悉的部分。这一类型的运动旅游例如运动会、竞技、球赛、赛马能够带来大量的旅游人潮，都需要大众运输、停车场与观众席，可以创造很大的经济效益，但是本书略过不讨论这部分。

野外运动项目需要更大的户外场地，必须因地制宜，与自然环境相结合。比如高尔夫球，海滨、丘陵各地的球场大多同样有 18 洞，但是球道造型几乎没有相同的；各地区的卡丁车跑道路径、形态也都不同。野外运动项目依赖风气流的动能、水流的动能、地形高差、坡度所造成的位能与障碍挑战、多样性的环境进行，比如个人轻艇、划船、帆船、越野自行车、马拉松、滑雪、攀岩、风浪板、飞行伞、滑翔翼等项目，受制于多样的环境条件，难以制定标准化场地，本书将逐项探讨这些项目的特性以及场地规划的需求。某些野外运动项目，个人自我挑战性质非常高，环境更为多样，较难制定公平竞赛的规则,比如登山、攀岩、跳伞、潜水、蹦极、热气球等,很多都没有纳入比赛项目,但是运动旅游的满足感很高。

这些户外或野外运动项目才是旅游规划运动管理等专业需要了解的部分,本书将分类分项探讨。野外运动旅游项目依环境类型可大概分为陆域(山地、森林、田野、草地、砂地、雪地)、水域(河湖、海洋)、空域三大类;运动媒介可分为徒手、工具配备、动力机械、设施布置、动物等;依游戏规则可分为个人体验型、竞速竞技型、双方对战型等。我们先依据环境类型将运动旅游分类为陆、海、空域具体如下:

一、陆域项目

陆地上的环境资源十分多样,也是人类最容易亲近的运动旅游环境,仅场地球类就有百余种,但是本书更关注走入大自然的运动项目。陆地上的环境资源还可进一步分为高山森林环境、田野草原环境、砂地或沙滩环境、冰雪地环境。这些环境有不同的资源禀赋,不同的地心引力、摩擦力,而且环境不同,情绪和心灵体验也不同。更何况风景就是最好的运动旅游吸引物。草原游牧民族与海滨渔耕民族历史上就有他们的传统运动游乐风俗,高山森林或冰天雪地民族也有他们的传统运动游乐风俗,在现代地球村中,我们因此得到丰富的运动旅游体验。

A. 山地、森林环境

高山寒冷、陡峭、垂直落差大,有坠落危险,地形崎岖,难以攀登或跨越。森林茂密、神秘,生物丰富,微气候变化大,但都杳无人迹,可达性很低。越是如此,越是能吸引人类的兴趣,想要去征服高度、征服障碍、征服环境的不利条件。更何况风景就是最好的运动旅游吸引物。征服这些逆境后,视觉景观与环境体验不同于平地,这也是运动旅游带给人们的双重美好体验。山地森林环境,可以分为以下三类:

● 登山、攀岩、溪降、溯溪、高山越野、森林露营、狩猎、赏鸟,都属于个人环境探索,也更接近生态旅游体验类型,游客属性与偏好对其行为的影响相当显著,重游率与忠诚度都很高。

● 森林拓展、漆弹游戏、障碍赛,都需要在森林或山地环境中布置场地,有游戏比赛性质,更能吸引青年学生参与。

● 蹦极、高空滑索、跳伞塔,都是借助机械设施,让人体从高空坠落、滑动,体验刺激快感。当然这些设施也可安置于机械游乐园区,设置于山地森林环境中,使人们得到的户外环境体验更加强烈。

B. 田野、草地环境

乡村田野或草原、草地环境,视野开阔,活动空间宽广,生态敏感度不高，而且可达性很高，因此能创造出更多的大众化运动游乐项目，也能够容纳更多的游憩人口。田野、草地环境也包含农业乡村与牧场生产环境，因此许多项目也与乡村旅游结合，连接传统产业活动，同样属于生态旅游资源。这些项目的技术门槛不高，家庭成员都可参与。可以分为以下五类：

● 越野健行、慢跑、马拉松，选择优美的风景路径行走，体验风景，也考验个人的体能、耐力。

● 自行车（登山车、公路车、BMX 小轮车），于线状路径移动，靠人力与车轮穿越更长远的距离。能够体验风景，也考验个人的体能、耐力。

● 赛车（卡丁车、方程式、摩托车）、机械游乐园，都是借助于机械动力让人体获得速度、摆荡、冲击等肾上腺刺激快感。

● 高尔夫球、射箭、射击、赛马、马球、马术、直排轮、滑草、草地滑板车、草地滚球、滑轮鞋、飞盘、户外球类，都属于草原场地的运动旅游项目。

● 农场小木屋、草原露营、制茶等生产活动参观、动物互动等，都属于乡村生活体验类型旅游项目。

C. 砂地、海滨环境

砂和泥巴都是一种环境介质，摩擦系数不同于草地环境，运动游戏常利用这类介质特性在上滑动或用其进行雕塑，可以徒手进行，也可以借助滑板或滑板车、机动、风力。包含下列两类：

● 沙雕竞赛、沙滩球类、沙滩越野跑，都是徒手活动。

● 滑沙板、沙滩摩托车、沙滩风帆板、沙滩风筝滑车等，都是借助坡度、风力等外力的运动。

D. 冰雪地环境

冰雪环境需要特别的纬度、气候、地形，冰与雪也是一种环境介质，摩擦系数特别小，移动速度快，危险度高，极限运动的满足感也特别高。包含下列三类：

● 滑冰竞速、冰上芭蕾、冰上曲棍球、冰壶竞斗、冰橇等利用冰为介质快速移动的项目。

● 高山滑雪、越野滑雪、跳台滑雪、单板滑雪、滑雪橇、雪橇曲棍球等利用雪为介质在斜坡上快速移动的项目。

● 雪地摩托车等利用机动外力的越野竞赛项目。

二、水域项目

在户外自然环境中，水景观有生动感，无论瀑布、激流河川、缓流河川、湖泊水库、沼泽湿地、沙滩与礁岩海岸、水面与水底，都是游客关注的焦点。水体也是一种介质，能漂浮人体，也能结合风力、波浪、重力等外力创造多种运动项目。水体或水滨生物聚集量多，也能产生亲近、观赏、游憩的乐趣。

水体能承受一定的环境污染量，但是环境敏感度也很高，如果超过一定的游憩承载量，就变成不可持续的运动旅游。水域运动项目可分为下列六类：

● 游泳、跳水、水球、水上芭蕾，都是无需大型装备和设施在静水表面进行的活动，可以布置人工场地进行活动，也可以在湖、河、海等野外环境活动。

● 冲浪板、浮板、橡皮筏漂流、独木舟、皮艇都是激流或风浪动态环境中的运动项目。

● 独木舟、竹筏、SUP 划水板、西式划船、龙舟，都是静水表面，利用人力划水的项目。

● 风帆板、风筝滑水板、风帆船都是借助风力在水表面上的运动项目。

● 徒手浮潜、水肺潜水，特性是潜入水下环境，观赏水下生物景观。

● 动力游艇、拖曳滑水板、拖曳香蕉船、拖曳胶筏、水上摩托艇、喷流钢铁人，都是借助机械动力的项目。

三、空域项目

空中的环境介质只有空气和气流。但是飞行又是人类旅游体验的最大梦想，于是人类想尽方法利用空气、气流与机械，发展空域运动项目。其实蹦极、高空滑索、跳伞塔也有类似空域运动的性质，但是还是脱离不了陆地设施，唯有下列项目才真正让人类离开地面。

● 降落伞、飞行伞、拖曳伞、三角滑翔翼、热气球，都需要借助空气、气流。

● 轻航机、遥控飞机、机动滑翔翼，都需要借助空气、气流与机械。

1.3 极限运动领域

行车走马三分险，运动旅游难免有伤害，但是越是惊险刺激，越是吸引新新人类。极限运动与运动旅游有许多重合，属于运动旅游中较激烈、冒险的领域。极限运动（Extreme Sports）、冒险运动（Adventure Sports）是 21 世纪以来的风潮，被视为具有潜在高危险性的活动。这一类的运动追求速度、高度、深度、摆荡、冲撞、坠落、攀爬……体力消耗量大，意志力、耐力要求高，对于技能熟练度的要求也高。比如低空飞鼠装跳伞、摩天大楼外墙攀爬，由于危险度过高，许多国家、地区已经禁止开展这些项目。我们将目前热门的极限运动依据动能方式进行分类，可以发现野外运动旅游的发展方向如下：徒手徒脚型（山地、雪地、水域）、滑板型、滑轮型、轮圈型、机动力型、水力型、风力型。

一、徒手徒脚型（Free Hand 以人力跨越自然环境障碍）

移动是动物的本能，原始人跨越障碍获取资源，猎捕动物，或抵抗外敌。现在的人类移动身体，跨越障碍是为了获取愉悦感，体验新奇的环境。

越野健行、慢跑、登山、攀岩、溯溪、游泳、跳水、自由潜水等，都属于此类。为了增加运动的安全性，挑战身体移动的极限，一些简单贴身工具得以广泛运用于运动旅游中，比如攀登绳索、潜水蛙鞋、安全头盔、安全扣环等，但我们仍将这些项目归类为徒手型运动项目。当然场地跑、跳、掷、举等田径项目，摔跤、扭打、拳击等竞技项目，场地球类项目（足球、手球、排球、网球、棒垒球、篮球、保龄球）也算是个人徒手体能运动，但是可在室内或固定场馆举行的，本书暂且搁下固定场地项目不讨论，主要讨论野外体验性强的运动旅游项目。而极限运动讲求速度、极难、极地，慢速、规律、温和的运动都不符合极限运动，高尔夫球、钓鱼、静水划船与运动场馆项目大多不列入极限运动范围。

● 高山越野（Fell Running）、极限超跑（Ultramarathon）、跑酷（自由爬跳）、攀岩、溪降、溯溪、浮潜等，需要更强的体能与训练，才能克服低氧、沙漠、高温、低温、雪地、崎岖山地、深水高压的环境。

● 迷彩漆弹或 BB 枪战斗（Airsoft & Paintball），参加者模拟步兵作战的情境进行游戏，有的使用空气枪塑料粒 BB 弹，有的使用红外线或镭射（laser，即"激光"）枪感应，有的采用含水溶性染料和具有明胶外壳胶囊标记等。

● 障碍赛（Obstacle Racing），来源于军事训练的障碍跨越，参加者要以最短时间攀爬过高墙、深沙坑、泥泞沼泽、绳网，完成通过通过匍伏前进、攀钻铁丝网等障碍完成赛程。

● 荒野定向（Orienteering），来源于军事训练的目的地侦搜，用地图与指南针判读地形地物，各组参赛者在荒野中跨越或绕经障碍，在最短时间抵达目标定点。

二、滑板型（Boardsports，借助滑板、地心引力与惯性力）

滑板与滑轮，是运动旅游项目的大家族。公园、街头、风景区、草地，到处都有人玩滑板、滑轮板、水面板、风力板。许多公园、风景游憩区也都为滑板运动规划了相关设施。

随着滑板运动的风靡，滑板家族也衍生出许多种变化：

（1）没有轮子的板称为滑板，接触的物质柔软（雪、沙、浪）不用轮子，在水面上、雪面上、沙面上，只依靠重力加速度往下坡滑，闪避地形、水浪的各种变化，需要平衡技能与体能，因此称为"滑雪单板"、"滑沙板"、"冲浪板"。

（2）地形没有高低差，需要借助风帆为动力的，在水上为"风帆板"（迷你帆船）。在陆地上要加轮子，为"陆上风帆板"。

（3）地形没有高低差，需要借助风筝为动力的，在水上为"风筝冲浪板"。在陆地上要加轮子，加风筝的为"陆上风筝冲浪板"。

（4）地形没有高低差，需要水上快船拖曳的为拖曳滑水板。加上轮子，在陆地上由汽车拖曳的为"陆上拖曳滑轮板"。

（5）在静止水环境（湖、河、平静海面），需要使用者站立划行的为SUP 手划板。

（6）没有板只有轮子的鞋板，称为"轮鞋"，比如滑轮鞋、直排轮鞋、滑草鞋。

惯性力（Inertial Force）是指当物体加速时，惯性会使物体有保持原有运动状态的倾向，若是以该物体为参照物，看起来就仿佛有一股方向相反的力作用在该物体上，因此称之为惯性力。因为惯性力实际上并不存在，实际存在的只有原本使该物体加速的力，因此惯性力又称为假想力（Fictitious Force）。此概念的提出是因为在非惯性系中，牛顿运动定律并不适用。但是为了思维上的方便，可以假想在这个非惯性系中，除了相互作用所引起的力之外，还受到一种非惯性系引起的力，也就是惯性力。

滑板型运动就是利用惯性力让人的身体快速移动产生快感。生活环境中，水介质、冰介质、雪介质、草介质、砂介质、泥巴介质、人工混凝土介质、人工胶皮介质都可以利用，这些介质都有不同的摩擦系数，不同的坡度与风、浪、潮等自然外力也影响了惯性力的表现。因此身体动感加上环境体验发展出繁盛的滑板运动家族与橇盘运动家族。如下列：

● 冲浪板（Surfing），一般传统的长条冲浪板，源于波利尼西亚，长度8尺至11尺，流线鱼型，有尾舵、系脚绳。

● 卧趴冲浪板（Bodyboarding），冲浪板比较短（约6尺），可趴卧或跪坐，不用站立起来，适合非专业的玩家，以抓、握、抱的方式体验冲浪乐趣。

● 浅滩滑水板（Skimboarding），是针对浅滩的潮浪的滑水板，又称沙板,是沙滩浅水区类似冲浪的运动。多数浅滩滑水板(沙板)外观类似冲浪板,但是比较短小轻薄,没有尾舵和脚绳。玩家需将板子丢在沙滩浅水区,运用助跑的速度使板子前进,顺着浅滩的潮水面滑行出去,享受凌驾的乐趣。

●表浪滑水板(Flowriding),结合冲浪板、趴板、浅滩板等功能设计的表浪滑水板,在人为斜坡造浪水池中泵可以打出时速50公里8厘米高的浪,模拟海潮表面浪。滑浪者可以在相对较小的区域内练习从基本到复杂的转弯技巧。

●拖曳滑水板(Wakeboarding),由船艇拖曳滑水,感受船尾激起的水流浪花。

●风筝滑水板(Kitesurfing),由风筝伞拖曳滑水,由风力往前拉在水面滑行。

●溪流滑浪板(Riversurfing),针对河川激流的冲浪板,比较短,常用于水库电厂排水口下方的涌浪冲滑。

●激流腹趴浮板(Riverboarding),针对河川激流的厚浮板,比较短且厚,玩板者可以卧姿两手紧握,如同单人漂浮或滑水浮板。

●单桨划浪板(Stand Up Paddling, SUP),在平静水域,站立于浮板上,当做小船筏单桨划行。

●沙丘滑板(Sandboarding),将沙介质与斜坡滑落惯性力结合的项目。

●滑雪单板(Snowboarding),将积雪介质与斜坡滑落惯性力结合的项目。

●跳伞滑板(Skysurfing),结合跳伞与滑板的项目。

●风帆板(Windsurfing),水上滑板加装风帆的迷你小帆船项目。

●滑雪板橇(Snowskatingluge),将积雪介质与斜坡滑落惯性力结合的项目。

●草地滑板橇(Grass Skid),将草介质与雪橇特性结合的项目。

三、滑轮型(rolling,借助滑板、地心引力与惯性力)

轮子是人类文明的重大发明,轮子原来并不存在于大自然中。自然界内有些动物会滚动,但是除了人类,没有动物是在轮子上移动的。轮是用圆形的物体造成的,可以绕着轴心转动。通过滚动,可以减少环境介质的摩擦力。如果配上轴,即成为车的最主要构成部分。这里不探讨车船载具,先探讨滑轮运动旅游项目。滑板、滑橇在低坡度环境下惯性动力不足,于是便有了小滑轮的辅助。

- 滑轮鞋（Roller Skating），每只鞋上有 4 个轮子，分配在鞋底四个角落，可以在路面、铺面场地内滑行，也可以以履带轮的形式在草地上滑行（草地滑轮鞋）。
- 直排轮鞋、花式直排轮，每只鞋上有 4 个轮子或 2 个轮子，但是是纵向单排的，可以在路面、硬铺面场地内滑行，也可以在草地上滑行（草地直排轮）。现发展成硬铺面场地曲棍球与草地曲棍球。
- 特技滑轮鞋（Aggressive Inline Skating），极限滑轮鞋，需布置更大弧面斜坡或障碍的场地。
- 滑轮板（Roller Skating），可承受人体重量的板，下装 4 个轮子滑动。
- 特技滑轮板（Vert Skating），极限滑轮板，需布置更大弧面斜坡或更多障碍的场地。
- 陆地滑板车（Skateboarding），将冲浪板装上轮子，用到公路路面上。
- 山地滑板车（Mountainboarding），将滑水板装上轮子，用到野外草地上。
- 风筝滑板车（Kite Landboarding），将冲浪板装上轮子与风筝伞，用到公路路面与草地上。
- 街头滑橇车（Street Luging），将滑雪橇装上轮子，用到公路路面上。
- 滑轮雪橇(Roller Skiing)，每只短橇板上有 2 个轮子，借助手撑雪橇杖在无雪的路面或草地上滑行。
- 高空滑索，在高空系钢缆，借由滑轮移动，又称流笼、索道。
- 滑轮车（Freestyle Scootering），有把手杆的两轮滑板车，在硬铺面场地或斜坡、弧面坡上滑行。
- 风火轮（Dirtsurfing），有两个直径约 1 尺的轮架，在硬铺面场地滑行。
- 自行车（登山车、公路车、BMX 小轮车），以人力及轮轴驱动的运动项目。
- 雪橇车(Bobsleigh)，1 至 4 人的子弹型雪橇车，底部装上轮子与雪橇支架，利用斜坡惯性力在特定跑道上飙速的运动项目。

四、自然力型（借助气流、地心引力与惯性力，但是需要借助机械或容器辅助）

- 水肺潜水、洞穴潜水，需要专业重装备，克服水压与氧气障碍。
- 蹦极（Bungee Jumping），玩家脚系安全索从很高的跨桥上跃下，体验自由落体与反弹的刺激快感。高度从数十米至数百米不等，也有在建筑物、超高起重机与热气球上蹦极的设计。

● 低空跳伞（Base Jumping），由高塔、高楼、悬崖上跳下，但是有弹性绳索或降落伞系挂在身上，在跳伞过程中体验下坠感。

● 高空跳伞（Parachuting Skydiving）、热气球跳伞与飞鼠装滑翔（Wingsuit flying），都是从飞行器或高楼上向下落，热气球跳伞没有向前的动能，坠落感更为强烈；穿着飞鼠装滑翔，低空拉伞，享受鸟人的快感，但是危险程度非常高。

● 风筝伞、飞行伞（Parakite、Parading）与滑翔翼（Hang gliding），不用登上飞机，直接利用地形与气流风力，将人拖曳到空中，与风筝滑水板类似。

● 走钢索（Slacklining），依靠身体平衡的技巧完成项目。

● 漂流泛舟、独木舟、皮艇，都是在激流中前进的项目。

五、机动力型（Motors，借助轮轴与内燃机的动力机械）

机械动力可以加快移动速度，使人更能享受飙速、离心、扭力、滑翔等快感，在陆、水、空域不同环境中的汽缸两轮、汽缸四轮、螺旋翼、涡轮机或是机械游乐园的海盗船摆荡、云霄飞车、自由落体、疯狂激流等都属于此类。具体比如：

陆地摩托车、水上摩托车、沙地摩托车、雪橇摩托车。
越野车、卡丁车、方程式赛车。
气垫船、机帆船、机动游艇、水上钢铁人。
动力滑翔翼、轻航机。
机械游乐园动感项目。

1.4 运动旅游资源

一般而言有吸引力的景点或旅游资源，根基于美丽的自然景观、历史悠久的人文建筑、原始纯朴的民俗文化，这些旅游资源的共性在其独特性、稀有性、代表性、珍贵性、敏感性和脆弱性。然而这些旅游景点经过群众的造访，很容易受到损耗、破坏，同时面临着商业世俗化的风险，因此发展与保护成为两难抉择。但是运动旅游资源相对广泛，对资源的损耗性、环境冲击也较小。譬如选择山路古道、海滨公路的某段举办自行车赛、马拉松活动；在高山悬崖举办登山、攀岩、飞行伞活动；在海流、风向稳定的海岸、海湾带举办风帆船、拖曳伞活动……这些运动旅游项目,可以创造更大的旅游市场,吸引众多的旅游者,并创造可观的经济效益。

　　运动旅游最关键的是自然环境条件,譬如风速、风向、水流速、水深、稳定度、山壁坡度、岩质坚硬度、空间、距离、高差、水质、温度、雨雪量等。

　　然而很多观光旅游规划的旅游资源调查,仅将当地地质、地形、气候、植物、聚落、民俗、产业等数据拷贝、粘贴。但是深度的旅游资源调查必须进一步思考如何挖掘适合发展运动旅游的环境条件?浏览过本书的相关项目后,再检察您的旅游资源调查,通过参酌我们的运动旅游环境条件检验调查问题能够更合理评估旅游资源并做出合理规划。

一、山地、森林环境

　　在山地、森林环境中可能发展登山、越野步道、生态探索、森林体验等活动。需考虑:

　　森林、荒野的原始自然度指数?保育或许可游憩?
　　该山地森林区的海拔?生物多样性?敏感度?可以承受的游客量?
　　有没有既有的森林道路、棱线、小径、古道,可否规划登山路径?
　　有没有悬空的桥梁可以发展蹦极项目?
　　评估地貌与森林景观是否值得建设缆车设施?
　　林间有没有适合的露营地?有无水源、道路、防火条件?
　　岩石的硬度、坡度、敏感度?是否可发展攀岩、抱石活动?

二、田野、草地、砂地环境

　　在田地、草地、砂地环境中可能发展越野健行、马拉松、自行车、露营、滑草等活动。需考虑:

　　既有的道路系统中,哪些区段风景最佳,有无适合步道马拉松与自行车的路径?
　　河滨漫滩地面积大小?洪汛期安全规定如何?是否能发展河滨游憩活动?
　　水滨湿地的生态敏感度如何?生物多样性如何?是否适合发展赏鸟、生态观察、钓鱼活动?
　　有无适合的露营地?面积、坡度、排水、景观、水源、道路、防火条件如何?
　　草坡的面积、长度如何?是否适合发展滑轮鞋、滑板、草地运动项目?
　　砂地的面积、长度如何?有无适合发展沙滩车、滑沙、沙滩球类项目？

土砂的均匀度如何？品质如何？邻近水源？能否发展沙雕创作活动？

空旷原野地、交通可及性如何？是否能发展大型园游会、大露营、大型运动比赛？

该区域是否无聚落、无光害并且地势高亢？夜晚晴朗度如何？是否适合发展观察天文星座活动？

三、雪地环境

雪地环境可能发展滑冰、滑雪、雪橇等活动。需考虑：

每年降雪量厚度、覆盖天数、山地坡度、长度如何？是否适合发展滑雪、雪橇活动？

地形条件是否适合开路或架设登山缆车？

每年区域内水体的结冰厚度、结冰天数如何？是否适合发展滑冰、冰上运动、冰雕活动？

四、内陆水域环境

内陆水域环境可能发展游泳、钓鱼、划船、水滨游憩项目。需考虑：

瀑布、水库、湖泊的景观品质如何？是否适合观赏？还是适合发展水上游憩项目？

水体的生物多样性、生物栖息地区位、生态环境敏感性如何？

目前内河运输航道对该区是否有影响？是否有安全威胁？

湖泊溪流中，哪些区段适合发展钓鱼活动？

河川溪流的水质如何？是否可以进行身体接触（游泳、戏水）？是否污染过多，不适合亲近？

水量是否稳定？水深是否适合行驶船舶？流速适合行驶哪一种船舶或渡筏？

河川激流长度与质量如何？是否适合发展橡皮艇泛舟或轻艇独木舟？

风速与水流速是否稳定？是否适合发展风帆船？

水体生态是否能承受机动船舶游憩（游艇、气垫船、水上摩托车、拖曳伞）？

该水库管理目标是否许可发展水上游憩项目？

水体面积是否够大？是否适合作为水域运动竞赛场地？

河川溪流的丰、枯水期水位变化如何？洪汛期与水滨活动是否安全？

五、海滨海岸环境

海滨、海岸环境可能发展海水浴场、沙滩活动、冲浪滑水、小型船艇、海钓、潜水等活动。需考虑：

海滨地质、地貌、植被与生物多样性、生态与景观敏感度如何？该区域是优先保育区或是许可游憩利用区？

海水的质量、受污染程度、安全环境、可及性如何？海下地形与生物分布如何？

水母、鲨鱼分布、锐利礁岩与暗流分布如何？是否威胁水域活动者安全？

海流与风向的稳定度、平时风浪级数如何？是否适合发展船艇活动？

风吹砂日数、晴雨日分布、紫外线指数如何？是否适合海滩活动？

沙滩质量、沙滩深度、宽度、漂沙稳定度如何？

是否适合规划游艇码头、风帆船码头？

是否适合发展矶钓、船钓、沙滩岸钓？

是否适合发展无动力船舶的水域、泊靠点？

是否适合发展机动船舶的水域、泊靠点？（与游泳活动区隔离）

是否适合发展徒手浮潜、水肺潜水的水域？

六、空域项目环境条件

空域项目环境可能发展飞行伞、滑翔翼、拖曳伞、风筝、轻航机、无人飞机、热气球等项目。需考虑：

四季晴天日数、风向、气温变化如何？气流稳定度、能见度如何？

地形条件、起飞与降落场距离、高程差、高压电线、危险障碍物、树林分布如何？

是否邻近密集聚落区、高层建筑物、工业厂房、农田、鱼塘？

起飞场与降落场地形开阔程度、面积、交通可及性如何？

是否被无线电讯干扰？是否是军事敏感区、飞航敏感区（既有的航道管制区）？

俯瞰地貌景观品质如何？鸟类聚集及飞行路线如何？

七、低利用土地条件

某些土地不适宜森林、农耕、产业或聚落利用，生态、景观敏感度又不高，但是空间本身就是一项重要游憩资源，譬如粗放草原、沙地、河川沙洲、漫滩地等，土地取得成本低，但游憩发展潜力很高。许多主题游乐园、需要大空间的运动场、赛车场就可以利用这样的土地条件。

国外也常利用这样的低利用土地、低环境敏感土地发展沙地越野车、沼泽泥巴运动、噪音较高的赛车、轻航机、遥控飞机、射击场、战斗场等项目。

因此作为旅游规划者不能只着眼于优美的风景条件，对于环境中的地貌、气候、水文、人文等条件更要有敏锐的观察、分析，发掘多种类型的运动旅游项目。

1.5 运动与旅游产业

一、运动旅游产业特性

Hall（1992）将"运动旅游"分为旅行观赏运动比赛及旅行参与运动两类，后者即本书所探讨的主要范围。Standeven and De Knop（1999）将运动旅游分为主动性（active）与被动性（passive）两种类型，主动性即本书所探讨的身体力行的运动旅游。Gibson（1999）将运动旅游分为三类：主动性运动旅游（动态的运动旅游）、运动赛会旅游（静态的运动旅游）、怀旧运动观光（参观著名的运动相关景点，与参访古迹名胜性质类似）。

传统的运动产业依附在体育科学专业之下以训练比赛选手，发展个人潜能为主要导向。虽然运动竞赛也能促进"会展旅游"的发展，游客于比赛期间聚集在某个城市观看比赛，带动食、宿、购、游等周边附加价值。但是多数比赛是许多城市轮流举办的，当期举办的城市必须在短时间兴办大容量比赛场馆，大容量的交通运输、停车场、餐饮住宿、保安、环保、卫生、讯息、接待等，旅游承载量与旅游质量压力很大，属于不定期依靠宣传聚众的旅游。活动过后，许多设施空置，旅游产业恢复冷清，殊为可惜。但是本书倡议的运动旅游，属于主动式、动态性质的运动旅游，主要指非场馆的户外游憩，是一种休闲和生活乐趣。参酌 Stebbins（2001）的观点，深度旅游、身体主动参与的运动旅游产生的乐趣包含：

● 自我实现（学习更多的专项技巧、更专业化的知识，发挥运动体能）；

● 自我表现（同好社群的专业肯定、亲友的肯定、自我进步成就的肯定）；

- 增强自我意识（认知自己、认知社群、与社群接触互动）；
- 自我满足感（满意自己的进步、获得运动的乐趣）；
- 自我强化（热爱该项活动的行为体验与环境体验）；
- 再创造（从该项活动中获得启发，延伸其概念至生活的其他事物）。

参酌Bryan（1977）的定义，游憩专业化指对运动以及活动环境有偏好的人们，在拥有设备与技巧方面从普通到特殊的连续行为。从事主动身体参与的运动旅游具有逐渐专业化与社群化的过程，初学者仅尝试与自然环境互动，不断地累积知识，改进运动技能，并且改善运动旅游装备，与具有相同爱好的团体建立社群关系，交流更专业的经验，并指导后来的初学者。专业化与社群化维系着运动旅游的长久不衰与逐渐成长。

运动旅游专业化过程的乐趣包含：（1）认知面（环境属性，技巧与知识）；（2）情感面（过去经验，环境熟悉度）；（3）行为面（重要性、愉悦性、中心性及自我表现）。并且，因其非场馆的户外游憩性质，绝大多数的运动旅游场所不固定，因此运动旅游不断地体验不同的场域，也挑战更高、更远、更峻、更难的场所。不断寻求新的体验，也使运动旅游能扩散到更广阔的乡村环境中。

归纳游客旅游目的，进一步分析运动旅游者的旅游动机，其中主要包含：自然环境体验与融入、环境知识学习、环境怀旧与留念、日常规律劳动的逃脱与放松、健康锻炼、家庭与亲友团聚、惊险技能学习、舒展身心、表现自我潜能等。

国内滑雪、钓鱼、赏鸟、潜水、遥控飞机的爱好者各自成圈，网络通信、微博等更方便于建构专业社群，也扩大了运动旅游专业化的乐趣。他们的热情指数一直不衰减，并且交流密切，经常相邀进行集体行动，对于小区、环境的干扰远低于大众会展旅游或参观运动赛事旅游。

二、运动旅游的多样化发展

1970年代以后，各国逐渐推行双休日，运动旅游成为生活中的普及概念。人们对健康的重视与运动的关注使运动旅游得到持续蓬勃的发展。运动和旅游间发展出相辅相成的共生关系，旅游休闲成为运动发展的媒介，旅游产业也因户外运动项目的投入而更具吸引力与附加价值。

运动旅游探索多样化的自然环境条件，借助多样化的环境动能，选择多样的运动形式，从同一个海域环境中，可以发展出风帆船、冲浪、滑水、钓鱼、潜水、赛艇等项目样式；在钓鱼单项运动中也可以发展出溪钓、池钓、矶钓、滩钓、船钓等多种类别。同一个森林陆域游憩区中，可以规划露营、骑马、自行车运动、球类、森林探索、赏鸟、独木舟等多种项目，即使全家出游,也可满足不同年龄层、不同兴趣属性、渴望不同环境体验的人们的需求。由此,多样化成为现代运动旅游发展的潮流。

三、运动旅游产业的经济规模

1900年之后,运动专业化逐渐提升,欧美先进国家运动旅游也逐渐普及,从奥运会比赛内容就可以得知。1900年之前,运动等同于竞技,以田径项目为主,由少数专业运动员为之;之后,国际信息交流频繁,登山、帆船、热气球、自行车等运动项目专业化,吸引普罗大众,运动与休闲结合,奥运比赛项目也就逐渐多样化。但是在这段时间里,中国社会经济持续动荡,直到1990年以后,人民经济生活普遍改善,才有了运动旅游专业化与社群化的潮流。2008年北京主办奥运会,更引导了许多运动旅游项目的全面开展。

根据国际旅游组织统计,近年来运动旅游已占整体旅游市场的五分之一,全球每年创造将近6 000亿美元的产值(Williams,2 012)。尤其是经济发展较成熟的欧美澳等国家,户外休闲活动就是运动,假日家庭露营、划船、钓鱼、登山、潜水都属于日常生活的一部分。

美国为运动产业最发达的国家,主动参与的运动旅游项目以游泳、保龄球、钓鱼为主,均接近或超过4 000万人(占总人口的13%),高尔夫球、露营、骑马、越野健行也相当普遍。近10年来极限运动项目普遍增长,集中在青少年龄层,其中直排轮参与者约2 900万人、独木舟参与者约1 730万人、滑轮板参与者约1 160万人、越野车参与者约790万人、滑雪板参与者约700万人(数据源:Kaufmann,2 001a;SGMA,2 004)。

运动为主的假期(Sports-oriented Holidays)是目前旅游业显著的发展趋势。根据统计,欧洲的德国、荷兰、英国每年出国以滑雪、海滨游泳、看足球、赛车等运动为目的的旅游者均超过总人口数的半数(DISR,2 000;Ritchie & Adair,2 004),可见运动旅游发展变得日益重要。东亚地区运动旅游的产业规模有多大,似乎很难估算,但是通过片段的统计数据可以大概推估其发展前景:

● 根据韩国统计,经常从事登山的人口(每年两次以上),约占5 000万人口的10%。2010年运动产业规模为296亿美元,利润率11.6%,占总GDP约2.89%,年增长率1.4%;从业人员23.3万人,企业6.9万家(包含运动器材销售与设施兴建管理产业)。(台湾地区张儒民2012年报告)

● 日本地区统计,1997年旅游产业总值约为500亿美元,占当年GDP总值1.1%。根据日本通商产业省的统计与推估,日本运动产业1 982产值年为276.2亿美元,1992年产值为314.8亿美元,1997年产值为532.7亿美元,2010年产值为869.1亿美元;平均年增率约为11%。

● 中国台湾地区统计,一般家庭从事长距离长时间（多日）旅游次数为5.5次,其中以休闲、游憩、度假活动为目的的旅游占了54.1%;以运动旅游项目为主的占4.4%;但是以广义的健身运动度假（健行、自行车、赏鸟等）为目的的占了22%。（2000年台湾地区"观光局"统计）

● 台湾地区统计,2006年旅游产业总值约为80亿美元,占当年GDP总值的1.9%,其中户外运动旅游项目约占整体旅游市场的五分之一（台湾地区大型运动赛事较少,地貌景观资源较丰富,个人户外游憩较多）。

● 中国大陆,在1995年仅有雪场9个,滑雪人数不足1万,而到2006年时全国雪场增至289个,滑雪人数超过500万。（国家旅游局统计）

● 以中国大陆2015年GDP总值67.6708万亿元人民币的规模,运动旅游产业以1%推估,至少有6700亿元人民币的产值发展空间。运动旅游产业主要包含：(1)运动场域规划建筑业（综合的海滨、山林游憩景区、单项的滑雪场、射箭、骑马、露营场等）；(2)运动旅游产品制造业（运动衣、鞋、护具、板、轮、球等）；(3)运动旅游产品批发及零售业；(4)运动场域设施不动产与租赁业；(5)运动旅游教练、学习、信息及影音媒体传播业；(6)艺术娱乐比赛表演业（观赏比赛门票及运动彩券等）；(7)目的地旅游交通运输业；(8)目的地旅游餐宿及服务业；(9)延伸的相关服务产业。

四、政策引导与发展方向

2009年12月,国务院下发《国务院关于加快发展旅游业的意见》（国发〔2009〕41号）,提出大力推进旅游与体育等相关产业和行业的融合发展,支持有条件的地区发展体育旅游。2010年7月国务院印发了《贯彻落实国务院关于加快发展旅游业意见重点工作分工方案》（国办函〔2010〕121号）,该方案中多处就体育旅游业的相关工作进行了安排,提出由发展改革委、国土资源部、住房城乡建设部、环境保护部、体育总局、旅游局负责规范高尔夫球场、大型体育主题公园等的发展；由旅游局会同体育总局等有关部门负责推进旅游与体育等相关产业和行业的融合发展,支持有条件的地区发展体育旅游,以体育赛事为平台,培育新的旅游消费热点；由工业和信息化部、发展改革委、旅游局、商务部、体育总局负责培育发展具有自主知识产权的休闲、登山、滑雪、潜水、露营、探险、高尔夫等各类户外活动用品及宾馆饭店专用产品。

目前,国内体育旅游产业政策的一些思想和指导意见主要集中体现在服务业、体育产业和旅游产业的相关政策当中。但是仍有许多亟待改善的课题,运动旅游者随着专业知识与技能提升,必然会逐渐添置的高质量的器材,如专业的自行车、照相机、风帆板、滑雪配备等,但是目前国内运动旅游产品不够成熟,尚未培育出专业品牌,市场规模和产品质量都仍处于初级阶段。目前较为流行的滑雪、漂流、户外、拓展、登山、踏青等体育旅游产品,均是以普通旅游产品的方式在市场销售。用户获取的专业化信息不足,也就无从选择更高阶的产品。

许多高阶专业的运动旅游产品需要从国外购买,获得过程较困难,也阻碍了一些运动旅游项目的发展。

1.6 运动旅游的发展策略

过去七十年里,世界经济迅速发展,人们的工作时间减少,休闲游憩的时间增多,许多知名旅游景点游憩承载量难以负荷,旅游景点的生态、环境、居民安宁都受到威胁,运动旅游发展可以分担部分旅游需求。

近年来,运动与旅游的关联性越来越紧密,形成旅游产业及运动领域共生的发展关系(Standeven & de knop, 1999),运动与户外游憩结合不但可以提升旅游经济产值,更有益于体育发展。因此,各国政府与旅游产业界都积极提倡,使得运动旅游产业体系渐趋成熟。

许多国家或城市更以运动旅游作为发展经济的重要策略,比如争取城市马拉松、自行车公开赛、巡回高尔夫球赛、国际风帆赛、沙滩运动会等,都能引领风潮,创造数千万乃至数十亿美元的旅游经济收益。总结来说,运动旅游具有带动经济、增加就业机会、促进国民身心健康的显著效益,因此各相关部门都需要积极研拟策略。

政府部门可关注以下的事项:

一、调查相关资源,提出整体规划蓝图

运动旅游需要近、中、长期发展规划。经过周密的资源调查,将本区域内的潜在旅游资源都发掘出来,指引旅游产业投资与建设,重点扶持适合本地区的运动旅游项目,明确定性与定量,拟定施政预算与时长,提出发展愿景。

国内地貌景观多样,山川湖海蕴藏着丰厚的运动旅游资源。而且各省市资源形态各自不同,东北、川康陡峻多雪、多森林,适合登山、滑雪;山地与平原边缘高差大,气流稳定,最适合飞行伞、滑翔翼等空域运动旅游活动发展;东南沿海海岸曲折、岛礁多,水域运动有很大的发展空间;

丘陵间的湍急溪流，最适合发展激流船艇漂流；山东海岸日照多，风向平稳，具备风帆船、风筝板的发展条件；即便是苏北海岸的滩涂软泥，也是很好的运动游憩环境介质。因此旅游产业、旅游规划者、风景区主管部门都应熟悉户外运动内容，用心发掘及利用资源，妥善进行整体规划，创造商机。

二、相关法规与管理

运动旅游是衣食住行、士农工商都得到满足后，才衍生出的生活需求。因此运动旅游的法律法规、土地使用规划，都是社会富裕成熟后才被关注的领域。制定适应需求的法律法规，是政府部门极为重要的工作。

运动旅游大多是随着社会发展兴起的项目，原来的公共水域或水库想要引进游憩船舶；原来的天空领域想要引进滑翔飞机或飞行伞；原来的森林荒野想要引进攀岩、钓鱼或露营，虽然这些都不是坏事，但是放任不管或者既有的管制不开放，都可能阻碍运动旅游的发展。因此法律法规必须前瞻其趋势然后检讨修订，比如水域游憩船舶日益增多，必须依照陆地汽车建立牌照管理制度，追踪肇事责任与走私行为，而且水域游憩活动多样，运动行为不同，易造成项目的干扰和冲突，甚至妨碍渔业生产，法律法规也要规范水域使用的优先级与权责，公平管理；对于空域运动，应设置航空器的飞航许可，开放某些敏感保护区的空域活动限制。陆域运动深入森林、荒漠等无人看管地带，水库、激流等的安全管理与救难体系，以及污染、噪音、景观等对小区居民造成生活干扰与环境负面影响等，也需要法规进行管理。适时的法规修订和使用，开放与授权，将游憩安全与环境保护纳入日常管理，都是对运动旅游发展的正面助力。

另外，环境生态敏感区周边需要缓冲与配套。瀑布、温泉所在的峡谷断层，也往往是地形灾害最频繁的区域；最美丽的溪谷出山口，也是潜在的山洪、泥石流高频发地；最美丽的潜水峡湾大多潜在难以预期的暗流；最好的海岸矶钓场更是频繁发生"疯狗浪"的地点。到处竖立的警告牌、栏杆、广播，虽然破坏了风景，但是政府部门还是要运用各种手段适当地倡导、管理、提供信息，尽可能提升运动旅游的安全性，比如发生海啸山洪时的紧急疏散计划、天气突变的预警信息、水域与空域活动的安全规范等。

三、土地利用管理与利益协调

当荒野山林中某些新资源被发现（比如温泉、空域运动起降场等），原有土地使用目标可能为森林、农业使用或保护区，不能设置建筑或服务设施，这时政府部门需对该土地进行评估，调整小块面积的土地使用标的，协助运动旅游发展。

同一片土地或空域、海域，许多种生产项目、运动旅游项目争相使用时，势必造成冲突、干扰与失序。因此公共部门必须介入协调、制定规则、规划分区使用，如此各类资源的使用群体才能获得各自的空间质量。

协调多种利益的原则是：环境生态保育优先、公共利益优先、最大经济效益优先、尊重原住居民权益，最后才是小众的利益。举例而言，珊瑚礁生态必须保护，公共航道必须预先留设，海滩大众安全游泳区必须预先划设，无动力风浪板与风帆船在近海湾区，动力或快速船艇必须划到更远的专区，渔业捕捞区与水上活动区平等进行分区协调，对环境负面影响较大的水上摩托车等项目，要分配到噪音、安全干扰较小的区块。

四、改善公共服务设施

交通为旅游之母，改善目的地的可达性是发展旅游的首要工作。尤其是运动旅游的目的地，很多不是传统生产、生活所必需的，政府部门必须有针对性地去规划建设。比如沿着河滨的自行车道，穿越高山森林的步道、古道，专门停靠游憩船舶的港湾、野外的公共服务设施、庇护救难设施与网络通信设施、漂流泛舟的起终点、风筝伞运动的起飞与降落点、登山运动的救难庇护点等，都是政府旅游部门需要关注的事项。

新兴的运动旅游项目不断发展，也可能如潮水般迅速消失，硬件设施服务不可能满足所有的需求，只能考虑最大众的部分，提供必要的支持。对于小众的钓鱼、遥控飞机等项目，提供台阶、引道或简易设施，就是对小众运动项目最大的帮助。

五、辅导运动旅游社群与业者

许多种运动旅游都是新兴产业，而且技术性强，政府或社会大众对其了解较晚，民间相关产业经常率先成为先锋开拓者，然而许多种运动旅游对于环境条件的要求和改善仍需要政府部门的协助。

因此，运动或旅游主管单位，可以用更积极的态度参与到社群平台中甚至与参与者进行对话沟通，协助解决法规、场域、管理等相关问题。各相关群体互相监督建立伦理并努力排除危险与非法活动。另外，某些环境条件管制需要政府部门的合理开放，对于邻近环境及社会的干扰冲突同样需要政府的介入协调。总之，运动社团与运动旅游产业是发展的动力，只有良好的互动和理性的沟通，才能使其发展空间更为宽广。

Ch.2 陆域运动旅游（Land Recreation）

陆地上的环境资源多种多样，人类最容易接近的运动旅游多以陆地环境为基础，仅场地球类就有百余种，但是本书更关注走入大自然的运动项目。仔细区分陆地上的环境资源还可分高山森林环境、田野草原环境、砂地或沙滩环境、冰雪地环境。因为运动是人体借由环境介质去移动，这些环境有不同的物质介质，不同的地心引力、摩擦力，因此环境体验不同，情绪心灵体验也不同。更何况草原游牧民族与海滨渔耕民族历史上就有他们传统运动游乐风俗，高山森林或冰天雪地下生存的民族也有他们的传统运动游乐风俗，所以在现代地球村中我们才得以获得丰富的运动旅游体验。

一、山地、森林环境

高山寒冷、陡峭、垂直落差大，有坠落危险，地形崎岖，难以攀登或跨越。森林茂密、神秘、生物丰富，微气候变化大，但都杳无人迹，可达性很低。越是如此，越能引起人类的兴趣去征服高度、征服障碍、征服环境的不利条件。更何况征服这些逆境后，视觉景观与环境体验非常不同于平地，登高望远，风景就是最好的运动旅游吸引物。山地森林环境中能够开展的运动旅游活动，可以分为以下三类：

登山、攀岩、溪降、溯溪、高山越野、森林露营、狩猎、赏鸟等，这些都属于个人环境探索，也更接近生态旅游的类型，游客特征与偏好相当明显，重游率与兴趣忠诚度都很高。

森林拓展、漆弹游戏、障碍赛等，都需要在森林或山地环境中布置场地，且这些项目均有游戏比赛性质，更容易吸引青年学生参与。

蹦极、高空滑索、跳伞塔等，都是借助于机械设施，让人们体验高空坠落、滑动等刺激快感。当然这些设施也可安置于机械游乐园区，但是设置在山地森林环境中，户外体验更加强烈。

二、田野、草地环境

乡村田野或草原、草地环境，视野开阔，活动空间宽广，生态敏感度不高，而且可达性很高，因此能够创造出更多的大众化运动游乐项目，也能够容纳更多的游憩人口。田野、草地环境也包含农业乡村与牧场生产环境，因此许多项目也与乡村旅游结合或联结到传统产业活动中，同样属于生态旅游资源，并且这些项目的技术门槛不高，所有游客都可参与。田野、草地环境中能够开展的运动旅游活动主要分为以下六类：

越野健行、慢跑、马拉松等，属于线状路径移动，选择风景较好的路径行走，欣赏风景的同时，也考验个人的体能和耐力。

自行车（登山车、公路车、BMX 小轮车等），也属于线状路径移动，靠人力与车轮穿越更长的距离。欣赏风景的同时，也考验个人的体能和耐力。

赛车（卡丁车、方程式、摩托车等）、机械游乐园等，都是借助机械动力让人体体验速度、摆荡、冲击等刺激快感。

高尔夫球、射箭、射击、直排轮、滑草、草地滑板车、草地滚球、滑轮鞋、飞盘、户外球类等，都属于草原场地的运动旅游项目。

农场小木屋、草原露营、制茶等生产活动参观、动物互动等，都属于乡村生活体验类型的运动旅游项目。

动物延伸项目：比如骑马、马术、马球、骆驼赛、斗牛、斗羊、赛鸽、狩猎等。

三、砂地、海滨环境

砂或泥巴都是一种环境介质，其摩擦系数不同于草地环境，运动游戏常利用这类介质进行徒手活动，或借助滑板、滑板车、机动、风力活动。砂地、海滨环境中能够开展的运动旅游活动包含下列两类：

沙雕竞赛、沙滩球类、沙滩越野跑等，都是徒手活动。

滑沙板、沙滩摩托车、沙滩风帆板、沙滩风筝滑车等，都是借助坡度、风力等外力的运动。

四、冰雪地环境

冰雪环境需要特别的纬度、气候、地形，冰与雪也是一种环境介质，摩擦系数小，移动速度快，危险度高，运动的极限满足感也特别高。冰雪地环境能够开展的运动旅游活动包含下列三类：

滑冰竞速、冰上芭蕾、冰上曲棍球、冰壶竞斗、冰橇等以冰为介质快速移动的项目。

高山滑雪、越野滑雪、跳台滑雪、单板滑雪、滑雪橇、雪橇曲棍球等以雪为介质在斜坡上快速移动的项目。

雪地摩托车等利用机动外力的越野竞赛项目。

五、环境的负面影响

陆域的运动旅游项目，借助不同的环境条件，引导人们亲近美好的景观与健康等环境，利用滚动、摩擦、攀爬、身体移动，获取运动、游乐、健康的多重快乐。陆域的运动旅游项目，鼓励游憩者进入大自然，深入高山森林、溪流荒野，但是陆域运动旅游项目，也最容易对环境产生负面影响。

一般情况下，人类密集地利用都市区域的土地铺设交通设施，而不适宜居住和生产的荒野森林、湿地保护了大量的野生动植物。运动旅游可能会开辟道路、建设人工设施，必然要破坏生态环境，造成野生动植物退避远走、水质污染大于河川湖泊的自净能力、垃圾产生速率大于环境自然消解能力、视觉景观的生动性与自然性消退、不透水铺面与人为植栽替代自然植栽等，这些都使自然美景慢性窒息。

因此发展陆域运动旅游必须经过妥善的规划，首先要评估哪些景观、生态、环境资源是最珍贵的、最敏感的，然而再预拟可开发的尺度，划设保护范围。比如国家公园指定特别景观保护区，要求某些道路不设置路灯，某些道路不铺设水泥，某些溪流河段禁止捕猎钓鱼，某些区域只能远观而不能进入等。而某些风景区若要辟设道路、食宿游憩设施，也应考虑选择较低环境冲击的施工方法使用土地。

乡村地区游客量突然增加，可能造成既有交通系统的负荷量过大，也可能造成当地居民难以承受的社会生活影响。当游憩活动增加，需要开辟更多的人为设施时，更应全面考虑。比如某风景区每年增加50万游客量，尖峰假期可能超过2万人/日，因此必须设置新的拦水坝，导致溪流下游水流量减少，威胁生物生存；垃圾量可能无法清运至都市区焚化厂；停车场、住宿设施、道路超过整个风景区20%时，可能造成整体景观质量、游憩质量大幅度下降。

适量地开展乡野地区的旅游活动，能够促进交流、增加工作机会、振兴地方经济，大多是受当地政府鼓励支持的。但是超量的游憩活动，带来拥挤的交通、公共设施与环境资源的竞用、社会治安的下降、物价的飙涨，干扰居民生活酿成冲突。

因此，发展陆域运动旅游应针对发展项目的性质，进行妥慎的评估与场域规划。比如会吸引大量游客的马拉松、沙滩演唱会等活动，应评估交通系统与服务设施规模；会造成大面积地貌改变的高尔夫球场，应避开生态、生产敏感区；噪音大的射击场、卡丁车场，应避开生活聚落；深入山林原野的登山、露营、溯溪等活动，应遵循生态旅游准则，尽可能降低对环境的冲击。

为了运动旅游的永续发展可以参酌下列的生态旅游准则：

（1）必须采用低环境冲击的宿营与休闲活动方式。

（2）必须限制到此区域的游客量（无论是团体大小还是参观团体数日）。

（3）必须支持当地的自然资源与人文保育工作。

（4）必须尽量使用当地的基础设施和居民服务。

（5）必须提供给游客以自然体验为旅游重点的游程。

（6）必须聘用了解当地自然文化的解说员。

（7）必须确保野生动植物不被干扰、环境不被破坏。

（8）必须尊重当地居民的传统文化及生活隐私。

2.1 越野健行（Hiking）

一、越野活动特性

越野健行是最基本的走入户外环境的方式，以前我们称为远足，现在更多人称它为背包跋涉（Trekking, Backpacking），其实也就是低海拔登山。健行大多不会超过一天，如果是多天健行，就需要在野外简单过夜，住宿于搭建的帐篷或简易小木屋中。越野健行最吸引人的是先人筚路蓝缕的古道，或壮丽的海岸线、山棱线，穿越丛林、原野、高山、峡谷、海岸等景观的路径。

越野健行（图片来源：永续社）

二、越野设备需求

因为是低海拔步行，越野活动的门槛不像登冰雪高山那么高，只需要充分的体力、耐力与毅力。装备要求也以精简为原则，所有物品与装备

圆盘软帽,遮雨遮阴

轻薄透气防水衣

必备药品急救包

健行背包,20kg以下为宜

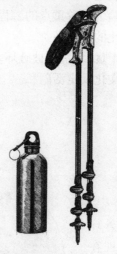
水瓶与伸缩手杖

健行鞋,柔软透气止滑鞋底

都必须装入一个背包里,重量是个关键因素。如果背包太重,那么每天的步行距离将会受到体力的限制,因此越野健行出发前的准备规划很重要。一般来说,背包总重量不宜超过背包人体重的25%,携带的每件物品都应该再三斟酌其是否非常必要、是否是生存必备品、符合轻便舒适的条件。

（1）目标路径的环境情况：穿越距离、障碍物、海拔与坡度、气象、微气候、道路交通条件、庇护停留点、无线通信条件、医疗保健、蚊虫野兽、食物饮水补给、原住居民风俗等。知道了目的地的情况属于蛮荒等级（没有路径）、原野等级（只有小径）还是乡村等级（有汽车道）才好进行准备。

（2）传统的背包客会准备地图与指南针,随着互联网时代的到来,手机中的地图、罗盘、GPS卫星定位、救援电话，为游客提供了充足的保障，但是必须保证充足的电量。

（3）水、食物、野外简易炊具、瓦斯罐、防雨御寒衣服、随身药品、驱虫液、手电筒、瑞士刀具组、电池、手机、睡袋、帐篷、日用盥洗用品、个人兴趣设备（照相机、望远镜、钓鱼、标本采集）等。新科技提供了一些防水、透气、御寒的衣物，LED手电筒、太阳能充电设备等用品，可以酌情携带，提升长途跋涉的能力。

三、越野行动准则

越野健行有别于登山，健行的目的主要是欣赏风景、锻炼体能，不需要很多装备和技巧。某些越野健行是团队行动，可以互相照应；某些是个人行动，自力更生，自己约束变得十分重要。因为野外没有文明社会外在的约束与监督，没有服务人员善后清洁，因此自我约束变得十分重要。无论人多人少，进行越野健行，都要遵守生态旅游的伦理：

（1）最少的环境破坏，最少的植物砍剪采集、最少的野生动物干扰，垃圾自行带走，营地、炊灶尽可能恢复原状。

（2）野外防火，尤其是在森林、干燥草原地区，稍有不慎，即酿灾害。

（3）事前准备周全。周全的气象资料，周密的计划，减少外来救援，降低社会成本。

（4）尊重当地社会民俗、土地、产业，避免穿越农田、果园。

四、越野场域规划与管理

越野健行是当下最受欢迎的运动游憩项目，风景区规划、地区旅游规划、旅游服务产业都要将它作为主要的旅游产品。规划越野健行产品必须注意下列问题：

（1）路径资源实地调查：

如何串连、衔接有吸引力的资源面、线、点？如何安排游程与起终点？

哪个路段是精华或经典段？哪些路段可以适度增加活动承载量？

各个路段资源的代表性特色为何？地貌、植被、水体、俯瞰、景观形态如何？

哪个节点可以强化地标效果？哪个路段有发展相关活动的腹地？

（2）交通可达性支持：

起点与终点如何规划大众运输转乘系统？

汽车道繁忙路段与人行步道是否分离？

自行车繁忙路段与人行步道是否分离？
起点与终点的停车场与场外道路是否配套？

（3）服务提供硬件：
经典路段提供的大众化健行设施是什么？
透水铺面如何改善？坡度设计？厕所设施、食物饮水补给站如何设置？
危险区段的安全防护设施。（防掉落围栏、防落石栅网）
休憩据点；观景设施。
高山荒野区的中途庇护小屋。（含通讯、饮水、御寒、充电）

（4）服务软件提供
测绘步行地图并配合网络及手机定位。
天气恶化时封闭步道并向游客警示。
道路标示系统与高程、环境标示。
景点资源解说。（地貌、植被、水体、人文特色方面）
网络、印刷品、多媒体的倡导或解说信息。

2.2 原野定向（Orienteering）

一、原野定向活动特性

原野定向运动（图片来源：永续社）

原野定向、定向越野，源于陆军步兵任务侦搜或指定行军任务。后来被童子军运用成为越野寻宝活动，训练童子军的体能和在野外辨别方向的能力。国际定向运动协会（IOF）是最大的跨国社团。

最好的原野定向场地是荒野，没有道路、桥梁等人工设施，参与者必须运用智慧、体能与技巧，克服地形障碍，以最快的时间、最安全的方法、最短的距离，抵达最终目标点，或是中间设定的多个目标点（Controlpoints）。

原野定向有不同的分类，以徒步定向越野最为常见，也有独木舟、自行车、滑雪、机动车越野等定向；就比赛时间而言，包含白日越野和夜晚越野定向；就比赛形式而言，包含个人赛、接力赛与团体赛、单项比赛、综合比赛、资格赛（双淘汰赛）等；比赛距离又可以分成短距离冲刺赛、中距离赛、长距离赛和超长距离赛。

最常见原野定向为多个目标点的路径穿越，参与者必须穿过各个检查点的顺序。顺点式定向越野是指参赛者需要按照一定顺序通过各个检查点并且打卡，在最短时间内按顺序通过所有检查点的参赛者为优胜者。在定向越野积分赛中，参赛者可以自行选择通过哪些检查点，在有限时间内通过最多积分的检查点，舍弃自己能力未及的部分点，争取最多积分的参赛者为优胜者。

积分赛检查点会依地形障碍的难易程度和位置给予不同权重的积分。还有一种比赛方式叫做循线式定向越野，参与者需要循着地图上已经标明的路径前进，并将沿途遇到的检查点记录下来，最后成绩由参赛者描绘检查点的准确程度和通过时间的长短来决定。除了原野定向，还有下列不同环境与不同方式的定向活动项目：

徒步定向（Foot orienteering）；

登山车定向（Mountain bike orienteering）；

滑雪定向（Ski orienteering）；

寻径定向（Trail orienteering）；

无线电定向（Radio orienteering）；

划艇定向（Canoe orienteering）；

骑马定向（Mounted orienteering）；

探险定向（Adventure racing）；

下山越野跑（Fell running）；

长耐力定向（Roganing）。

二、原野定向设备需求

原野定向活动主要依靠地图，活动举办单位预先申请一块场地，设定数个目标点。活动参与者的主要任务就是找到目标检查点。

（1）点标旗：主办单位在选择了目标检查点后，会在各检查点处悬挂标志旗（简称为点标旗）。检查点标志旗一般是个30厘米×30厘米正方形旗子、牌子或方块灯笼，右上左下对角线分隔，左上白色、右下橘红色，醒目且易辨识。

国际原野定向标志

一般原野定向标志

（2）地图：原野定向的地图比较详细，要表达细小的地形特征，不明显的小径、河流、树林、草地、沟谷、电塔等，以提供更多信息给原野定向者。由于原野定向者可能需要穿越各种类型的场地，所以地图上会显示每个小区域植被覆盖状况，并相应地指出该区域的通行度（一个介于0与1之间的指数，指标值越高表示通过时的难度越低）。定向地图的比例尺较大，等高线间距也较密。一般地图的比例尺是1∶10 000，等高线间距为5米，短距离的越野定向（Sprint）使用的比例尺是1∶5 000，或更详细的地图，等高线间距也更小（1~2米）。但是地名、等高线高值等资料，大多都不会在地图上显示，需要越野定向者自己去判断、辨识。

（3）随身配备：原野定向者的随身配备与健行

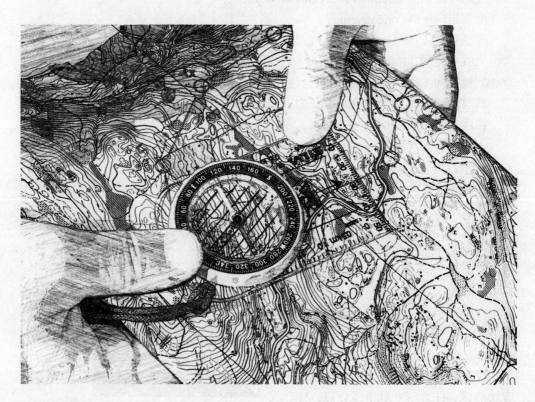

原野定向地图辨识

远足者类似，绳索、工具刀、饮水具、手电筒、指南针等。现在还有手机、卫星影像地图、电子打卡、QR code等新工具辅助，可以提升原野定向活动的乐趣。但是国际比赛也多不允许使用GPS、卫星影像地图、手机等的工具。

（4）服装：原野定向活动可能要穿过树林、灌木丛、溪流、沼泽，进行简易攀岩，因此紧身长袖衣裤、背心、手套、防滑运动鞋、防晒帽子、号码布牌，甚至绑腿都是必要的。

三、原野定向行动准则

原野定向活动类似原野探险，天然障碍越多，乐趣则会越多。但是必须要求参与活动者谨守生态旅游的规范：

（1）划设最小程度地破坏、改变自然原貌，包含地形、植被、人工设施等。

（2）避免穿越农舍、住宅区，避免穿越农田、果园、鱼塭和生产地。

（3）回避敏感的生态保护区、古迹文物保护区、宗教崇仰地、先人墓葬区等。

（4）穿越危险地段（急流溪谷、流沙沼泽、陡峻坡地），应有结伴者的

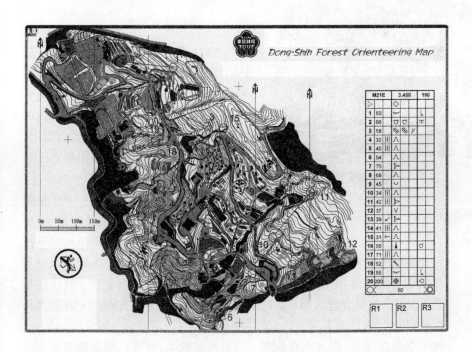

原野定向地图（图片来源：东势林场）

帮助，主办单位也应尽可能对参与活动者进行监视、实施保护。

四、场地规划准则

风景区或大型森林公园，都可以鼓励倡导原野定向活动。活动场地不需要规划设施，但是要调查适合的环境范围。活动主办单位（社团或学校）必须申请时间、范围许可（不需要排除一般游憩活动），然后做下列准备：

（1）划设场地范围、路径、检查点、起终点等，实地勘察，绘制详细地图。

（2）目标检查点标示及打卡设施设置。

（3）危险区段有效监控，防范意外的援救方案。

（4）起终点场地的服务设施、通讯、交通可达性检查等。

2.3 马拉松（Marathon）、路跑（Jogging）

马拉松运动（图片来源：永续社）

一、路跑活动特性

路跑对健康的好处直接而明显。属于"有氧运动"的慢跑，就像游泳、骑脚踏车一样，对心脏功能和肺活量的提升有最直接的帮助。跑步时脑部释放出的吗啡"脑内啡"，对提升思考能力有帮助，可以在不断克服挑战的过程中提升注意力和自信，摆脱忧郁。

马拉松（marathon）是一项考验耐力的长跑运动，目前规定的长度是42公里另加195米。全世界每年举行的马拉松比赛超过800个，大型的赛事通常有数以万计的参与者，多数人以健身休闲为目的。近年来又开始兴盛超级马拉松运动，距离更长（数百甚至数万公里）甚至穿越雪地、穿越沙漠、穿过山岭、穿过大洲。完成超级马拉松最重要的是选手的体能，选手必须维持在一定状态，因为时间越久，体力会渐渐流失，完成比赛的唯一力量就是意志力，所以都会要求必须是国际比赛经验丰富的选手才能参与，以免发生意外。

马拉松运动精神强调重在参与。大多数参赛者关注的是其个人纪录（PR）和在年龄组里的名次，还有一些人的目标只为了完成比赛。一般专业运动选手完成比赛的平均时间约为 3 至 4 小时。一般城市马拉松运动，鼓励所有人参加，非专业未经过训练的一般市民都可参加，规模多达数万人。

很多马拉松选手接受持续半年的长跑训练（逐渐增加训练量）、速度训练（变速跑、间歇跑、山坡跑、缺氧训练等）、力量训练、会合交叉训练等。比赛前 2 周，将减少运动量，增加摄取碳水化合物（淀粉、糖类、水）以储备体能。

二、路跑活动有益健康

无论是路跑或慢跑，都对健康大有益处。就慢跑时间而言，在傍晚慢跑最佳，强度不宜过大，心率保持在 120~140 次/分钟为宜。慢跑要循序渐进，要先做一些简单的热身运动，然后按照一定的呼吸频率，逐渐加大强度。锻炼结束时，要放松一下，使血液从肢体回到心脏。

慢跑是一项极佳的有氧运动，选择公园绿地多空气新鲜的地方，对于改善慢跑者肺通气量、增加肺活量、提高肺的功能很有益处，同时还能增强其心脏的收缩能力。乡间道路有益于改善人体的平衡，增强四肢的协调能力，尤其是行走在没有经过人为修饰的非台阶路段，可使人体肌纤维增粗、肌肉变发达，增强肢体的灵活度。另外，在山巅之上极目远眺，可以消除眼部肌肉的疲劳，还可使紧张的大脑得到放松和休息。

三、路跑装备需求

慢跑或马拉松运动不需要什么运动设备，但是预先的训练准备与合

慢跑鞋

路跑鞋

马拉松鞋

适的慢跑鞋是必要的。一般城市马拉松或风景区马拉松限制时间为 5 小时，饮水供给站为每 5 公里一处，但是有很多热心的市民，主办单位也会招募志愿者，向运动员提供毛巾、柠檬水、纪念衫等服务。

晨跑、夜跑、练习跑、马拉松跑等不同性质或距离的路跑，应该选用不同的配备。对路跑、马拉松跃跃欲试的新手跑者，可能还不确定自己能投入多大热情，需要选择符合自己需求的装备。

刚开始投入的新手，宜每周训练两次、三次……逐渐增加次数与距离。一般市民参赛者最好能预先一周进行暖身活动并提升体能，避免运动伤害的发生。

（1）慢跑鞋：慢跑鞋的鞋底较厚，避震性与稳定性都较好，重量比较重，鞋底较厚较扎实，鞋子的寿命比较长，平日运动锻炼宜多使用慢跑鞋。

（2）路跑鞋：路跑鞋的鞋底比较薄，避震性与稳定性明显要比慢跑鞋差很多，但重量比较轻，鞋底的抓地力会比慢跑鞋还好，适合业余选手参加正式比赛，在欧美路跑鞋就是比赛专用鞋。

（3）马拉松鞋：专为马拉松专业选手冲刺使用的鞋，鞋底与包覆都比较轻薄短小，鞋子的寿命最短，对于脚踝的保护性最小，并不合适一般路跑者。

（4）运动衣裤：以合身、服贴、不紧绷为诉求，对于容易出汗的部位有加强排汗、透气的功能。

（5）慢跑裤：短距离可以选择篮球裤，价格便宜，但是会吸汗，摩擦肌肤，不合适 5 公里以上的长距离运动。田径裤、马拉松裤，有内衬，重量轻、通风干爽，不适合日常休闲。紧身裤，美观、保暖、吸水性弱，价格较贵。

（6）运动袜：建议选择比较厚的排汗运动袜，保护脚踝。

（7）手握式水壶：有连接套，不需要挂在身上，也不需紧紧地握在手上。

（8）运动手表：可以记录位置、协助训练体能，也能持续测量心率变动。

四、路跑活动规划

（1）举办马拉松比赛或路跑活动，能促进体育运动吸引外来游客。风景路线、城市景观地的路线均可规划为马拉松比赛场，但是公路必须足够宽（宽度 20 米以上为宜），而且要求交通管制，比赛进行时不至于对当地交通、居民生活产生太大的影响。

（2）路跑或马拉松运动举办的这一天，需要清空一条公路，至少 50 公里长，起点和终点为观众区、器材（公里牌、计时显示器、标记、桌椅、民众隔离绳等）运送、裁判员配置、水站、救护站、交通管制都是十分必要的。

（3）筹办马拉松的工作组，必须对赛程进行全程的丈量，以道路中心线为准，误差不可超过千分之一。

（4）各个路段路口的裁判组、检查员必须维持秩序、监督违规行为并记录报告、陪同运动员上厕所（防作弊、防意外）。

（5）前导计时员必须在最领先的运动员左前方 20~30 米，核对计时显示。

（6）收容车裁判员应准备好毛巾、饮料等相关物品，收容及记录中途退出比赛的运动员。

（7）医务组必须熟知邻近医院的位置，必要时将伤病运动员及时送往医院或请求支持。在赛前检查或比赛中观察运动员情况，建议或强制身体状况不宜者退出比赛。

2.4 登山（Mountaineering）

一、登山活动特性

"举头红日白云低，万里江山都在望"，自古登山就是十分受欢迎的运动游憩活动。登山是以攀登至顶峰为目标的运动，能满足人们欣赏风景的体验与心理需求。广义的登山运动不限制所登山岳的高度、攀登的方式、使用的器材。登山与越野健行意义相近，但是与越野健行明显区别的登山运动则是指"利用专门的装备和技术攀登一定海拔范围的山峰"。登山地点大多为人烟稀少的荒野，这里的登山特

登山运动（图片来源：永续社）

长筒登山鞋

短筒登山鞋

软底登山鞋

全皮登山鞋

别指岩壁陡峭的山岭、森林茂密或冰雪覆盖的高山，大多没有路面或设施，需要熟练的技巧与设备才能攀登，因此登山显然比一般的越野健行难度高得多。高纬度地区森林密布、地貌复杂，野生动植物多样，登山活动类似较大规模的耐力越野求生；而一些高纬度地区如欧洲、加拿大，登山环境冰雪较多，登山克服的重点在于冰雪与陡峭坡段，其内容与意义不完全相同。

登山虽然危险度高，但是仍然吸引许多爱好者，西方近代的登山运动兴起于欧洲（1786年的阿尔卑斯山白朗峰登顶），19世纪蓬勃发展，也发展出冰斧、冰爪、攀绳、钉鞋等辅助登山设备，登山、冰攀逐渐成为成熟完备的专业运动项目。如今世界各地的登山爱好者已经组织了很多的同好社团，彼此交流登山经验、技术、设备等信息。

二、登山装备需求

登山需要的装备与越野健行类似，但是登山者进入的区域，大多属于高海拔深山，几乎没有人类活动，没有补给，难以救援，温度很低，因此对于求生设备的要求更高，而且在生存需求与轻便可携带两难间更难抉择。

在欧洲，健行、登山类活动有不同定义，All Terrain 是近郊健行；Hiking 是低海拔1至2天的轻装越野健行；Trekking 是多天的荒野区横贯、纵走步行或越野自行车、手划艇行进；Backpacking 是背包客进入山林健行，其中帐篷、炊具等都必须携带；Mountaineering 是冰雪岩攻顶攀登，刀斧、绳扣都不可缺；Rock Climbing、Canyoning 是特殊技术的登山。

有经验的登山者大多会准备下列装备：

（1）登山鞋

登山时，双脚需要长时间支撑体重和沉重的装备，又要行走于泥泞地、碎石坡、陡坡等各种不同条件的山路，负担非常沉重。为了使脚部得到较好的保护，必须选择一双合适的登山鞋。登山鞋有轻型、重型、长筒、短筒、皮面、尼龙面等不同类型，但鞋底一定较其他鞋更硬，齿痕也更深，如此才能兼顾抓地力及坚固耐用的特性；鞋面也远比一般鞋子坚固、耐久。

长筒登山鞋，优点是保护脚踝、保暖效果好，缺点则是穿脱不易、闷热。

短筒登山鞋，优点是穿脱方便、通风、舒适，缺点是容易扭到脚踝。

硬底登山鞋，避震效果佳，不易受到崎岖路面的影响，脚部不易疲劳，而且耐磨；但是需要时间去适应，且在坚硬的地面易滑。

软底登山鞋，具有抓地力强、舒适的优点，缺点是不耐磨，而且脚部易疲倦、受伤。

全皮登山鞋，防水性佳，坚固耐用；不过透气性较差，重量较重。

尼龙皮登山鞋，透气性佳，重量较轻，但是防水透气的薄膜失效后就

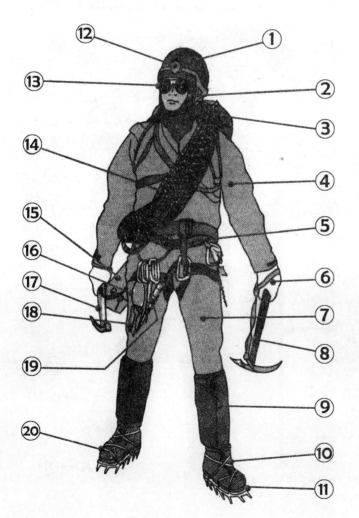

① 安全头盔
② 软毛绒头套
③ 轻便背包
④ 防寒内衣 + 雪衣外套
⑤ 垂降座鞍带
⑥ 防滑落系绳
⑦ 防寒长裤
⑧ 冰斧
⑨ 绑脚套
⑩ 厚重登山鞋
⑪ 冰钉鞋套
⑫ 头灯
⑬ 防雪眩眼镜
⑭ 登山绳索
⑮ 工具袋
⑯ 安全钩环
⑰ 冰槌
⑱ 岩楔
⑲ 螺栓
⑳ 绑系绳扣

冰雪攀登装备（图片来源：法国运动百科辞典）

毫无防水性。

若是去浅山丘陵，短程单日往返，一双短筒的登山鞋即可，鞋底不需太硬，但需防水透气；若前往高山、深山，长途连续数日，需选择高筒、硬底的登山鞋。登山路径大多不平整、多草泥，而且湿滑登山，应该选择深沟纹的鞋底能有效排除泥水。

（2）地图、指北针、GPS定位、通讯器材、收音机、笔记本、笔、记号布条、个人证件。

（3）照明头灯、手电筒、电池、备用灯泡。

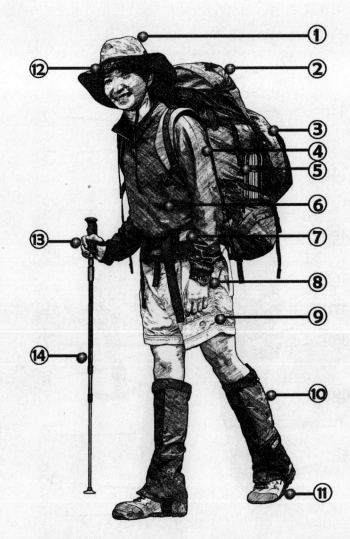

① 遮阳防雨,圆盘软帽
② 防水登山背包
③ 雨具,医药包
④ 透气,排汗衣＋外套
⑤ 水瓶
⑥ GPS手机,地图,指北针
⑦ 工具刀,绳索
⑧ 运动手表
⑨ 透气,易干,弹性裤
⑩ 透气绑腿脚套（防蛇）
⑪ 登山鞋
⑫ 头灯,摄影机
⑬（必要时）手套＋开山刀
⑭ 铝合金伸缩手杖

一般登山装备（图片来源：永续社）

(4) 食物、透气保暖排汗衣物、备份食物、备份衣物。
(5) 雨衣、水壶、棉手套、帽子、盥洗卫生用品。
(6) 急救包、药品、求生盒（细绳、铁线、求生纸、求生对策卡、火种、打火机、针线包、反射镜、哨子、小吸管等）。

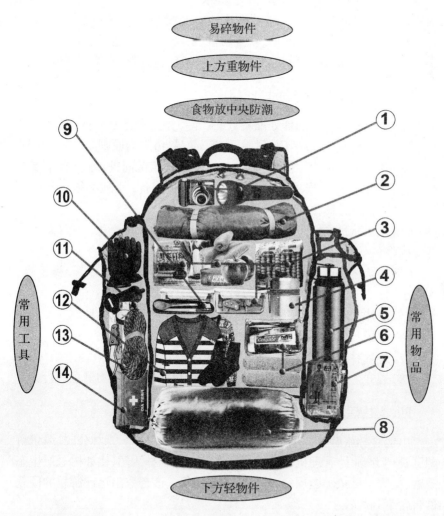

登山背包内容配置

① 易碎品放最上方
② 营帐与铝架（重物件）
③ 食材，干粮，罐头
④ 炊具，瓦斯罐
⑤ 饮水瓶
⑥ 盥洗用具，毛巾（轻物件）
⑦ 雨衣，常用工具，塑料袋
⑧ 睡袋，防潮垫
⑨ 餐具，叉匙筷
⑩ 手套，口罩，眼镜
⑪ 地图，GPS 指北针
⑫ 衣，裤，袜（轻物件）
⑬ 绳索，扣环，记号笔
⑭ 药品急救包

冰锯,冰钩

(7)小型刀（营炊使用）、中型刀（道路障碍排除使用）、钉爪工具、粗绳、胶带。

(8)太阳眼镜（防高山紫外线、雪眩）、防晒油膏。

必须野外宿营的多日登山,还必须携带：

(9)炊食生火工具、食材、燃料。

(10)营帐、细绳、营灯、睡袋。

高纬度地区冬季或冰雪地登山,还必须携带：

(11)冰斧、冰爪、安全吊带、安全头盔、雪地眼镜。

(12)攀登绳、辅助绳、雪桩、钩环、制动器、雪铲、升降器。

三、登山行动准则

(1)事前的计划准备务必严谨,充分掌握山况、路况、气候。携带的物品以适用、耐用、轻量、简易、可靠为原则。

(2)登山活动危险性极高,宜4人以上结伴组队前进,由具有丰富专业经验者领队,并向当地保安单位或主管机关报备；平地必须有基地组成员,保持联系通畅,必要时求援。

(3)以团队最弱队友体力为标准,判断气候、环境变化,适时做团队行动调整。

(4)脱队迷路或受困者,必须折回原路静待救援,施放烟雾、做记号、吹哨求助。

(5)规律活动及休息,尽可能选择坚固岩石或裸露地休息。

(6)垃圾、剩余食物自行清理带走,不滥杀生物、植物。

(7)进入林区不生营火；便溺避离水源与营地。

(8)遵守生态旅游行动规范,减少干扰自然环境与生物栖息的行为。

四、登山活动规划与管理

山地森林旅游符合生态旅游、可持续旅游的目标。森林公园、风景游憩区管理者、旅游管理机构可以规划多元山地森林活动,比如树冠层生态观察、植物与昆虫主题探索,辅助登山运动等。改善登山运动游憩的硬软件包含下列内容：

(1)提供环境与路径信息和详细的地图。

(2)强制要求登山活动组队并且登记报备,减少意外事故及救援困难。

(3)实时发布的气象信息、常设救援人员与组织,提供求救电话。

(4)主要的登山入山口（出山口）,可以规划设置前进基地服务区：

停车场、游客中心、入山人员登记、饮水、食物、器材、信息等支持服务。

（5）深山地区规划设置山区补给、庇护点，提供通讯、充电、饮水、简易木屋等基础设置。

（6）热门路线修建步道重点改善，设置休憩点、路标、安全警示、栅网等。

（7）利用网页或出版物，经常发布登山知识、安全守则、求助通道、环境与路径信息等。

（8）登山入口区的主管机关，平时必须组织救援队演练，必要时能迅速进行搜索、援救和医护。

深山区庇护点小屋

① 信息与服务点　③ 浴厕休憩点　⑤ 停车场　⑦ 登山入口
② 阶梯集合点　　④ 简易餐饮卖店　⑥ 主要入口

登山口服务区举例（图片来源：永续社）

2.5 攀岩（Rock climbing）与抱石（Bouldering）

攀岩运动（图片来源：永续社）

一、攀岩活动特性

攀爬是人类的天性，攀岩是从18世纪欧洲登山热潮中衍生出的一项新项目。1970年之后，攀岩逐渐变成独立和成熟的户外运动。攀岩是一种对身心严格考验的运动，也是登山中最艰难的一部分攀登大于60°的岩壁，不是一般登山者能克服的障碍，需要专门的攀爬技术或特殊的辅助装备，还取决于攀岩者的肌力伸展、体能耐力、肢体协调与平衡判断技能。根据不同的地形与地质，加上气候条件的差异，攀岩可以划分为几种不同的风格与分支，比如攀登岩壁或冰川（冰攀）、花岗岩或砂岩、寒带极地或热带等，攀登过程所遇到的难题不同，跨越障碍的技巧与辅助设备也不同。近年来，运动攀岩（Sport Climbing）更成为大众化的户外运动游憩项目。

二、攀岩术语说明

（1）天然攀岩场：野外的天然峭壁地形，有些完全没有人为辅助设施；有些已经设置了人为辅助攀爬设施。

（2）人工攀岩场：室外或室内，由人工堆置模型板块（玻璃纤维制作可移动的岩块），专门提供运动游憩与教学训练。

（3）确保点（Protection，保护点）：攀岩逐步前进，随时有坠落危险，所以必须步步为营，在岩壁的关键处设置螺栓或岩楔，让后续攀登者扣上"快扣"（Quick Draw），更安全地攀爬。

（4）确保器（安全绳扣）：又称为上升器、防坠器、GriGri、belay devices、ATC（形状如猪鼻子），目前还没有统一的中文称呼，实际上是安全滑轮绳扣，或称为离合

天然攀岩场

器滑轮,可以借由拉绳让该滑轮提升攀登者,也可以防止可攀登者没抓住拉绳时滑轮急滑,是一个上升器兼安全防坠滑轮装置。

(5)上方确保点(Top Roping):顶端保护点(Ensure top)岩壁上方的主绳固定点,无论上升攀绳或垂降拉绳,都必须依赖这个牢固可靠的保护点。保护有时绑在岩壁顶端的大树或稳固大石上;有时在坚固的岩壁上钉入两个固定系绳扣环,以Y字形系牢绳索下垂给攀登者,作为防止意外坠落的保护绳和协助攀岩者攀爬的主绳。

(6)完攀点(Complete spot):攀登者达到顶端目标的终点,称为完攀点。

(7)区域点:或称中继点(Zone point、Bonus),指定攀岩路径中要通过握持到的点,也借以评量攀登者的表现。

(8)红点:岩壁上的可靠突出点或可靠的缝隙,可以建立岩钉、螺栓、锚定绳索,保障攀登者继续往上爬不至于坠落。对于首次攀登者或先锋(带头)攀登者,观察、判断牢靠稳固的红点尤其重要。

三、攀岩方式分类

(1)传统攀登(Traditional Climbing):又称为先锋攀登、徒手攀登,也就是由攀登者临场判断,沿途架设确保点(岩钉与快扣组),目标为完成登顶。因为攀登的路径沿线没有前人预先留下的保护点,所以传统攀登通常对于岩壁上方处于未知状态,沿着岩壁裂隙或岩角着力点向上攀爬,边爬边想如何克服困难。因此传统攀登路线大多都是变质岩壁,坚固又多裂缝,光滑或软弱的砂岩、石灰岩并不合适。传统先锋攀登又可分为工具协助攀登与徒手攀登两种。

①人工攀登(Aid Climbing):又称为工具辅助先锋攀登,攀爬过程中会借助许多工具或设备,设置确保点(保护点),使用上升器、绳索、安全绳扣、岩钉、岩槌、岩锚等,更为牢靠。但是岩钉对岩壁会造成永久破坏,风景区热门攀爬岩场,会被钉得一塌糊涂,破坏美观,因此有些重要风景区仅许可使用岩楔或SLCD(弹簧机械岩缝

人工攀岩场

确保点,徒手先锋攀登

确保器扣绳

顶绳攀登,后续攀登

塞)插入岩石裂缝,不打钉,可以拆除,同样安全牢靠。

②徒手先锋攀登(Free Climbing):又称为自由攀登,相对于工具辅助攀登,攀爬者只靠身体的四肢抓踩天然的岩石突出点(把手点或踏足点),随身的装备只是用来架设确保点,并非靠绳子攀爬上升,但是仍要寻找牢靠的红点打入岩钉或岩楔,套入绳索,防止失足下坠。徒手先锋攀登需要很多体力及时间,攀登者的伙伴必须在下方协助防护。

(2)运动攀登(Sport Climbing):又称后续攀登或顶绳攀登(Top Roping),是较大众化的运动游憩攀登,攀爬路线已经预先设置好了保护点坚固的锚栓,攀登者并不需要自行槌打岩钉、架设绳扣、绳梯。攀登可依靠预先岩壁顶端垂下的顶绳攀爬。

运动攀登因为利于推广与教学,目前已成为攀岩界的主流攀登方式,能吸引众多爱好者投入。这些已经预先设置安全保护点的户外岩场,也都布置不同的障碍难度路线,让运动攀登者可以尝试新的体验,维持攀岩挑战的乐趣。

(3)多绳距攀登(Multi-pitch Climbing):一般攀岩绳长度60米,攀到顶再垂降,单绳距攀登最高就是25米,但是有些岩壁非常高,超过登山绳的长度,必须分段攀登。先锋者先沿途设锚点(确保点)与快扣,后续者陆续收回快扣与绳子,与先锋者在某个位置会合后,先锋者再继续往上攀登,再沿途设锚点(确保点)与快扣。

(4)抱石攀登(Bouldering):这种攀登不利用绳索和工具,不设置固定点(保护点),仅在安全的高度进行的攀登。抱石攀登,大多会使用防止坠落的地面护垫,又称为抱石垫。

抱石攀登

①抱石攀登,字面意思是抱着石头。而常见的抱石,就是在天然的石头上爬来爬去,目标是爬上大石头,或做三到十几个动作的横向移动。抱石攀登因为路线短、动作少,所以要求的攀岩技巧和肌肉力量相对就比较多,通常是一些比较夸张或具爆发力的动作。另外抱石因为攀爬高度不高(6米以下),所以确保方式通常是三五好友的确保及数块抱石垫确保攀登者的安全,除非是有些确保位置很差或坠落方向不好,才会使用绳子辅助。

②抱石确保（spot）其目的并非使攀登者远离地面，而是避免攀登者因坠落而造成背与头部的伤害。此外抱石的难度分级也异于运动攀登。抱石因少了绳子的束缚，因此比起需确保的运动攀登，抱石更充分展现力与美。

（5）独攀（Soloing）：独自攀登，通常高度高于6米（参考值），没有绳索或任何设备确保，攀登过程要十分小心，如果坠落非死即伤。因为不允许有任何失误，所以独攀者要非常坚强，另外在攀登技巧和路线判断上也要非常准确。独攀是一项无法重来的攀岩运动，强调身体、心理条件都要到达一定程度，另外也要凭借运气，例如不会出现岩块松动、天气变化、蜜蜂攻击或其他突发事件。独攀者通常会用绳索，确保在独攀前对路线十分熟悉，但是独攀过程的危险性还是十分高的。

四、攀岩队伍的角色

（1）一般野外攀岩至少两人以上为一组，由资深且技术熟练者带头，为先锋攀登（Leading），在岩墙上的钉入岩确保点（保护点）尚未架设前，资深带头者必须先登攀上去，沿路设置确保点（保护点）并挂上快扣组及绳子。

（2）后续攀登（Second），后面的组员陆续往上攀爬，最后一位组员回收快扣组。

（3）下降时，反过来由资深带头者在最下方，领先寻找并设置确保点（保护点），最上方（最后）一位组员回收快扣组。

（4）徒手单独攀登，没有伙伴支持的攀登称为独攀（Solo），独攀属于危险性极高的攀岩活动，只有专业熟练的攀岩运动者才能进行。

（5）另有一种徒手单独攀登，没有保护垫，但是下方有深潭，当意外发生时不至于坠落重伤。

攀岩难度分级类似登山与越野健行的难度分级，分级有助于循序渐进的教学与训练，也促进攀岩比赛的公平进行。目前国外普遍采用的Rating System即是于1937年由美国Yosemite Decimal System（简称YDS分级）建立的攀岩难度分级：

第一级，可以轻松走上去。
第二级，不轻松的健行，不需用到手。
第三级，需要在岩石间跳跃，有时需要手扶、手抓。
第四级，必须手脚并用，刺激但不危险。
第五级，手脚并用还不够，需要攀爬技巧与绳、扣等辅助及安全装备。
第六级，必须借助上方垂降的主绳辅助攀爬。

五、攀岩比赛规则

国际攀岩运动协会（ICC）针对不同形态及难度的攀岩制定标准规则，比赛方式大致有下列几类：

（1）临场应变攀爬（On-Sight）：也可以称为先锋探索攀登，攀登者之前没爬过该路线，也没看过别人攀爬或知晓任何的相关信息，必须临场应变，自己完成攀顶，没有坠落算是过关。

（2）快记解析攀爬（Flash）：攀登者之前没爬过该路线，但是可以预先看场地，看别人攀爬或是事先研究相关资料。经过快记与解析后，一次完成攀顶，没有坠落算是过关。

（3）记取经验的攀爬（Red-Point）：攀登者之前爬过该路线，并且失败坠落，记取经验并且练习后，仍由自己设置确保点和快扣绳环，独自完成攀顶。

（4）训练攀爬（Pink-Point）：与记取经验的攀爬一样，累积经验的反复攀爬，但是该路线上所有的确保点与快扣绳环都已经预先设置好，攀登者只需入绳作保护。适合大众化的攀登。

（5）累进攀登（Yoyo）：上一次的攀登成果可以保留，当时设置过的确保点与快扣绳环可以留在岩壁上，下一次攀登仍由最底部开始；利用先前已悬挂的绳索攀登。到达上一次的攀爬高度后，再继续进行先锋探索攀登（设置新的确保点与快扣绳环）。

（6）阶段攀登（Hangdog）：上一次的攀登成果可以保留，即使失败坠落，可以在岩壁上就地休息，不用从岩壁最底部重新开始，可继续前进。

（7）顶绳垂挂攀登（Top-roping）：已经从岩壁顶端垂挂了攀爬的主绳，攀爬者以该绳索作为保护设施直接进行攀登，不需自己设置确保点与快扣绳环。

（8）后继者攀登（Second）：第二位或最后一位攀登者，不是先锋，攀登者不用自己设置确保点与快扣绳环，但是要为先锋攀登者沿路解开及回收岩壁上的快扣环。

六、攀岩装备需求

（1）攀岩鞋：橡胶的鞋底及紧缚的鞋身，能让攀岩者集中运用脚部的施力粘踩在岩点或粗糙的岩壁上。鞋有内衬，鞋前头比较尖，鞋底可弯折，使脚尖能够在很小的点上施力，附着岩壁。刚开始穿攀岩鞋会束脚不习惯。但是设计良好的攀岩鞋不但能帮助攀登者攀岩，也能有效保护双脚。

（2）安全吊带：或称为鞍带、座带，套在腰间与两条大腿处，可以分散冲击力，使人体更为舒适、安全，可分为攀登用与多功能用两种。

（3）攀岩头盔：攀岩头盔可保护头部，防止小落石等坠落时的意外撞击。

（4）防滑粉袋：将镁粉置于粉袋中，而粉袋则扣或绑在腰际；镁粉（碳酸镁粉）的作用是吸收手掌上的汗水，以防止手滑。

（5）快扣组（Quick Draw）：由两只钩环与一条绳环组成，用来连接攀登绳与岩面上的确保点，确保点可为岩楔或 bolt。快扣挂入确保点后，将绳子挂入快扣中，可防止攀登者在意外时坠落。

（6）确保器（安全绳扣）：8字环 GriGri 或猪鼻子（ATC）。作用是连接攀登绳，防止下滑，增加摩擦力达到制动目的，确保攀登者安全。

（7）钩环：连接安全吊带与固定点或上攀、下降确保主绳，材质为不锈钢或铝合金，方便单手操作，不同钩环有不同的承重。钩环是用途最广的器材，主要用途是连接绳子与支点。一般攀登者至少带5个钩环，其中两个是保险钩环。

（8）攀岩主绳：攀登主绳的主要作用是当攀登者坠落时保护攀登者。依使用方法与粗细可分为单绳、双绳、双子绳（对绳），或是分为静态绳与动态绳。标准登山绳直径为11毫米，但是垂降绳或绳环会略细（8毫米）。

（9）辅助绳：6毫米的绳子三米长两条、二米长一条，可捆绑物品或作为普鲁士绳环或下降确保绳环使用。

（10）绳环（扁带）：用一寸宽的管状尼龙扁带或直径9毫米的绳子打成的绳圈。绳环在行进时可以当临时胸式吊带；下降时可以作为坐环；攀登时连接绳子与中间支点，减少绳子的牵扯阻力。

绳索与绳环是攀岩者、山野活动者的第二生命，保障攀登者生命安全。攀岩登山的绳索必须可靠不易断裂，能够承受坠落，而且必须有适当的伸展性，吸收坠落所引起的冲击力。

（11）抱石垫（Mad Rock）：就是防摔海绵垫，如同大床垫，户外抱石攀登时使用，由蜂窝泡沫材料填

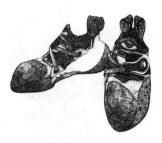

硬尖头攀岩鞋，适合野外环境，保护性高

软尖头攀岩鞋，容易寻缝脚尖着力

脚趾头粗底纹攀岩鞋，防湿滑

平底纹攀岩鞋，贴合性佳

运动旅游

安全吊带

攀岩头盔

确保器 ATC, 猪鼻子

岩钉, 岩楔

GriGri 确保器, 上升器

上升确保器

镁粉袋, 防手汗

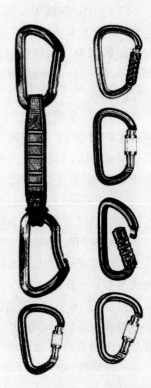
钩环, 快扣组

攀岩扁带

8字环, GriGri

充,通常设计了方便背负的肩带及可粘结的魔鬼粘侧边条,并且方便折叠。

七、攀岩行动准则

(一)攀岩技能

攀岩运动需要锻炼体能,攀岩主要看肢体平衡与手脚的协调能力。身高、臂长者会占有优势,体重过重会影响灵活度。

抓:用手抓住岩石的凸起部分;

抠:用手抠住岩石的棱角、缝隙和边缘;

拉:在抓住前上方牢固支点的前提下,小臂贴于岩壁,抠住石缝隙;

推:利用侧面、下面的岩体或物体,用手臂的力量使身体移动;

张:将手伸进缝隙里,将手掌或手指屈曲张开,以此抓住岩石的缝隙作为支点,移动身体;

蹬:用前脚掌内侧或脚趾的蹬力把身体支撑起来,减轻上肢的负担;

跨:利用自身的柔韧性,避开难点,以寻求有利的支撑点;

挂:用脚尖或脚跟挂住岩石,维持身体平衡,使身体移动;

踏:利用脚前部下踏较大的支点,减轻上肢的负担,移动身体。

人工岩块,栓锁在混凝土岩壁上,可定期拆卸更换

(二)攀岩注意事项

必须保护登山绳,避免日晒雨淋、化学品浸蚀、潮湿与热烤、与锐利岩角磨耗或起毛。

必须经常检查绳索、装备与攀岩安全设施。

攀岩前检查:确认主绳没有扭曲绞绳、上方固定点装置正确、确保器装置正确上锁、检查安全吊带是否反扣、八字结是否正确。

攀岩者的地面伙伴称为"确保者",责任重大,确保者务必专心注视攀登者的每个举动,必须提醒攀登者的危险动作(绳索没有保持在双手中间,快扣没有挂入或解开,偏移路线太多等)。

攀岩技巧：抓、抠、拉

（图片来源：运动百科全书）

最常见的攀岩伤害是跌落，所以地面护垫、安全绳扣等保护措施都很重要。

攀岩运动需要大量使用手部力量，因而运动伤害集中于手指、手腕、手肘及肩部等部位，攀登者在运动过程中必须防止肌腱、腱鞘、韧带与关节受损。

注意坠落时可能摆荡的方向，避免坠落时偏移角度太大造成危险，并且手指不可以抓握任何金属类的设施。

有些攀岩者自行寻访的天然岩场，必须注意某些居民或土地所有人不希望有外人来干扰，有些景观或生态敏感的地点，也不宜开展攀岩活动。因此风景区管理者与旅游管理机关都应对攀岩地区预先评估，适当管理。

攀岩对环境的破坏：攀岩运动应尽量减少对环境的破坏，但是仍然难以避免某些负面影响，比如：

水土流失，且对岩壁反复扰动后，岩壁更容易松脆风化。

废弃的螺栓、岩楔、记号，垃圾与污染物破坏当地环境。

剥除岩壁表面植物与干扰动物栖息。岩壁经常是猛禽鸟类筑巢的地方，频繁的攀登活动干扰了它们的繁殖栖息。国外某些国家公园在鹰鹫繁殖期定期关闭攀岩场。

因此攀岩运动需要响应环保的潮流，鼓励反复使用固定区域的天然岩场，减少使用岩槌、岩钉、冰锥等会对岩壁造成破坏的设施。

其实螺栓、岩楔、记号的体积都很小，在岩壁上并不容易被发现，但是还是要避免对某些敏感珍贵的风景资源的伤害，例如多使用打结吊索与传统绳索攀登，可以减轻对岩壁的磨损。

八、天然攀岩场规划

（1）开发天然岩场必须实地勘察，选择岩质坚实、难度适当的路径。并且请资深有经验的攀岩专家提供建议。

（2）理想的天然攀岩场高度是30米至70米，超过45米的岩壁，中间宜设置停留休息点，作为多绳距攀登的中间点。

（3）天然岩场保留部分区域给传统攀登（先锋攀登）

使用,而半数以上区域为大众化的运动攀登使用。运动攀登场可于顶部垂挂主绳与部分固定锚栓,提供给一般攀岩初学者教学与训练使用。

（4）每个运动攀登垂直路径,必须间距 6 米以上,避免相互干扰。

（5）岩壁顶部必须设置完攀休息区（也是下降攀爬的起点区）,面积至少要能够容纳 10 人以上,建议设置人为路径或阶梯可供上下。

（6）天然岩场周边可以设置服务设施建筑物,提供更衣、浴厕、器材租售、教学、救护、保护垫等器材储存、联外交通等管理服务。

（7）天然岩场部分低岩壁（低于 6 米）可以规划为抱石攀岩场。抱石攀岩场下方必须平坦,可以设置抱石攀登保护垫。

（8）可以在部分抱石攀登场下方设置 4.5 米深的水池深潭（长宽各超过 6 米）,提供意外坠落时的保护。

九、人工攀岩场规划

人工攀岩场（Artificial Climbing Structure,ACS）,人造的攀登高墙或高塔,由玻璃纤维树脂板块或混凝土合成的可移动岩块组合而成。除了攀岩运动之外,人工攀岩场也可以提供类似高楼逃生、绳索下降等消防训练、山难搜救训练的用途。

天然攀岩场可能发生落石、固定点失效等危险,但是人工攀岩场可以提供更安全的攀登条件,将所有的危险因素降到最低。

（1）人工攀岩场的结构设计可以附着于既有大楼的墙面上,也可在空旷地上建构独立的攀岩塔。室外的人工攀岩场要考虑在日晒雨淋、台风吹袭的情况下岩壁和设施仍能坚固牢靠。

（2）墙壁式攀岩场,在既有的壁面上加上工字梁,再将岩板固定在上面,最后再加上岩块。墙壁式攀岩场无法移动,但可扩充或更换表面岩板的布置。

（3）独立塔式攀岩场,有一个独立的钢构架,四周的岩板将钢结构体完全包覆。独立塔式攀岩场提供了更大的攀登面积,但是稳定性较弱,不适合设置太高的高度。

（4）表层岩板用玻璃纤维混凝土（GRC）制作,保持较大硬度与弹性,可以参考欧洲人工攀岩场标准 EN12 572 相关安全要求设计该类型攀岩场地。

（5）规划人工岩场应考虑岩场的使用对象、功能、安全检查、扩充或维护等。

（6）人工攀岩场每隔一段时间应考虑扩充或者重新布置岩板、岩块,避免使用者因太熟悉其路线而失去新鲜感。

2.6 溯溪（River Tracing）与降溪（Canyoning）

一、溯溪与溪降活动特性

溯溪运动（图片来源：永续社）

森林山地中最具吸引力的是水，有水的景观更加吸引游客，野生动植物也都往水滨聚集。湖泊是静态的水，河川溪流是动态的水，尤其是湍急的溪流，含氧量高，水质清澈，通常接近甲类水质（甲类水质可以与身体直接接触），更是许多淡水域活动的最佳场所。国外给了与河川溪流有关的活动特别的称呼"White Waters Sports"，泛舟、轻艇（独木舟）、溪钓、溯溪与降溪均属于这类运动游憩活动。

溯溪近年来成为夏天最热门的活动，是适合结伴组队的高运动量活动。溯溪活动主要是选择某个河段，从下游往上游前进，很适合青少年参与；降溪活动则从上游往下游移动，而且降溪的河段通常比较陡峭，穿越瀑布、急流段，难度较高，大多要使用与攀岩相同等级的辅助装备。山地溪谷的环境变化很大，瀑布、深潭、奇石、峡谷及巨木，考验智力，也需要手、脚、身躯并用，考验体能。无论是溯溪或降溪，都必须结合登山、越野、攀爬、涉水、游泳、跳跃等技能。

降溪（或称为溪降），大多定义为从悬崖瀑布上方往下降的运动。由于长期被瀑布冲刷的石头很滑，长满青苔，再加上溪水对下降者的冲击，会影响判断力，所以溪降比普通的岩壁下降更富变化，更具有挑战性。

二、溯溪与溪降装备需求

由于溪流具有潜在的危险性，需要有一些专用装备来保护身体和物品，尽量减少不必要的运动伤害。山地森林区人烟稀少，从事溯溪与溪降活动必须准备登山装备、攀岩器材、水上设备，再加以防水处理。防水衣物的选择以轻便、透气性良好、易干燥的尼龙面料为宜。保暖衣物和露宿帐篷、炊具、食品等视日程的安排有选择性的携带，物质装备的准备以轻便、负重不宜过大为准则。因溯溪总在水边或水中行进，所带的装备应妥

Ch.2 陆域运动旅游 (Land Recreation)

溯溪

溪降

善打包，一应物品最好用塑料袋包好以后再放入背包，尽量使背包的体积最小。

（1）安全头盔

溪谷在下雨过后，水流冲刷可能造成落石，在较危险地形攀登时或有失足滑落的意外，都需要安全头盔来保护头部。若是一般的溯溪体验，骑机车使用的半罩式安全帽即可，如果难度高的溪降或溪流湍急，必须使用较专业的 UIAA 检验合格的头盔确保安全。

（2）溯溪服装（防寒衣、防水衣）

溯溪活动时间较长，可能沿着溪谷行进 2 至 4 个小时，甚至泡在水里，着长袖紧身排汗衣及紧身排汗长裤最佳。若是冬天或在高海拔溪谷，则需要使用潜水衣。潜水衣材质虽无法透气，但进入冰冷的水中，可得到较佳的保暖效果。

如果是溪降活动，瀑布与深水潭的水温都很低，宜穿着防水衣保温。防水衣为溪流中使用的发泡橡皮质紧身套装比潜水服厚，质轻、紧身、浮力大，具有缓冲碰撞、低温保护的作用。

（3）溯溪鞋

溯溪鞋的鞋身大多由潜水衣材质制成，有着弹性质软且不吸水的特性，鞋底则由织布制成，多采用薄底以增加贴附力，类似轮胎橡胶，适合踩踏在湿滑的大石上，增加摩擦力。有些溯溪鞋底设计成粗布海绵状，再在前后附加细钉，功能是将立足点固定在滑动青苔岩面上，鞋面

溯溪与溪降头盔

溪降防水透气保暖衣

溯溪鞋必须软胶底,贴附岩石青苔防滑

溪降鞋必须硬胶底深沟纹,踩踏岩石面时可防滑护脚

则用透水透气有弹性的材料包覆。

（4）手套和护腿（护膝）

皆为潜水布质料,除可防寒外,又可免于被杂木石头碰伤或割伤。护腿分长筒和短筒两种,长筒除护小腿外也可护膝。瀑布溪降时,在被瀑布冲击的岩壁上有时很难保持平衡,当身体被瀑布冲击撞向岩壁时,需要护具保护。护具包含护膝、护肘、护掌3种,以保证活动者在与岩壁的碰撞中避免受到骨骼伤害。

（5）浮水绳

较稳重舒适的座鞍带

溯溪专用的浮水绳,特性是不吸水并且可浮于水面上,适合用于溪谷行进间的拖拉,但大部分的浮水绳为了达到其防水的特性,其强度不如一般的攀登用绳。一般攀岩用的动力绳,虽然吸水后十分重,但安全性相对较高,地形高差比较大的攀登用的主绳为9~11毫米,防水,拉力2 000~3 000 kg。同组团队里至少要有数条数米的登山专用绳或绳带,以利于队友们互相支持度过深潭或岩壁。登山专用绳一般可分成主绳、伞带（扁带）、绳环（sling）3种。

浮水绳鲜艳,轻浮于水面,坚韧耐磨

溪降常用直径6毫米的尼龙绳,以双渔人结打成环状,使用长短不同的两条普鲁士绳,必须依个人的身高定制不同的长度,取代昂贵的上升器。瀑布溪降应选择长50~150米、直径9~12毫米的溪降专业绳,专业绳由合成纤维制成,具有防水防冻功能。

（6）安全吊带

溯溪或溪降行进中，必须通过深潭、瀑布、急流及岩壁，为了防止坠落及溺水，必须有绳索来确保安全。然而这个过程中常有许多状况出现，例如手在忙着攀爬，无暇顾及其他，或是因为一般人手的力量常抓不住绳子或无法持久地抓牢绳索，这时就需要有安全吊带来将人固定在绳索上。吊带有许多种类，建议选用专为溯溪探洞设计的吊带，质轻、易穿脱、不吸水、不沾泥沙。

（7）有锁勾环

一般称为保险大D勾环，要连接安全吊带及绳索，就得靠勾环来完成这个任务，并且勾环必须有锁，是因为在某些状况下，常出现绳子脱离勾环而造成危险的情况。有锁保险勾环又可分为手动上锁及自动上锁，自动上锁保险勾环可以防止操作者忘记上锁，然而其复杂的结构增加了重量及损坏的几率，价格也相对较高。另外有锁勾环也常用于架设固定点。

（8）八字环、单绳下降器

又称为下降器，形状像个"八"字，故称八字环，大多用于岩壁瀑布垂直下降。另外的选择是ATM猪鼻子或是意大利半扣结、GriGri安全绳扣。

安全吊带，轻便扁带座鞍带

有肩带的安全吊带，降溪活动较常用

有锁钩环，快扣（Quick Draw）

确保器、8字环、手套，溯溪与溪降都用得到

三、溯溪行动准则

（1）溯溪者要根据自身的野外生存能力和攀登技术选择适合的溯溪方式。溯溪地点多远离市区、环境复杂，需要团队共同行动，领队者必须提前了解溯溪地点环境，并且规划好往返路线与应对天气变化、意外情况的方案。

（2）溯溪常遇到岩石堆穿越、横移、涉水泳渡、瀑布攀登和爬行高绕等考验。徒手攀爬的基本要领为三点式攀登，即在攀登时四肢中的三点固定，使身体保持平衡，另一点向上移动。峡谷溪流中多滚石岩块，且湿滑难行，行走时应看准、踏稳，避免因踏上无根岩块跌跤或被急流冲倒。

（3）岩壁贴附横移。岩壁瀑布下通常有深潭阻路，可尝试沿两侧岩壁的岩根横移前进。岩石多湿滑，支点不易把握，横移时必须特别谨慎，有时支点隐藏于水下，此时用脚探测摸索移动，若特别困难，涉水或泳渡会更安全。

（4）减少涉水次数，溯溪过程中应尽量避免湿水。一般峡谷多阴凉潮湿，湿水以后衣物鞋子不容易干，脚长时间泡在水中易起水泡，所以非不得已不要湿水，尽可能选择干燥岩石面，攀越前进。

（5）涉水泳渡。涉水或泳渡时，必须清楚地判断水流的缓急、深度，有无暗流，必要时借助绳索保护技术。

（6）爬行高绕。在遇到瀑布绝壁，用其他方法没有把握攀登时，可以考虑用爬行高绕的方式前进。即从侧面较缓的山坡绕过去，高绕时避免偏离原路线过远，并确认好原溪流方向。

（7）避免雨后溯溪。降雨后山区常有突发性的山洪、泥石流、山壁崩塌，环境条件很难掌控。

（8）领队的责任。领队首先要有较强的安全意识，熟悉环境与路线。对不同的线路必须限制参加人数，要拒绝装备不足与不听从指挥者参加。资深的成员也有义务协助领队，协助新手穿越障碍。

四、溯溪、溪降环境规划

溯溪或溪降运动大多选择深山溪谷，自然度高，神秘性好，可达性低。大多设施很少，但是热门的路线需要改善下列设施：

（1）联外道路：溯溪起终点的交通步道、停车空地。

（2）通讯网络覆盖：如果发生意外，可以及时联系救援。

（3）详细地图、方位地标和实时的环境信息，能够提供给旅游者使用。

（4）危险的急湍点提供信息警示或略作改善，但是应避免在自然原

Ch.2 陆域运动旅游 (Land Recreation)

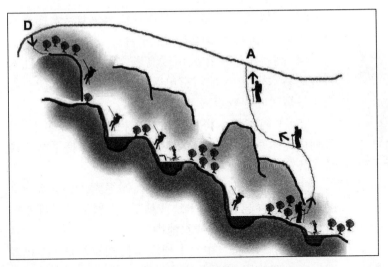

溪降路径安排（图片来源：www.mauritianlife.com）

野中设置太多有碍景观的告示板或栏杆、人工台阶。

2.7 森林拓展（Forest Adventure）

一、森林拓展性质与特性

森林拓展、森林探险，在欧美是很成熟的户外运动，利用森林多大树的环境，以绳索、木梯、索道设计在树林高空穿越某些路径，体验森林树冠层的生态环境，并且考验勇气与耐力。参加者必须通过攀爬、穿过绳梯、摆荡的独木桥、跳跃木桩、索道悬吊滑行等方式抵达终点，很适合好动、好攀爬、好冒险的年轻人，许多学校与企业也都以森林拓展作为集体训练课程。森林拓展主要提供下列项目：

（1）攀爬绳网。绳索原先用军队跨越障碍课程中，直挂、斜挂或横挂 6 至 10 米长，在游戏者应于最短时间攀爬过去。

（2）攀爬墙。六米以下的木墙或人造岩壁，设置固定可抓握岩块，让游戏者攀爬至顶部平台。

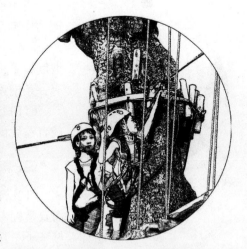

森林探险（图片来源：永续社）

钻爬木桶

高空滑索

秋千步道

（3）大树或高塔攀爬。只设计简易绳梯、木梯或木块着力点，让游戏者攀爬至顶部平台。

（4）高空步道。在大树或高塔之间架设绳桥、独木桥或简易木栈道，可能只有单绳或双绳可以抓握，游戏者应于最短时间穿越过去。

（5）平衡木块。将独木桥或大树干切成许多小段，分别用绳索系挂，游戏者穿越时必须持续保持平衡并跳跃在各个木块踏板之间。

（6）悬挂前进。游戏者必须抓握绳索，以摆荡蹦跳的方式迅速穿越悬挂的木块或秋千，抓握失手时可能掉落在下方的绳网、沙坑或水池中。

（7）钻爬木桶。在空中架设木板圆筒隧道，游戏者需手脚协调并用，迅速攀爬穿越隧道。

（8）跳跃木桩。在沙坑上或水坑布置木桩阵，游戏者必须跳跃穿越过许多个木桩点，在此过程中游戏者必须掌握身体平衡与跳跃的技巧。

（9）高空索道（流笼，Ziplining）。原先用于需跨越山谷或吊运货物的山区。森林拓展活动中在大树或高塔之间架设钢索，将游戏者悬挂滑送过数十米外的另一地点。借由滑轮与重力推动，过程中游戏者可以感受到滑翔的快感及穿行在森林树冠顶层的体验。

（10）钢索自行车。类似高空索道的设计，但是索道坡度较平，游戏者可以慢速踩自行车前进，自行车上方另有一条钢索系挂用来固定平衡与保证安全。

（11）植物迷宫。利用植物或木板墙布置成迷宫，游戏者需凭借记忆，快速寻找到出口。

二、森林探险规划准则

（1）分龄设计：森林拓展提供大众化的游憩运动，不需要掌握专门技能。参与者可包含幼童、少年、青年或父母亲子。森林拓展一般依年龄层设计不同的难易程度。

（2）安全设计：安全为森林拓展项目的首要考虑因素，通常设施下方都有沙坑、水坑、胶垫、沙袋、绳网等避免坠落伤害的设施。

钢索类运动，支撑钢架与安全扣环、滑轮、钢索的定期检查为必要工作。

（3）结构设计：如果游客量不多，森林大树吊挂绳网、高空步道、空中栈台等设施最受欢迎。但是预估游客量很多时，就需要另外更稳固的设施。结构的稳定性，能够承受的运动冲击与多个人体的载重都必须详细计算。

（4）节点设计：森林拓展必须设置多处大小节点（空中栈台），起点、终点、中间休息点、设施项目转换点。如大节点必须包含上下阶梯、安全栏杆、系扣安全检查、人员分流等功能和服务。

（5）路径设计：森林拓展设施有很多种。大小节点以蛛网式连接，可以让游客自己选择项目、路径分流。不宜采用单线连贯到底，否则容易造成拥塞。

（6）服务设施：森林拓展设施必须有单位专责维护管理，不能设置在无人看管的荒野区。起终点宜规划更衣沐浴设备、厕所、救护室、器材储放室、休憩空间等。

三、安全高度与宽度

（1）2米是防止6岁以下幼童坠落受到伤害的安全高度，但下方仍须有沙坑或胶垫缓冲冲击。40~50厘米是适宜6岁以下幼童跨越的宽度，因此是悬挂绳索绳梯的适合间距，可以设计攀爬、跳跃、摆荡、溜滑、钻越、平衡、翻滚球等设施提供给幼童反复尝试，同时确保安全。

（2）6米是防止12岁以上青少年徒手攀爬坠落受到伤害的安全高度，但下方仍须有沙坑、胶垫因此是3米深水坑缓冲冲击。徒手攀爬者必须戴上安全头盔与手套，如果是走无栏杆的绳桥，游戏者身上必须附挂安全滑轮扣（belay）。50至100厘米是适宜12岁以上青少年跨越的宽度，跨越、跳跃设施可以参考人体工程学进行设计。

（3）10米是一般人类心理恐惧的高度，许多设施的设计经常以这个高度为基础。但是超过6米以上的设施（平衡木、独木桥、绳桥），下方必须有绳网或固定安全护垫，而且游戏者必须有安全索扣或手握绳索栏杆。

（4）20米是很可能坠落伤亡的高度，护栏与安全设施都必须采取更严格的设计标准。

（5）索道滑行，缆线可以采取10%至15%的坡度，骑乘自行车索道缆线最好使用2%至5%的坡度。而且索道沿线下方应有紧急情况发生时，救援云梯车可到达道路。

（6）空中步道（平衡木、独木桥、绳桥）最好每15至20米有一处停留休息点。索道滑行不宜超过100米，两端接应的管理人员可以指导游戏者并实行安全防护。

（7）安全索钩环有不同等级的设计，一般钩环仅为两个锁扣；最好的安全索钩环有一个连接安全钢索的滑轮弹性钩环，能高度保障游戏者的安全。

（8）对于森林拓展运动的高空绳索安全，应参考国外相关安全规范。欧洲有 EN 15 567-1 与 EN 15 567-2 的安全规范。国外还有专业运动协会可以寻求技术协助，主要为下列 4 个：European Ropes Course Association（ERCA）、International Adventure Park Association（IAPA）、Association for Challenge Course Technology（ACCT）、Professional Ropes Course Association（PRCA）。

2.8 高空滑索（Zip-line）

一、滑索活动特性

高空滑索（图片来源：永续社）

滑索就是最简易的缆车装置，又称为"溜滑"、"空中飞人"。早期生活在高山峡谷区的人们，因为交通不便，缺乏桥梁，常用滑索、流笼渡过大江大谷，大多利用两端大树或设置高塔，系挂坚固的藤索、钢索，借由滑轮与吊袋、竹笼、溜板载人，滑溜到对岸。近年来被发展成热门的运动游憩项目，可以设置在风景区、森林公园、峡谷山丘、草地、沙滩等多种地形之中。能俯瞰海岸、峡谷等景观的滑索更为吸引人。

滑索有平溜和陡溜两种。平溜只有一条滑索，滑索两端一样高，没有斜度，来往都可以溜。但是这种方法比较吃力，因为滑索中段会因重量自然下垂，所以人溜滑至中段以后，还要借助抓握拉攀，半攀半爬地向对岸滑行。陡溜需要一来一往两条溜索，两岸都是一条比对岸高、一条比对岸低，利用高差倾斜度（约 25°），由高端往低端滑。这种方法溜渡速度快、省力，但是末端必须注意减速。

二、滑索设备需求

运动游憩的滑索，通常使用专业的钢索与滑轮，且要有避雷器系统、弹簧安全阻抗、刹车等设计，抵抗缆索滑轮之间产生的摩擦。但是参与滑索活动者还是要戴上特制的厚皮手套与安全帽，避免运动伤害。

滑索过程的下方应有坠落防护垫或绳网。

由于钢缆重力下垂，缆线的中间段，总是比下侧端点低。因此滑索应适当测试，使正常人体能依靠重力加速顺利滑到终端点，否则会停留在重力下垂中间点，缺乏经验的活动者较难用手握钢缆移动。

单线双滑轮，有减速器

三、滑索行动准则

（1）滑索有一定的危险性，最好有专业人员现场指导。

（2）出发前系紧鞋带、皮带，不要穿开衫，女性不应穿裙子，长发应结辫盘起。

（3）不要携带无关物品，如手机、钱包、手表、眼镜、首饰等，携带物品应紧密保存防止掉落。

（4）滑轮、安全带、扣环、头盔、手套等应有工作人员协助检查妥当。

（5）滑索飞速溜行时，身子应向后仰，避开钢索，否则容易摩擦受伤。

（6）快到终点时，冲击力最强，应留意减速或刹车。

（7）体重较轻者可两人一起滑溜，或儿童与成人一起滑溜，便于增加惯性，顺利滑到终点。

简易单线双滑轮，无减速器

双线4滑轮，有自动减速器

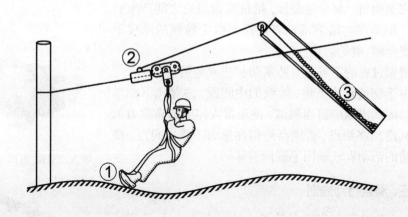

①草地或沙地脚踏缓冲;②减速器;③强力弹簧

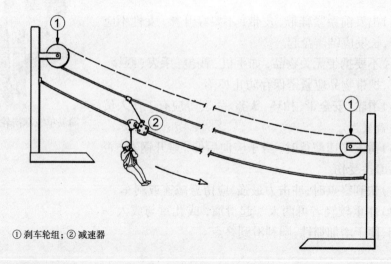

①刹车轮组;②减速器

减速缓行设计

四、滑索场地规划准则

作为运动游憩项目,安全规划最为重要。滑索设施底座大多以钢筋混凝土为基础,用钢铁或坚固木料构造,有高端站、低端站门型结构支架,由吊具(包括滑车和吊带,其中滑车分双轮和四轮,以及带限速和不带限速两种形式)及缓冲装置、防护装置、吊具回收装置、承载索、牵引索等组成。

(1)滑索高低两端都要有服务人员接应,高塔一般9米至15米,可以借助楼梯攀爬或使用电梯升降。

（2）轮具、钢索每季要定期检查、维护，保障安全。

（3）低空滑索，下方可以用砂地、海绵垫防坠落；高空滑索，下方应有绳网或钢索附挂安全绳，保障安全。

（4）淡季未经营的滑索，应予关闭，防止私自攀爬、使用。

（5）高空滑索可以配合规划高架栈道，便于游客观赏体验树冠层的生态。

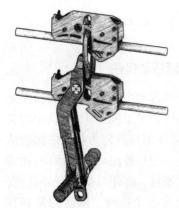

双线4滑轮，有手动减速器

人工滑索塔

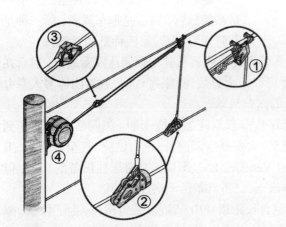

①调控轮一；②刹车滑轮；③调控轮二；④刹车轮

双线安全刹车设计（图片来源：永续社）

刹车轮组

（6）有些滑索配置机械轮轴上卷的动力，可以从低处往高处滑。发生故障卡轮时，应有云梯车等配套安全设施予以救援。

（7）滑索设备一般分为三类：单道单向式，点和降落点分别在滑索两端。单道往复式，游客自落点由动力牵引至起点，脱钩后自然滑行至落点。双向单道式：两条索道可同时牵引同时滑行，起点和落点分别在滑索两端。

（8）滑索载人悬挂方式，有竹笼、三角杆座式、俯卧式、仰卧式等多种方式。

2.9 露营（Camping）

一、露营活动特性

在人类远古的生活中就有露营，但是近代露营的历史可以溯源于20世纪初美国YMCA以休闲与教育为目的的露营活动。露营是一种户外运动游憩活动，通常露营者携带帐篷，离开城市在野外扎营，度过一个或者多个夜晚。露营通常和其他相关联，如登山、健行、钓鱼等。

露营基本可以分为四种形式：第一是帐篷露营，第二是拖车露营，第三种是荒野探险露营，第四种是创意露营。

露营（图片来源：永续社）

（1）帐篷露营：是指露营者徒步或者驾驶车辆到达露营地点，通常在山谷、湖畔、海边，露营者可以篝火野炊，搭帐篷住宿，或者团体多人举办篝火晚会，这也是最普通的露营活动。

（2）拖车露营：是指驾驶露营车或加挂拖车厢，如同活动房屋车到野外露营，通常这样的拖车，大多有空调设备、电力供应，甚至有厨房、卫浴。露营车（Recreational Vehicle，RV）即设置具有居住设备的车辆，但是"RV"现在被统称为休旅车，已不具备活动房屋车功能。

（3）荒野探险露营：包含长距离登山、攀岩、荒野宿营，为了休息，露营者将帐篷悬挂在树上或在悬崖边过夜，或者依靠自然资源宿营，采取最原始的生活方式，这样的露营相当危险但是十分刺激。

（4）创意露营：某些地方发展了树屋、水上屋、水管露营位、印第安人式帐篷、蒙古包帐篷或豪华精致的帐篷酒店等,为游客提供了多种乐趣。

二、露营地设施

(1)基本型营地:在水滨草地上或树林间的空地上架设帐篷,是最传统的露营方式,原野乐趣也最多。取水来自山泉或湖溪,自行堆石挖灶,埋锅造饭,捡树枝炊煮餐食,离去时恢复地表原状,这样的露营最贴近自然。国家公园或风景区管理单位只需要指定路径与开放露营场地。可以铺设透水简易道路,以砖石木划设营位,营位铺沙及设置简易排水沟,提供饮用及洗涤水源、集污水槽等。但是这样的营地规模不易过大。

卫浴、炊事等服务设施

(2)改良型营地:露营设施得到进一步的改善,有集中卫浴厕所、集中炊事场、固定维护管理人员、可租借器材的仓储、夜间照明等。每个营位有架设高木栈板,或遮雨顶篷;每组营位也会附设砌砖炊事台、洗菜疏理台、给排水系统等;与此同时,规划团体活动场地与透水植草砖停车场,可以容纳数百人同时露营,可支持团体举办活动,安全、卫生、环保都能纳入管理,但是通常会收费。

(3)完善型营地:营地规划考虑到多种类型游客的需求,包含拖车露营者的营位及车行道路、精致帐篷营位的配置、木屋住宿者的建筑配置、完善的公共卫浴、公共炊煮厨房等,并且营地的管理服务中心能出租各种设备,提供游船、骑马、钓鱼、球场、观景台等娱乐设施。

改良型露营位

三、露营者配备

登山步行者对于露营设备的要求是越简单越好,以轻便为原则,塑料布就是一张好床;汽车露营者,可兼顾舒适度。露营设备通常有充气床垫、铝架桌椅、大小锅具、罐装瓦斯炉、烤肉架等。

帐篷、背包、营灯:以结构稳定、重量轻、抗风、防雨性能强的双层帐篷为佳,防蚊虫也是重要设计。

睡袋、充气床垫:羽绒或鹅绒睡袋比较轻便,保暖效果好,但前提是必须保持干燥,环境比较潮湿时,人造纤维睡袋是更好的选择。

露营区(附野餐桌、炊事台)

个人水管露营位

露营帐篷类型

露营防潮垫与睡袋

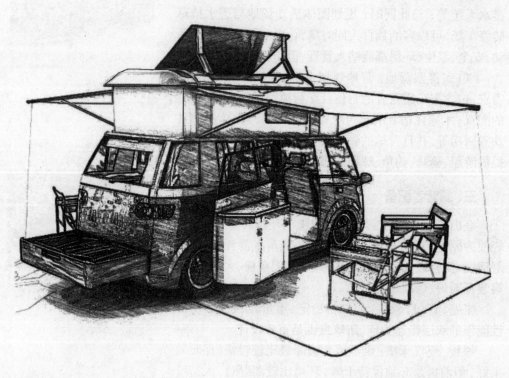

家庭露营车

露营活动常携带配备

野炊用具：打火机、火柴、蜡烛、营灯、水壶，多功能野炊炉锅，锋利的多功能折刀（瑞士刀），餐具，风挡等。

专用工具：指南针、地图、绳索、折叠锹、手电筒、针线、鱼钩鱼线、砍草刀、照相机等。

水和食品：热量大的干肉类、糖类、罐头、盐等。

医药箱：解毒剂、消毒粉、感冒药、腹泻药、镇痛药、纱布、绷带等。

露营车：比较豪华的露营车含有一切露营所需，也能居住。

四、露营行动准则

基本型营地必须自己勘察地形，判断扎营位置，包括以下准则：

不要在距山体过近的地方露营，防止雨天落石、洪水。

不要距河边过近，以免涨潮冲到帐篷。

雨天不要在大树下扎营，防止遭遇雷击。

营位先将地面的碎石、荆棘和树枝清理干净，以免刺破帐篷。

不要在斜坡上扎营；帐篷门要面向背风的一面；营位周边要挖浅沟

排水；预防环境中的潜在掉落物（大树枝、落石、泥水等）。

改良型营地都有指定营位，节省了许多工作。但是许多彼此不熟悉的人、家庭近距离地生活在一起，共享炊事、浴厕等空间，要减少不愉快，多尊重别人，多留意自己的声响、清洁、物品堆放、停车等行为。

五、露营活动伦理

露营是体验原野生活情境，学习团体互助协力，提倡低碳环保的户外运动游憩。日本的户外运动家德久球雄，提出三个建议：

（1）不为他人造成困扰

露营虽然是在野外，可以尽情地享受自然，但是露营朋友之间的相互体谅和帮助也很重要，虽然是短短的三天两夜或是两天一夜，但相逢自是有缘，搭营后互打招呼，入夜后控制音量，给自己也给别人留下一点自由的空间。

（2）露营分工中，担负起自己应有的责任

一般来说，不管是小团体露营或是家庭露营，所有的事情都得亲力亲为，这也是露营的特色与意义。一起出来露营的朋友，彼此之间合理分工，如搭营、料理、清洁、整理等，每个人均应主动承担责任，把自己能够完成的事情尽力完成。

（3）不污染大自然

当我们在大自然中搭起帐篷，享受自然美景时，最能够体会到大自然是如何支撑着我们人类生活的，所以更该有一颗感谢、谦逊的心来面对我们生活环境。在露营地应减少环境破坏与污水垃圾污染，让环境受到最低的冲击，让露营地的自然资源能持续地提供给后来的使用者。

六、露营场地规划准则

风景区或国家公园管理单位支持露营运动游憩，可以针对露营者需求规划不同的露营地。

（1）过路客需求的营地：对许多背包登山或骑自行车远行的游客来说，营地只是起到过夜的功能，当然对于营地的设施要求也就不会十分的苛刻，只要提供整洁、干净的卫生设施与安全、安静的住宿环境即可。这种被称为基本型或改良型营地，视需求酌增减其设施。该类型营地在欧洲甚为普遍。长途旅行者中途可能需要利用数个此类型营地，故此型营地大都选择在高速公路出口处、城市车站附近的公园、大超市邻近的空地等。许多年轻背包客尤其喜爱这种营地，夜晚将其作为经济宿营地点、寄存行李，白天开展邻近地区的名胜古迹探访、乡土旅游等活动。营地还提供公共厨房与交友空间,各国的旅游者可以进行交流。

（2）风景度假需求的营地：此类型营地以风景区休闲度假为目的,游客到此营地通常待上好几天,因此停车、道路、水电、餐饮、游乐、运动、购物、网络、卫浴等设施都十分讲究。此型营地在先进国家的湖畔、风景区、海滨都可见到,为完善型精致露营地。

（3）一般露营场：在照顾游客需求的基础上,越精简越好,否则就失去野宿的意义。

一般独立营位：占地面积约 $60\sim100\ m^2$,营位周边可以用简易围篱或灌木丛隔开。

水源可数个营位提供一处：家用型水龙头,一般水压,给排水集污式设计。

每个营位至少有一处可接电：有防水罩,约 15A,有自动断电开关。

户外野营木桌：可提供 4~6 人用餐。

每个营位一处炊事台：瓦斯炉用平台或木炭台,或集中式遮雨洗涤炊事台。炊事台周边宜空旷,注意森林防火。

集中式淋浴设备、集中式公共厕所及垃圾污水收集处理装置。

停车场、营区道路与照明、各种指示与警告标志,越简越好。

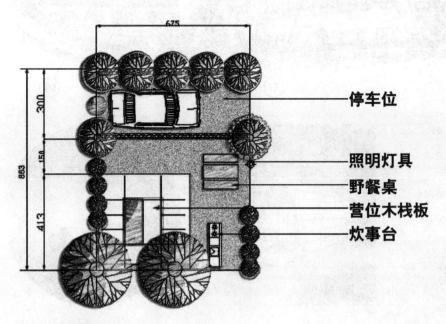

露营单元规划参考图（图片来源：作者规划）

运动旅游

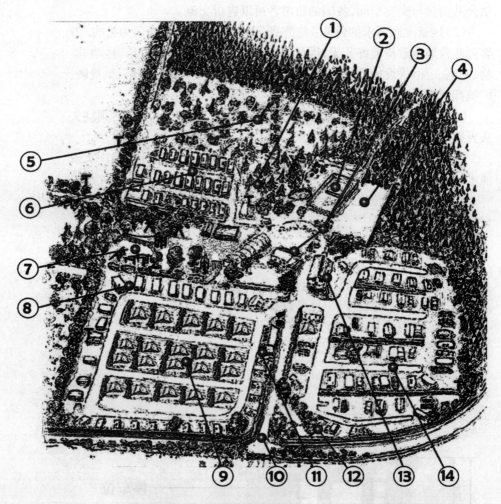

① 森林体能拓展区
② 网球场
③ 文康娱乐设施
④ 滑草,射箭场
⑤ 森林活动区
⑥ 青少年团体露营区
⑦ 儿童游戏场
⑧ 汽车露营区
⑨ 帐篷露营区
⑩ 主要入口
⑪ 盥洗,浴厕
⑫ 食材小市集
⑬ 管理服务中心
⑭ 拖车露营区

(改良型)露营区规划参考图

Ch.2 陆域运动旅游 (Land Recreation)

01 主要进出口
02 服务进出口
03 童军精神地标
04 营火晚会大草坪
05 团康活动区
06 家庭露营位（共 82 组位，容 246 人）
07 个人露营位（共 7×7 组位，容 49 人）
08 男女盥洗.浴
09 公共炊事房
10 露营区管理栋
11 帐篷炊具仓储空间
12 水营宿营区（容 42 人）

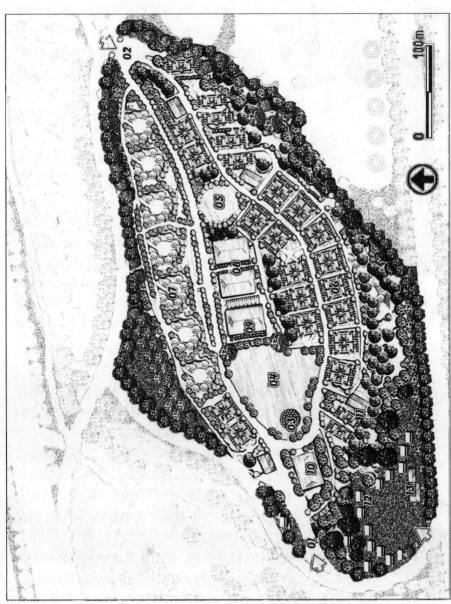

（完善型）露营区规划参考图（图片来源：作者规划）

2.10 钓鱼（Fishing）

一、钓鱼活动特性

钓鱼活动（图片来源：永续社）

钓鱼，又名垂钓，以前是一种生活生产活动，现在大多当做休闲游憩活动。公园、河边、海边、湖滨、水库都是钓鱼的好去处，还可以驾船到海上去船钓。钓法依钓竿形式主要可分为手竿以及甩竿两种。亚洲地区常用真饵钓鱼，而欧美地区较常用拟饵钓鱼。

因环境条件不同，钓鱼的方式也有多样，比如溪钓、塘钓、湖钓、海钓、船钓、夜钓等。但是钓鱼想要有好收获，必须了解河川或海洋生态，不同的鱼生长在不同的区域，也有不同的觅食、洄游、栖息等习性。即使同一个河段的鱼，有些栖息、觅食在河心、河底，有些只在浅水层或河滨活动，有些会随着天气晴阴、气压、水流速、海流等变化移动栖息环境。因此，钓鱼方式又可针对目标鱼种分为沉底钓、浮水钓、放流钓等。

溪钓

（1）溪钓：多在河川上游，尤其是瀑布下方，水质干净，有许多湍濑深潭，含氧量高，食物源少，鱼虾大多长不大，垂钓对象主要是鲷鱼、鳢鱼、鲑鱼、鳅鱼等。

（2）河钓：一般在河川中下游段，水流平稳、溶氧较少、水质较为混浊。河钓对象主要是鲻科、鲤科的鱼，如鲫鱼、鲤鱼、黄刺鱼、草鱼、感潮洄游的海鱼等。

（3）湖塘钓：湖塘水库水体几乎静止，气温是扰动水流的主要因素。湖塘鱼的活动时间大多在清晨或傍晚时段；中午温度高时，溶氧低，淡水鱼类活动量少。湖塘大多水不深，一般2至4米；水库深度可能超过十米，因此钓鱼方法与目标对象不同。

矶钓

（4）矶钓：也就是海钓，是指在突出水面的岩石或礁石滩上垂钓，除此之外，港湾码头、防坡堤也都是好钓场。礁岩之间藻类、小虫、有机物多，涨退潮与海流变化多，含

河钓

海钓

氧量高，鱼类栖息也多。矶钓的主要对象是鲈鱼、黄鱼、鳕鱼、带鱼、石斑鱼、鳗鱼等。海岸浅滩潮间带虽然也有许多食物，但是阳光透射强，海水鱼类多数避光，栖息鱼种较特殊，因此滩钓的爱好者也较少。

（5）船钓：必须搭船进入湖泊或近海，主要分为三种，一是锚船钓，二是放流钓，三是拖钓。河川出海、海底地形与海岸线变化会影响海流，形成濑区或是缓流区，海洋鱼类也会聚集在多氧多食物的粗濑区，船只可以趋近定点下锚，渔获更高，但是风与海流会影响船只锚碇位置。近海船钓的对象为鸡鱼、竹荚鱼、鲭鱼、红鲔、鲈鱼、鳝鱼等。较平静的近海域，有渔民建置的海上浮岛，由许多竹架、浮筒构成，称为鱼排，排钓类似船钓，但是海流变化较为平稳。

（6）特殊水产钓：某些钓客专钓淡水虾、淡水毛蟹、海洋螃蟹，矶钓龙虾、小管、鱿鱼等，因此需要针对不同水产的习性使用特殊钓具或在夜晚钓取。

二、钓鱼设备需求

最基本的钓具分为：鱼竿、鱼线、鱼钩、沉坨（沉子）、浮标（鱼漂）、鱼饵。其他辅助钓具包括：失手绳、钓箱、线轮、抄网、鱼篓、渔具盒、钓鱼服、钓鱼鞋等。

（1）鱼竿（Fishing rods）。鱼竿按照材质分为：传统竹竿、玻璃纤维竿、碳素纤维竿；按照钓法分为：手竿、矶竿、海竿（甩竿）等。

竹竿。竹竿是天然的垂钓工具，粗细、轻重、韧度都符合标准。但忌用2年以下竹龄的嫩竹子制作，韧度不够，容易被大鱼拉断。并且冬天砍伐的竹子是制作竹竿的上品，不易被蛀。

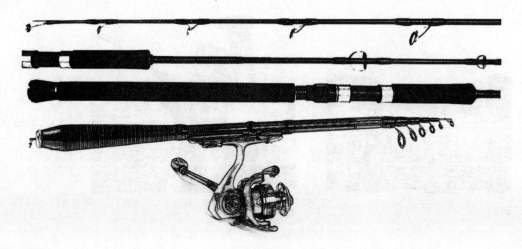

多段式的鱼竿

手竿。由两节连接的钓竿，前面一节需要耐弯折、弹性大，手握的这一节用来延伸及使腕力，并且需要使用技巧与鱼相搏。

海竿。用于钓大型海鱼或大型淡水鱼，牵引力猛，必须使用甩竿，可以投得远、投得准。

（2）鱼钩（Hooks）：垂钓用的铁钩主要分为：有倒刺钩、无倒刺钩（钓香鱼使用）、毛钩（使用鸟羽为拟饵的钩）。

各式样的鱼钩适用钓不同的鱼

（3）鱼线（Fishing Line）：鱼线就是垂钓时绑接鱼竿和鱼钩的线，历史上曾使用过多种鱼线，包含蚕丝、发丝、马尾、琼麻、尼龙钓线等，现在普遍使用尼龙钓线，加上卷线器可以收放很长的长度。

鱼线分为子线和母线，即一钓两线。母线指的是沉坨以上的主线，母线号数必须大于子线号数。子线指的是沉坨以下的系于鱼钩与鱼饵的线。这样的好处是，一旦遇到障碍，挂底或钩到外物可以拉断子线，大鱼奋力逃生时一般也只会拉断鱼那一端的子线，这样做保护了母线和鱼竿。

各式样的鱼漂适用钓不同的鱼

鱼线的质量由是否粗细均匀、强韧、柔软、手感好、透明度高决定。鱼线使用之后，要注意是否有拉伤，拉伤的鱼线，必须剪掉，鱼线的寿命一般为一年。

（4）鱼漂（Floats）：鱼漂又名浮标，垂钓时拴在鱼线上,鱼漂能在水面上漂浮,主要用于搜集水底鱼况(鱼汛),观察鱼饵存留状态,以及水底水流的起伏变化。从前的鱼漂使用树枝或羽毛根,现在大多使用塑料。鱼漂的形状有球型、长管型、线型、球棒型、陀螺型、辣椒型等。

(5)鱼饵(Bait):鱼饵分为诱饵和钓饵,是一种用来吸引鱼群的物品,根据用量和配方有所区别,诱饵用量大、粗糙,垂钓之前抓一把洒出,引诱鱼群聚过来,再使用钓饵垂钓大鱼,钓饵用量小、比较精细。有些鱼吃素,有些吃荤,因此鱼饵也分为荤饵、素饵、拟饵、混合饵。

香饵:使用酒泡大米、酒泡小米、酒泡玉米等,其特点是吸引鱼群速度快,缺点是鱼群容易吃饱,吃完就散去。因此,一般诱饵使用少量酒米,再加糠饼,这样就能快速吸引鱼群,又能留住鱼群。

臭饵:使用新鲜的人类粪便、动物粪便并搅拌黄泥、混合饲料,用来钓鲤鱼、鲫鱼、草鱼、鳊鱼等。使用新鲜的牛羊粪、新鲜的碎草、黄泥、混合饲料混合,用来钓草鱼,使用新鲜的鸡粪、米、糠混合,用来钓鳊鱼。

腥饵:大鱼爱好腥味,将田螺、蚬肉捣烂,混合饲料、香油、虫蛹粉等制作腥型诱饵。

荤型钓饵:以动物性饵料居多,常见的有:蚯蚓、蛆虫、红虫、石蚕、水蜈蚣、虾子、螃蟹、蚂蚱等。

素型钓饵:使用蒸过的米饭或米糠,可混合磨碎的水藻,单粒米饭主要用于钓鲫鱼。

混合饵:又称拉饵、练饵,是普遍使用的钓饵,可以悬挂在鱼钩钩尖,或包住整个鱼钩,还可以使用爆炸钩、串钩等,混合饵也常加入拉丝粉,用来钓鲫鱼、鲤鱼、福寿鱼及多种溪流鱼。

拟饵(Lure):人造鱼饵常用来钓大型食肉鱼,使用金属、塑料、橡胶、木头等模拟假的小鱼或小虫,引鱼上钩。飞蝇钓也会用人造鱼饵,主要用于海钓和凶猛的肉食淡水鱼,有拟小鱼、拟苍蝇、拟泥鳅、拟蚯蚓、拟水虫等拟饵。形状还有汤匙形、鱼形、片形、沉子形等。

(6)沉坨(Sinker):沉坨又名沉子、铅锤,是调节鱼漂使其站立起来的工具。其作用有:牵引鱼线投入预定的位置;将带饵的鱼钩沉入水中;调节鱼漂的位置。沉坨的形状分为片型和锤型,其主要材料都是铅或铅锡合金。

(7)卷线器、绞轮(Reel):主要安装在海竿和矶竿上的卷线的工具,用来钓青鱼、草鱼、鲢鱼、鳙鱼或海钓。

卷线器

钓鱼器材箱

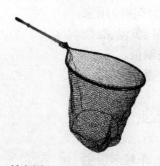

抄鱼网

解鱼钩钳

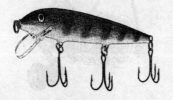

欧洲人常用的沉坨拟饵

钓小鱼不需要使用卷线器，钓大鱼才需要收、放长线，与鱼拔河。卷线器分为可转动型与不可转动型，不可转动型卷线器又分为纺车型与密封型两种；可转动型卷线器又分为单轴承型和双轴承型两种，视需要选配使用。

纺车式卷线器，线轴被固定了，母线由线轴的一端出来，线不往回卷，操作简单。缺点是线常常缠绕在绑线架上。

密封型卷线器，线轴隐藏，绕线的头上有一个盖子，母线从盖子上的小洞里出来，里面有一个代替放线架的针，用来做押键的操作，可以收放钓鱼线。缺点是抛投距离短，并且粗大的母线不适用这种卷线器。

单轴承卷线器，可以转动，缺点是必须注意线的回卷，避免线与线缠在一起。

双轴承卷线器，投饵和投毛饵更加方便。

（8）链接器（Connector）：用来连接鱼线与钓竿、母线与子线，其中使用最广泛的是连接环。

其他辅助钓具包括：失手绳、钓箱、线轮、抄网、鱼篓、渔具盒、钓鱼服、钓鱼鞋等。

三、钓鱼行动准则

鱼类的视力不好，但是对水色、绿色比较敏感，嗅觉、听觉都很灵敏，因此钓鱼时在岸边大声谈笑、急速走动，会吓走鱼群。另外每种鱼都各有觅食习性，比如钓草鱼，要清水、水深、安静、早晨、热天、米糠诱饵等条件，才更容易钓到。

鱼类的活动习性随着周边环境的变化而难以预测。因此虽然在同一个池塘、河段、湖滨，在不同天气、时间钓鱼的收获差别非常大，不能只怪运气，应该更细心地观察鱼的习性，才会有更多的收获。

影响鱼类活动的6大因素主要是：季节变更、气温高低、水的涨落、风的大小、水的清浊、天气阴晴。

（1）风的大小：在河流中，钓鲤鱼、鲫鱼、鳡鱼，阴天效果比较好，微风比无风效果好，因为微风可以增加水中含氧量，又不影响鱼漂。台风来临前，钓鱼效果比较好，因为气压影响鱼类，使鱼类都出来活动。

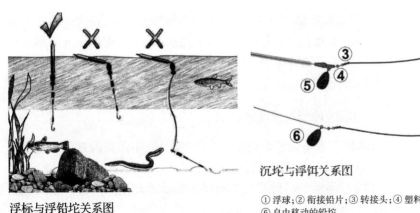

浮标与浮铅坨关系图

不同的鱼类栖息在不同的水深环境，浮标水下的线必须调节适当的长度与适当的铅坨重量

沉坨与浮饵关系图

① 浮球；② 衔接铅片；③ 转接头；④ 塑料球；⑤ 固定系的铅坨；⑥ 自由移动的铅坨

（2）季节变更：春夏季，水漫过河滨湖滨，食物丰盛，鱼类活动多，觅食多；秋冬季，大部分的鱼类会开始躲藏避冬，减少活动与觅食，但是会准备育雏。甚至毛蟹、鳗鱼、鲑鱼、河鲀等多种鱼类均会配合季节在上下游与淡海水间洄游。

（3）气温高低：气温决定水温，大部分的鱼类在气温低时不活跃、不摄食。夏天炎热水温太高，鲤鱼、鲫鱼都躲藏在树荫、岩石以及桥下，垂钓时间主要是清晨和傍晚，中午效果比较差。俗语说：春钓滩、夏钓潭、秋钓荫、冬钓阳，都说明了鱼类对温度的敏感。

（4）天气阴晴：阳光过亮，水温高时，鱼类会躲往阴凉处；阴天、无风、气闷的天气，鱼类也减少活动、不摄食；微风、微雨的天气，水中含氧量增加，鱼类也比较活跃。风雨过大，雨骤水急，鱼类也都往深处、凹处躲藏，此时不容易钓到鱼。但是礁岩海岸边，海流汹涌，反而是海鱼趋近的时机。

（5）水位涨落：河川、湖泊受到雨季影响而出现涨落，秋冬水位下降，鱼类退到深水潭、槽内；春夏水位上升，淹没滩地上的草类、有机物与泥土，因此许多鱼都趋近到漫滩上觅食。海滨、河口的情况也类似，每日的涨潮，吸引许多鱼类随潮趋往淹没区觅食。

（6）水的清浊：鲫鱼、福寿鱼、鲤鱼比较耐浊水，水浊、水污染严重时，许多淡水鱼类难以生存。

钓鱼之前必须选择钓鱼的位置，也称为钓位。鱼常聚于瀑布湍濑下游，含氧量高；以及大树荫、草丛边，食物源多；或是缓流处、石头下游，游泳不费力，好躲藏；还有支流汇流口、流水口、桥墩下，木排左右，食物源多样，又阴凉。

钓鱼游客兴趣相似,因此大多人能自觉地相互礼让,钓位讲求先来后到,后到者应该礼让先来者,退让至不干扰他人距离,也能保证甩竿的安全。船钓者,后来下锚的船要退让到不干扰其他船只的距离,约数个渔船的长度,避免漂流、碰撞,也避免甩竿时的相互影响。

四、钓鱼场地规划与管理准则

(1)淡水河湖的垂钓者都是小众分散的个体,不需要设置公共游憩设施,只要树荫、桥下、水滨有踏脚石、小路即可。海滨、水库、大湖塘、大河边经常有钓客,活动处可设置长条形平台并放置救生圈。矶钓热门地点可以设置广告牌,提供潮汐等气象信息,广播台风时的撤离及管制措施。

(2)风景区管理单位或地方政府可以建立信息平台,提倡钓鱼旅游运动,定期定点举办比赛,引导安全规范的钓鱼活动。

(3)政府主管机关可以邀请生态环境专家对适宜钓鱼的环境条件进行评估,在不破坏生态平衡的原则下,适当地在河、溪、湖、塘等水域放养本土鱼苗。在高滩地辟设第二水道或台风暴雨庇护凹湾,监测水质、湍濑维护、季节禁渔,进行生物栖地营造。

(4)建立钓鱼执照管理制度,钓鱼者需购买年度或临时钓鱼执照,并严格规范禁钓鱼种、幼鱼尺寸与季节。

2.11 自行车(Biking)

自行车越野(图片来源:永续社)

一、自行车活动特性

自行车或称单车、脚踏车,通常指两轮车,不包含单轮车或多人协力车或三轮、四轮车。骑乘自行车目前是在全世界范围内流行的运动。

运动自行车可大概分为公路自行车、越野自行车(山地自行车)、雪地自行车、小轮自行车(BMX)、特技自行车等。骑乘自行车有滑行移动的快感,有手脚协调、随心所欲的愉悦,是很受欢迎的户外运动项目。

1896年在希腊雅典举行的第一届奥运会上,自行车比赛即为正式的比赛项目。自行车在担当代步工具的同时,也是最普及的运动休闲工具,参与者包括儿童、青少年、老年人等不同的年龄段的人群,活动类型包括体育、休闲、旅行、竞技、表演等。

二、自行车运动分类

(一)公路自行车(On-Road)

俗称"公路车"或"自行车赛车"。它是在平滑的公路路面上使用的自行车类型,可用于公路自行车竞赛。为了使骑行达到高速,公路自行车的车身重量较轻且产生的风阻较小,大多使用可减低风阻的下弯把手,较窄的高气压低阻力外胎,档位较高,且轮径比一般的登山越野车大,由于车架和配件不像山地车一样加强,所以往往重量较轻,在公路上骑行时效率很高。由于车架无需加强又往往采用简单高效的菱形设计,因此公路车是最为优美的自行车。

公路车的标准骑行姿势使身体重心压得更低,正面的迎风面积减少,骑乘速度可超过35公里每小时。飞轮与牙盘的齿比(即齿数比值)很大,一般的公路单车齿比可达到53:11,甚至更高;在高档位区的飞轮齿数变化更细腻,也更容易找到合适的齿比来适应路面的坡度。

现在的公路自行车广泛采用了新型材料,比如钛合金、碳纤维、高级铝合金材料等,所以公路单车的重量很轻,一般约为5.6~9.5 kg。公路车材质也比较硬,有利于骑乘者;山地车必须要有弹性,吸收颠簸地形的震动波。

一般人日常骑车的速度约15~25公里每小时,经过训练的人骑行专用车可以达到40公里每小时的速度(通过伏低姿态利用空气流线型,当速度增加,空气阻力按同比例平方增加);骑车的能源效率很高,消耗的能量和二氧化碳平均每公里不到汽车的1/10。

(二)越野车(Mountain bike、Off-Road bike)

或称登山车,在起伏不定的道路上依旧稳如泰山,有舒适的避震装置和范围较大的齿轮比,重量约14kg以内,刹车及控车方式都很直接,所以基本上可以很轻松地骑乘。多年来越野车不断根据用途的变化进行不同的设计,目前可细分出多种类别:

(1)越野自行车(XC, Cross Country),具备登山多段变速(18速,21速,24速到27速),主要穿越路段为公路及土路碎石路。

(2)自由骑单车(FR, Freeride),介于越野单车与下坡单车间的设计,供穿越较恶劣的地形。

(3)下山车(DH, Downhill),登山车中最具重量级的设计,配备强壮

越野自行车（排泥水、避震）　　下山减震车（操控坚耐、避震）　　BMX越野小轮车

避震器，粗厚轮胎，可进行自山坡地下冲的极限运动。骑手利用特制的下坡自行车从山坡上冲下，甚至通过坠山来寻求刺激，多在山脊、矿洞、雪地等地带开展活动。奥地利人曾利用 DH 创造时速 210 公里的世界纪录。

（三）小轮车（Bicycle Motocross，BMX）

小轮车是一种车轮直径为 50 厘米的自行车。小轮车轮径小、方便回转、骑乘轻松，除非特殊车款，基本上是不可折叠的，适合休闲或短途使用。优点是起步轻快、转向灵活、机动性高；缺点主要表现在不易维持高速、避震性差、坐垫与龙头距离的调整空间有限。小轮车比赛分为泥地赛道上的小轮车竞速赛（BMX racing）和以技巧为主的自由式小轮车（freestyle BMX）比赛。

BMX平地竞速小轮车

自由式小轮车包括五个不同的类型，分别是：街道，公园，U 形道，泥地以及平地。不同的地形对自行车的技术要求也不相同。

竞速小轮车与自由式越野单车有着显著的不同。自由式小轮车通常使用 U 形车闸，而且轴距更短以允许其更快地转弯。因此竞速小轮车通常使用 V 形车闸，竞速赛车在高速前进时需要保持稳定性。

（四）其他自行车车型

（1）折叠车：主要为休闲用途，体积小且可折叠，是专为在城市中通勤、代步和休闲为目的的骑乘者的设计的车型。而随着技术的进步，原本不适合长途跋涉的折叠车，功能却越来越强大，登山、环岛都难不倒它。优点：轻巧易收纳、适合"轿车＋自行车"的旅游；缺点：速度有限、不易骑远。

折叠自行车，可手持

（2）单速车（Fixgear）：是最原始的自行车，一般学

生或上班族使用的自行车，只要稍加练习脚踏与刹车技
巧，十分容易上手。单速车车架结构弹性大，不论体形大
小都可以骑乘。优点：结构简单，踏板往后即为刹车、车
架，适合各种身高的骑乘者。缺点：无法变速、骑乘时需
毅力及体力。

（3）多人协力车：设计两个人前后座或并排座，共同
骑乘，由第一位控制方向，通常用于为休闲娱乐。

（4）斜躺自行车（Recumbent）：是与传统设计较不
一样的单车。通常有较大且舒适的座椅，两轮或三轮，优
点是舒适，且风阻低。

（5）长途旅行自行车（Touring bicycle）：适合超远
程自给自足的旅行，车架有较舒适的几何设计，能够负
重，有很低的最低档位，配件选择方面追求可靠耐用，可
连续骑乘多天或数百公里远。

单速（生活）自行车，通勤用

协力自行车（多人休闲）

三、自行车设备规格

（1）大众普及型的城市自行车又称"淑女车"，讲求
经济性、耐用性，变速段数较少，采用弹簧式或优力胶避
震器，车架以合金钢铁材质为主，轮胎宽度较窄，车轮受
撞击时易变形。

（2）中价位的运动休闲自行车，讲求舒适性、轻量化，
龙头把手宽度较宽（56~58厘米），有21至27种变速段
数，采用油压式避震器，车架以铝合金材质为主，轮胎考
虑舒适性及抓地力，公路车轮胎较浅。

（3）专业竞赛型自行车，车架大小、齿盘、把手宽度
等配置均需配合骑乘者体型。车架用碳纤材质制作，变
速系统有20~27段定位，坐垫及前后轮均具快拆装置，配
备气压式避震器，轮胎依不同比赛路况选配不同的轮胎
宽、胎纹、胎压。

（4）登山越野自行车使用轮胎纹较深的颗粒突出型
轮胎，龙头把手宽度较宽（56~58厘米），提升了骑乘的
操控性能。

（5）奥运竞赛公路自行车尺寸要求：全长不超过1.85
米，宽度不超过0.5米；重量要求：重量不少于6.8千克；
车座要求：长度在0.24至0.3米之间；高度要求：中轴

斜躺自行车（创意舒适）

长途旅行自行车（可载重）

自行车手套及手臂套
（防手汗、防紫外线）

头盔（低风阻、散热）

与地面的距离在 0.24 米与 0.3 米之间；车轮要求：前后轮直径必须相同，车轮直径在 0.55 米至 0.7 米之间。

（6）自行车材料：轮圈、曲柄、齿轮盘、车架是自行车结构的关键，最优质的铝合金曲柄相对较轻，而在强度、刚性方面会处于一个相对的最佳值。碳纤维曲柄会非常坚硬，但只比铝合金轻一点点，而且昂贵，并更容易在受到冲击的时候损坏。钢曲柄是最强硬的，但是重量太重，只适合特殊用途。

（7）自行车轴承：最大的那片链轮，通常为 42、44 齿；中间盘链轮通常为 32、34 齿；最小的那片链轮，通常为 22、24 齿；钢珠轴承坚固耐用，陶瓷轴承表面更光滑，更轻且更耐用，但是比较贵。

四、自行车附属配备

自行车附属配备包含三类基本用具，分别为防护用品、骑行工具和维修工具，按照运动类型、路途远近、骑行环境要求进行配备，开展长距离运动必须自己掌握维修技巧，配备维修组合工具。

（1）防护工具：基本工具包括遮阳帽、雨衣、水壶、手套、墨镜、膝肘护具等；其他用具包括防雨鞋套、备用胶鞋、安全头盔、防水袋等；辅助用具包括随身包、拉伸绳、背包防雨罩、塑料布等。

（2）骑行用具：包含背包、驮包、GPS 定位器、运动型摄影机等。其他还包括夜行工具，如车灯与其他照明用具，还有速度计等。另外根据实际需要配备车后架驮包、车前架驮包，车前把包。

（3）维修工具：基本配备为打气筒，长距离运动还应该配备补胎工具、润滑油脂、车后轴与车前轴、钢珠、手钳、脚踏车用成套扳手、成套梅花和开口改锥、各类螺丝螺母、刹车拉条、刹车皮、内胎、变速器、车链条等。

（4）其他配备：自行车长途旅行还必须配备药品、洗漱用具，随身携带衣服、证件等。另外根据实际需要选择配备宿营用具，包括帐篷、睡袋、防潮垫、气枕、照明用具、炊事餐饮用具、通讯、摄像照相设备、地图和其他记录用品等。

五、自行车活动准则

骑行自行车和其他运动相比，具有经济、环保、灵活方便和持久的基

Ch.2 陆域运动旅游 (Land Recreation)

自行车服装（低风阻、散热排汗、保温、质轻贴身）

自行车专用鞋（排汗、透气）

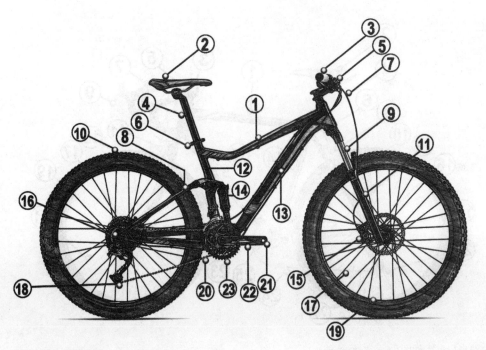

下山运动车零件图（图片来源：永续社）

① 顶上管 Top tube
② 坐垫 Saddle
③ 手握把 Handlebar
④ 坐垫杆 Seat post
⑤ 变速杆 Derailleur lever
⑥ 座管梢 Seat Clamp
⑦ 刹车导线 Brake cable
⑧ 后上叉管 Seat stay
⑨ 前叉避震器 Suspension
⑩ 车胎 Tire, 轮钢圈 Rim
⑪ 前叉管 Front fork
⑫ 座管（中管）Seat tube
⑬ 下管 Drown tube
⑭ 避震器 Suspension
⑮ 碟型刹车 Disc brake
⑯ 飞轮 Freewheel, 花鼓 Hubs
⑰ 钢丝 Spoke
⑱ 后变速齿轮 Rear Derailleur
⑲ 轮钢圈 Rim, 打气阀 Valve
⑳ 链条 Chain
㉑ 曲柄 Cranks, 脚踏板 Pedal
㉒ 脚踏板 Pedal
㉓ 变速齿轮 Derailleur gear

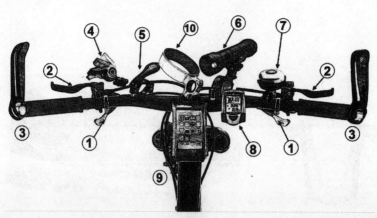

① 切换前齿轮
② 前（右）后（左）刹车
③ 手握把与副握把
④ 悬吊避震锁定
⑤ 调控座椅高度
⑥ 照明灯,行车摄影机
⑦ 车铃
⑧ 里程表,GPS 路径
⑨ 手机架
⑩ 水瓶架

自行车手把配件图（图片来源：永续社）

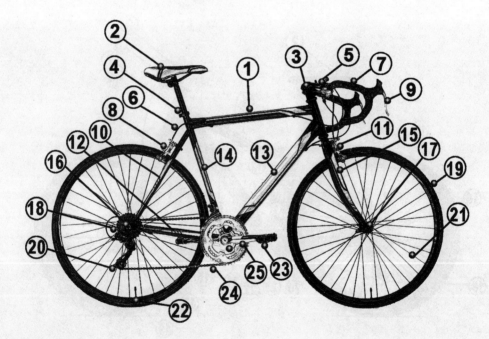

公路自行车零件图（图片来源：永续社）

① 顶上管 Top tube
② 坐垫 Saddle
③ 前竖管（龙头,立管）Stem 车头碗 Front parts
④ 坐垫杆 Seat post
⑤ 变速杆 Derailleur lever
⑥ 刹车导线 Brake cable
⑦ 手握把 Handlebar
⑧ 后刹车夹 Rear brake
⑨ 刹车握把 Brake lever
⑩ 后上叉管 Seat stay
⑪ 前刹车夹 Front brake
⑫ 后下叉管 Chain stay
⑬ 下管 Drown tube
⑭ 座管（中管）Seat tube
⑮ 前叉管 Front fork
⑯ 飞轮 Freewheel
⑰ 花鼓 Hubs,快拆 Quick release
⑱ 后变速齿轮 Rear Derailleur
⑲ 车胎 Tire,轮钢圈 Rim
⑳ 变速器 Derailleur
㉑ 钢丝 Spoke
㉒ 打气阀 Valve
㉓ 脚踏板 Pedal
㉔ 链条 Chain
㉕ 曲柄 Cranks

本特点。骑自行车主要有两种方式：休闲式骑车法，主要目的是放松肌肉、加深呼吸，从而达到缓解身心疲劳的作用；还有一种是训练式骑车法，即规定好每次的骑车速度，同时以自己的脉搏强度来控制骑速，这样可有效地提高心肺功能，锻炼人的心血管系统。

骑自行车可进行力量、速度、耐力等多方面的训练：例如通过爬坡来进行力量训练；通过在平路上快骑进行速度训练；用较低的速度骑行很长时间，进行耐力训练；混合训练则是将上面的三种方式加以结合。从有氧运动的角度来讲，骑自行车要想达到较理想的锻炼效果，有两种途径，一是调动自己并达到是一定的强度，让自己的心率处在 120~180 之间，以这样的心率坚持长达 30 分钟以上的耐力训练；另一种就是短时间的快骑，但这种方式要求在有氧运动（慢骑）的基础上。

骑行自行车前应对车况进行必要的检查，包括坐垫高度的调整，连接部位螺丝松紧度、轮胎胎压、闸车制动性能的检查等，带变速器的自行车应对变速器档位的灵活性及链条进行检查。

（1）刚开始上坡时速度不要太快，宜保持稳定的出力而不是保持速度。当脚感觉到吃力时，立即换档降低齿数比。踩踏时稳定发力，即使长时间踩踏也不会过度疲劳，在接近顶坡时再加快速度。

（2）当坡度变得缓和时，可以前后空踩几下感受力度，然后换较高齿数比的档位，慢慢加速。

（3）在一般环境条件下自行车运动相当安全，但是在太陡峻的下坡地形、强风、暴雨、大型车辆威胁的情况下，自行车很容易失去控制。

（4）自行车在转弯时，需减慢速度，以免离心力太大，失去控制。若遇十字路口需要转弯，应在待转区等候，分两段式转弯。

（5）骑乘自行车时，当遇到大型车从身旁高速通过，会受到强力气流的"推"或"吸"的作用，影响自行车的稳定性，从而失去平衡，导致晃动，发生危险。

（6）公路上骑乘自行车要与大型车、快速车保持距离。尤其是转弯时，切不可跟近大巴士或卡车，因为大车后端转弯回转半径小，很容易挤压到自行车。

（7）若要超越前方自行车，应响铃提示，左侧超车。与前方自行车保持 5 米以上车距，车速忽快忽慢或紧急停车，很容易造成后车的追撞。

（8）两轮自行车的载物高度不得超过驾驶人肩部，重量不得超过 20 千克，长度不得伸出前岔，并且不得伸出车后 1 米，宽度不得超过把手，以保证骑乘的平衡与安全。

（9）自行车不适合在后座载重物或载人。前载时重心会前移，前轮负载加大,影响转向操作;后载时重心会后移,前轮着地压力不足会影响自行车的平衡,而且侧坐会造成整个重心偏离脚踏车的中心位置。

(10)手把与坐垫高度必须配合骑乘者的身高进行调整,坐垫与转向手把间的理想高度依个人身高而定(约5~10厘米),且手把端加盖套,以防止滑动。

(11)骑乘之前宜检查链条在链轮上的松紧度,并注意润滑状况;检查刹车操纵线状况、刹车螺栓(帽)有无松动或脱落现象、零件有无破裂或歪斜。

(12)安装自行车后视镜,可观察后侧来车;安装挡泥板可在雨天行车时不扬起泥水。

(13)夜间骑乘务必开灯,并且穿着亮色衣服,车身多贴反光片可以增加夜间行车安全。

(14)骑乘时的鞋带长度与裤管不宜太长,否则容易卷入曲柄造成危险,并且不宜用脚板后端踩踏板,施力较不灵活。

(15)骑乘时必须佩戴安全帽,许多城市规定没有备妥安全帽,不允许租骑公共自行车。

(16)单手撑伞容易受空气阻力与速度的影响,无法有效遮挡雨水又影响平衡,遮挡前方视野,很容易发生意外。

(17)下山时骑乘自行车危险度较高,属于极限运动的一种。较危险的路段需要下来推车,走下这段落差,以避免自行车失控。在山路下坡时,将臀部离开坐垫,身体轻微地向后倾,用力拉起把手,可以起到缓冲的作用。并且让身体在自行车重心之上,保持膝盖弯曲,踏板平行地面,来缓冲落地时的冲击。

(18)在沙地骑自行车,也有相当大的难度。沙地会削弱腿的力量,扰乱自行车的平衡,而且每次的踩踏会让后轮越陷越深。但是胎纹颗粒小的宽胎可提供很大的帮助,还可沿着其他登山车骑士的轨迹,让车胎覆盖已经被压陷成平直车辙的路径中,来跨越沙地。

(19)在沙地骑自行车,应将臀部轻轻地置在坐垫上,保持身体的重心在两车胎之间,眼睛直视前方,利用低速档前进,要使用前齿盘,这样可以保持有较长时间的有力踩踏。每次转动踏板,保持直线向下,使身体向上弹起,来帮助轮胎向上及减少在沙地上骑行的不顺畅,并利用身体的动作来避免车把过度转向,过度的转向会造成前轮陷在沙地里。

六、自行车道规划准则

(1)提倡自行车运动需要规划路网,在市区里规划专用车道或优先车道,避免与机动车辆混行,也应避免影响步行者。在乡野地区可利用河滨、河堤、林荫道、田野、鱼塭、海岸带,取得最好的景观观赏路径。

(2)路网连接对自行车骑乘者的影响重大,地形高差、沟渠、湿草地对于步行者不构成障碍,但是自行车骑乘者的障碍。

(3)大众运输、大巴、地铁或铁路运输若能规划自行车停靠区域,对于自行车骑行环境会更加友善。

(4)市场、商业街、广场、公园、景区、地铁站、火车站外围出入口,非常需要规划自行车停靠区、锁靠架,便于维持秩序,也能够有效保障财产安全。

(5)公园湖滨或风景园区内的自行车道,以单向路线为佳,可超车的车道宽度为2.2~3米。骑乘者很多的主干道以3米至5米为佳。

(6)公园湖滨或风景园区的自行车道避免穿越大草地、广场中央或人群聚集点,保持场地活动不受干扰,避免太邻靠水滨湿地或野生动物栖地,减少生态栖地干扰。

(7)大众化自行车骑乘使用的路径可以设置成平滑路面(公路自行车环境),铺面为粗面地砖(勾缝≤12毫米,表面平整度≤20毫米)、AC沥青或PC混凝土,上坡侧设置自然草沟(宽≤20厘米,深≤10厘米)。

(8)以混凝土渣制作的再生地砖是很好的环保选择,透水性佳,经济耐久,色泽不突兀。铺面下方路基以级配(碎石、粗砂)铺设,厚度为15毫米以上为宜。

(9)以PC混凝土设置的路面,每1至2米宜有伸缩沟勾缝(≤12毫米),可嵌入陶砖、马赛克、玻璃珠或模印图画,增加美观趣味,也增强防滑效果。

(10)公路自行车环境,坡度以小于5%为宜,其中坡度超过2%的路径不宜超过4公里,坡度超过4%的路径不宜超过2公里,若有必须克服的特殊高差,尽量不超过12%。

(11)临水侧或陡深坡侧(高差≥1.5米),尽可能以1米高树篱代替护栏。若必须设置护栏,栏杆高度以1至1.2米为宜。

(12)路径回转半径:$-R=1.25V+1.4$,$R=$转弯半径,$V=$设计自行车速度(mph),一般时速约为16~24公里,回转车道内侧半径约为4米。

(13)指示标志、标线的位置及内容应考虑骑乘者反应的时间,看到标志后的反应时间约2.5秒,其位置应距离骑乘者6至8米,内容为长度均在10厘米以上的文字或高反差图像,这样能使骑乘者更容易阅读。指示牌内容以1.5~3米高度最佳,最容易纳入骑乘者的视觉范围。

（14）尽量减少自然地区（非城市街道）自行车道的相关硬件设施，指示牌、标线、栏杆、照明、排水沟等设施也应尽量自然化、简化，实践自行车运动自然、低碳的理念。

（15）越野自行车仍可设置路径车道，以无铺面为原则，级配软土或碎石夯实路面，避免小石块飞起伤人。坡度可容许8%~12%，太过陡峭的坡度或急弯、下坡处宜有缓冲或安全保护设施。

（16）公路自行车比赛，可选择车流量少、道路铺面平整、风景优美的路段举办，宽度以既有汽车道的2至4线道为宜（尽可能管制汽车进入）。起终点必须有较宽的场地与地标，提供活动聚集、物资补给、救护、观众休憩等空间。终点区宽至少8米，最后冲刺段200米应为直线车道，且为略微上坡路段。终点线为1~6厘米宽的黑色实线，中间有72厘米长与车道冲刺方向垂直的白色实线。

2.12 骑马（Riding）

一、骑马活动特性

赛马（图片来源：永续社）

骑马自古以来就是人类重要的运动，延伸了人类的行动距离与速度。直到近代骑马仍是重要的运动游憩项目。欧美许多风景区、度假旅游区、大面积的公园都有提供骑马项目。马术（Equestrianism）包括骑乘、驾驭和训练马匹翻阅障碍、比较速度等相关技能，马术表演也是热门的体育竞技项目。

自古中国"射、御"是六艺的重要组成部分，尤其清代更为重视。骑马在欧洲也是贵族的象征，讲求衣着华丽，动作典雅。虽然骑马属于游憩运动，目的为获得野外骑乘驾驭的快乐，但是参酌正式马术比赛，也有助于更深入了解该项运动的精髓。马术是奥运比赛项目之一，奥运马术比赛项目有个人赛马、团体赛马、三日赛、盛装舞步、障碍赛、马车赛等项。

（1）平地赛马（Thoroughbred horse racing）是最常见的比赛形式，即纯种马竞速，距离由905米至2 414米不等，国际赛马联盟按SMILE系统分五种场地，包含草地、泥地、沙地、纤维沙的人工跑道。

（2）耐力赛马（Endurance riding）：是国际马术联盟（FEI）的一种比赛。除了使用纯种马，也会使用与纯种马混血的阿拉伯马甚至是纯血阿拉伯马比赛。

（3）骑马与牵马（Ride and Tie）：骑师必须展现驯马的技能、速度、耐力与策略，两人一马为一组，一个骑一个牵，一定距离后两人互换。然后一定距离后不牵系马，让马仍循原来的路径自行发挥。

（4）马术舞步：在比赛中，骑手头戴高筒马靴，伴随着悠扬的旋律，驾驭马匹在规定时间内表演各种步伐，完成连贯、流畅、规范性的动作。这个过程中，骑手和马匹之间展现出协调融洽、流畅洒脱的韵律，具有很高的观赏性和艺术性。选手要与马匹共同进行三圈的比赛。

（5）障碍赛（Show jumping）：马必须跳过指定的栏杆数，路程通常较平地赛长，最短距离都超过 2 000 米。场地类似平地赛马，以草地跑道为主。马匹跳栏如果技巧不足，脚法不合的话，骑乘者很容易在跳栏时受伤或失蹄坠落。

（6）三日赛（Eventing）：也被称为联合训练，包含马术训练、马匹速度及耐能比赛、障碍赛（原木、矮墙、多重栅栏、沟渠等），在三天的时间完成。

（7）马车赛：主要有四轮马车赛和轻驾车赛（二轮马车赛）。

驾驭调整测验：针对马匹、挽具、车辆出场仪态、运动姿势、马匹步态的比赛。整体动作协调、均衡、躯体具有动感是评分的重点。

马车马拉松赛：针对马的长跑耐力和适应力的比赛，马行走的步调和驾驭者的指挥能力是评分的重点。

驾车穿越障碍赛：针对驾驭者的技术、体能、耐力及马匹适应力和服从度的比赛。包含马场和野外，在天然及人工障碍分段进行。

轻驾车赛：两轮轻马车在椭圆形跑道上进行的竞速比赛，以快步法或对侧步方式进行。

（8）马球（Polo）：两队各 3 至 4 人，骑在马上挥动马球杆击球，以攻球进入对方球门为目的的团体竞赛活动，类似足球、曲棍球。中国唐、宋时代就很流行，近代欧洲、北美也都很盛行。每队四名球员负责不同区域，场上没有守门员。除非选手受伤，否则不允许替换球员。场上共有三名裁判。进球为一巡，超过 7 分钟则该巡不分胜负。通常 6 巡决定总胜负。

二、骑马设备需求

（1）马鞍：中国古代与古希腊罗马时期还没有发明马鞍时，马很难驾

马鞍

马车用马鞭

驭，大多用马车或马战车。马鞍发明后，配上脚蹬，大幅度提高骑马活动的稳定性与舒适度。

（2）缰绳：扎住马上唇的一圈绳索或皮带、附带交织而成的手柄，作为控制装置。

（3）马鞭：驱使马匹按照骑师的意思完成各种动作的工具。根据不同的马术项目，分为赛鞭、障碍鞭、盛装舞步鞭、调教鞭、马车鞭等。根据功能、需求的不同，马鞭粗细长短不同，鞭拍、握把也不同。

三、驭马技巧及行动准则

初学者骑马，一定要有专业骑师在旁牵马或辅导。每匹马都有个性，必须耐心沟通、驯服。

（1）选择鞍上带铁环的马，铁环有助于骑乘者保持平衡。

（2）上马之前要检查马具（马鞍、缰绳、脚蹬、肚带），如有断裂损坏很容易造成落马。肚带不系紧容易转鞍，

马术配备说明（图片来源：永续社）

① 马辔
② 遮马眼
③ 马鞭
④ 骑师马靴
⑤ 马腕套
⑥ 马蹄甲
⑦ 马腹带
⑧ 马鞍
⑨ 马背布
⑩ 马镫
⑪ 骑师帽
⑫ 手套

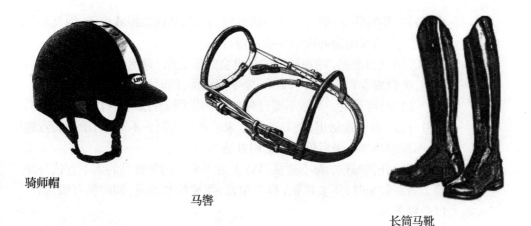

骑师帽　　　马辔　　　长筒马靴

导致人员滑落。

（3）避免站到马的后方，或拍马屁、拍马腿，马看不见时，会感觉到危险，通常会自我防卫，后踢。

（4）骑马上鞍，必须小心，应有骑师协助，否则坠马、遭马踢、马踩踏，都会造成很大伤害。上马时两脚尖内蹬，下马时先左脚脚尖内蹬，然后松开右脚下马。上下马脚尖内蹬很重要，一旦马受惊或拒乘跑开，如果骑乘者全脚紧套在镫内，就会拖镫，这是非常危险的。

（5）从马的左侧（里侧）备鞍和上下马。因此，标准而安全地接近马的做法是：面对马头左侧，沿 45° 角向马颈靠近，站到与它左肩平行的位置上。注意不要被马的左前蹄踩住脚。

（6）正确的骑马姿势是：慢走时，脚前半部踩镫，上身直立坐稳马鞍。快走和快跑时，小腿膝盖和大腿内侧用力夹马，身体前倾，臀部和马鞍似触非触，跟随马的跑动节奏起伏。

（7）要让马前进，可用骑坐前推，腿夹马肚，腿踢马肚子，向一侧拉马缰绳，用鞭子吓唬它，或真的鞭打。

（8）马没法用语言与人类交流，因此人和马需要默契或使用动作传递信息。红萝卜加鞭子是驭马的重要技巧，但是马会欺负菜鸟骑师，低头吃草，不理睬或捣乱。

（9）骑马奔跑必然会颠簸，因此骑乘者必须顺应马的节奏，需要足够的时间练习。骑马时要跟其他马匹保持距离，马不喜欢被超越，被超越时会挤、踢、绊、咬别的马，可能造成骑乘者受伤。骑马时更不要去接触前面马的后侧或马尾，前面的马会自我防卫后踢。

（10）马不熟悉的路要慢跑，遇到路口或岔路时，骑乘者必须给马明确的提示，否则马不知所措，会急停、甩人。地上有水坑、凹洞、障碍、石头、破鞋、塑料袋等，都会造成马的迟疑、害怕，从而急停或失蹄，因此必须特别小心，给马明确的提示并减速慢行。

（11）马很敏感，站在原地的马也会突然受惊、奔跑，甚至遇到其他马奔跑，也会跟着奔跑。新手骑乘，要紧握缰绳，随时注意控制马匹。

（12）马受惊时，人体不要过分前倾，用手拉住缰绳，身体稍向后仰，紧蹬马镫，再声音制止，使马安静下来。如果仍制止不了，可沿用转弯跑圈，不断缩小半径最后停止的常用办法。

（13）任何时候，都不要从马背上跳下来。初学骑马的人不宜快马加鞭。马跑起来时，不要慌张，脚尖蹬紧，手要拉紧缰绳，同时稍弯腰伏背，以免摔下来。

（14）不要在林区边缘赛马和快跑，一旦马受惊失控，就会蹿入树林，情况十分危险。

（15）不要在马上脱换衣服，尤其是鲜艳颜色的衣服，马容易眼生，人换衣服时马会受惊突然跑动导致人失足摔落。

（16）新手骑马容易磨伤小腿肚、大腿内侧和臀部，可以穿马靴和马裤，没有马靴、马裤可以用护膝、绑腿等替代。

四、骑马场地规划准则

（1）正式的赛马场除了椭圆形跑道之外还有看台、停车场等设施。以香港沙田马场为例：沙田马场占地面积100公顷，设有草地、泥地跑道共两个，草地跑道全宽30.5米，周长约1 900米，设有两座看台，可容纳85 000人。看台设有投注大堂、饮食设施等，另有会员俱乐部、马主厢房等设施。场内设有大型电视广告牌，显示比赛实况及比赛成绩累计情况。

（2）乡村俱乐部，或风景旅游区里规划的马场，无需太大的规模，一般10公顷比较适合，椭圆两端的两个圆半径不需要一样大。外跑道长905米或2 414米（松软土），内跑道可与外跑道平行（松软土），在场地一侧设置棚架看台，看台下方设置马厩。中央草地区可以举办马术表演等活动。

（3）风景旅游区或大面积公园，可以规划跑马专用路径、跑马场或马球比赛场地，并配置游客与马匹的服务休憩设施。

（4）跑马专用路径，可以经过丘陵、草地、沙滩，宽约4米，避免与步行道、自行车道混用。若跑马路径、步行慢跑路径、自行车、汽车路径交叉，应有15米以上的空旷视线，便于速度慢的避让，速度快的减速或及时应变。

（5）标准草地马球比赛场，长274米、宽146米（相当于9个足球场大

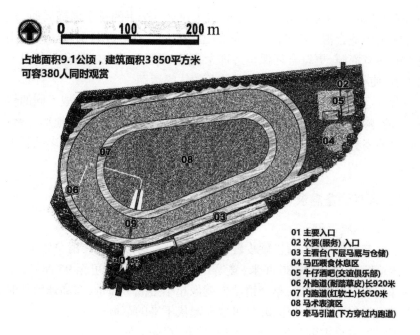

占地面积9.1公顷，建筑面积3 850平方米
可容380人同时观赏

01 主要入口
02 次要（服务）入口
03 主看台（下层马厩与仓储）
04 马匹喂食休息区
05 牛仔酒吧（交谊俱乐部）
06 外跑道（耐踏草皮）长920米
07 内跑道（红软土）长620米
08 马术表演区
09 牵马引道（下方穿过内跑道）

跑马场规划参考图（图片来源：作者规划）

小），两边各有一扇球门。

2.13 滑草（Grass Skiing）

一、滑草活动特性

滑草，别称草上飞，是一项运动游憩项目，和滑雪一样能给运动者带来运动的刺激和快乐，特别是对于滑雪机会少的地区，滑草活动更容易开展。滑草活动需要大面积的山坡地，并且类似于滑雪，必须根据游客熟练程度的不同划分不同难度的滑道，使游客由浅入深地掌握各种技巧。

滑草是使用履带轮鞋在倾斜的草地上滑行的运动，1960年由德国人约瑟夫·凯瑟始

滑草运动（图片来源：永续社）

创,其基本动作与滑雪活动类似,最初作为滑雪选手的夏季训练活动,现在却成为更适合温、热带国家地区的运动游憩活动。并且滑草运动使用更少的环境资源,更符合环保生态理念,在春夏秋季节也能体验类似滑雪的乐趣,使得滑草逐渐成为全世界普及的休闲运动。

滑草运动的乐趣,不止满足于滑降,还可配合滑行技巧挑战不同的斜坡、弯道、障碍与路径变化。滑草者必须从缓和的坡度、简单的地形开始,从正确的姿势、速度控制开始练习,再逐步进阶到较陡及变化较多的斜坡地形。

二、滑草设备需求

（1）滑草履带鞋

滑草鞋类似于滑雪鞋,硬皮鞋面,保护脚踝,必须固定在滑草轮上。

滑草履带,长度约80厘米,竞赛用的滑草轮鞋最长可至95厘米,主要零件是履带内的滚珠,整个滑草轮就像超小型战车履带,在高速滑行时可以做出类似滑雪的动作,并且可以在起伏不平的草坡上前进。

固定器将滑雪鞋与滑草履带紧密接合,穿脱方便。

（2）滑草手杖

类似于滑雪手杖。一般长度为95~130厘米,主要作用是平衡滑草者的身体,对于初学者而言可帮助其支撑与推撑前进。滑草杖上可以配置佩带,佩带可套在手腕上,防止滑草手杖脱落。

（3）运动护具

比赛用护具主要分为头盔、护手及护小腿,都是为了防止碰撞、受伤。初学者主要注意头部与膝盖关节部位的防护。

（4）保养润滑油

必须经常在滑草轮鞋的滚珠和轴承上加润滑油,这样可以使滑草轮

滑草履带鞋　　①鞋套扣带；②缓冲弹簧；
　　　　　　　③内滑轮组；④履带

滑草履带车

鞋跑得更顺畅。润滑油也必须经常清洗，否则黏上草屑灰尘，会降低滚动效能。

三、滑草行动准则

（1）站立与步行：穿上滑草轮鞋必须先在平地上练习站立，然后学习步行。初学者可先穿上一只滑草轮鞋来回走动，习惯后再两只一起穿上，扶墙、扶栏杆或用手杖支撑适应平衡。

（2）预防跌倒：注意身体平衡，若不慎跌倒，以侧身着地最为安全，即以大脚外侧、腰下侧着地，同时举起两草杖并用力地将两脚伸直，以防不必要的受伤。不宜用手腕撑地、膝盖先着地、臀部往后坐在滑草轮鞋上或头、肩向前翻筋斗。

（3）重新站起：先使两滑草轮鞋平行（两脚与下坡方向横向平行），然后利用两草杖撑起身体。必须两脚踏稳再起身，否则起身后仍会往前或往后倾跌。

（4）转弯变换：将内侧脚（左右脚均可）前端或尾端作为圆心，将欲转变方向内侧的外侧脚伸开成外八字形，再将外侧脚靠拢过来。可在平地草坪上练习，在斜坡上不适用。

（5）回到上坡起点：没有缆车、索道的滑草场必须把滑草轮鞋脱掉，扛着轮鞋走步道或台阶回到上坡起点，如果穿着滑草轮鞋往上坡爬，必须侧身使滑草轮鞋横向下坡方向，如螃蟹般横行，才不会跌倒。

（6）平地滑行：两脚平行站立，利用手腕力量将两根滑草手杖向后侧推撑，使身体和两滑草轮鞋同时向前滑行前进。身体重心不可置于后侧，否则会有身体后倾的情况发生。

（7）直滑降：滑草轮鞋与肩同宽，上身不要前后左右晃动，略为前倾并且保持平衡；小腿紧贴，在斜坡上滑草轮鞋会自动向下滑行；上半身切不可后坐，只要重心不变，滑草轮鞋就会平顺地往下坡方向滑行。

（8）并腿转弯：要能做出优美的并腿转弯，滑草轮鞋要先有一定的速度。主要的动作放在脚上，上半身保持平稳，保持和直滑降相同的姿势，利用膝盖、脚踝关节来控制转弯方向，向右转则加大左脚膝盖、左脚腕关节的力量，往左转则加大右脚膝盖、右脚腕关节的力量。

四、滑草场地规划准则

（1）滑草场地需要 6~10 米的高差，滑道太缓，难以滑动，乐趣大减；滑道太急，快感持续时间短，动作应变时间也不足。滑道太长，滑过一次要再回到上方的起点则爬坡很远。目前绝大多数滑草场没有缆车或电梯

滑草用具组

滑草场坡度（25%~35%）

滑草场

助爬。

（2）滑草场地长度一般在100~400米，一个滑道约20~30米，也可以设置80~100米的宽斜坡，提供多人同滑。

（3）初级的滑草场或公园内大众化滑草场的坡度可以分级设计，由上而下，分为8°、6°、4°、2°斜角及平地五个坡级，每个坡级各约20~30米长，逐渐缓降。场地较大的区域可仿效滑雪场布置不同的长滑道，提供选择。

（4）滑草车（滑橇）的冲力较大，场地长度最好在80米以上，加上20米平地减速及10米向上缓冲坡。

（5）滑草场也可以提供给单板滑草使用，但不宜同时间混合使用，因重心与阻力不同，速度不同，容易发生冲撞意外。

2.14 滑雪（Skiing）

一、滑雪活动特性

滑雪运动（图片来源：永续社）

滑雪通常指双脚踏长条雪翘板在雪地滑行的运动游憩项目。滑雪与滑草、滑沙、滑冰、滑水有相似之处，但是滑的物质不同，地形环境也不同。单板滑雪类似于冲浪运动，虽然也属于滑雪运动的一种，但是通常另列为雪地滑板项目。目前世界比赛中正规的滑雪项目有：高山滑雪、北欧滑雪（越野滑雪、跳台滑雪）、自由式滑雪、冬季两项滑雪、雪上滑板滑雪等。

常见的高山滑雪起源于阿尔卑斯山地区，滑雪靴的足尖和后跟都有皮靴固定装置。北极圈地区日常生活外出的滑雪，与高山斜坡滑雪不同，它的滑雪靴在长条滑雪板的前方。高山滑雪是冬季运动项目之一，滑雪者必须穿上有衬垫的运动服，并佩戴保护头盔、滑雪板、滑雪手杖及安全防护装备。

高山滑雪

高山滑雪曲道赛（Slalom）中，滑道会设置许多处旗门（6~8处），滑雪者在滑道中，运用20~27°斜坡与蛇行弯转动力快速前进，穿越所有的旗门（4~6米宽，旗杆高0.75米），漏失了任何一个旗门，会被判"失格"罚扣分或增加总时间，滑行所用时间越少，成绩排名越高。一般来说曲道赛速度较慢，技巧和熟练度更为重要。

在滑降赛（Downhill）中，男子赛的起点及终点海拔高差约为80~至1 000米，女子赛海拔高差约为500~700米，斜坡约20°~30°，距离约1~3.5公里，并且设置许多密集的旗门。滑降的风险很高，速度比汽车还快，需要完美的空气动力学效率（屈体）以降低阻力提高速度。

跳台滑雪（来源：运动百科全书）

越野滑雪（Cross-country skiing），运动员要以滑雪的形式绕过布满雪的山地，由于路程长并需要大量体力，因此越野滑雪又称为"雪上马拉松"。

滑雪技巧分为传统式与自由式两种，由于两种的速度与消耗体力不同（自由式速度较快），在各比赛项目中皆会指定其使用的滑雪技巧。

（1）传统式滑雪（Classic）：包含交替滑行（类似于在雪上跑步的动作）、双杖推撑滑行、无蹬冰的外八字踏步、滑降、转弯（用杖撑地推行改变方向）等几种动作。

滑降赛

（2）自由式滑雪（Free）：允许任何的滑雪方式，包含蹬冰技术，如八字踏步、单蹬冰双杖推撑滑行、双蹬冰双杖推撑滑行。自由式滑雪的滑雪靴较硬；传统式滑雪的滑雪杖通常不会过肩，但自由式滑雪的滑雪杖比较长，可以过肩或超过下颚。

越野滑雪

二、滑雪配备需求

个人滑雪者必须具备滑雪板、滑雪鞋、滑雪杖、风镜（抗雪眩及紫外线）、滑雪服装（毛帽、手套、厚袜）等。

传统式滑雪

自由式滑雪（图片来源：永续社）

滑雪高筒硬皮鞋

滑雪高筒硬壳鞋

坐式滑雪橇

（1）滑雪板：两条长板穿戴于脚上，分摊滑雪者体重不至于陷入雪中，且在雪地上向前滑行。最初的滑雪板由木材制成，现在的滑雪板材料较多，包含玻璃纤维、碳纤维、钛以及其他复合材料。大多数的滑雪板长而薄，前后端向上弯曲，避免在滑雪时将雪翻起。滑雪板依其环境条件的需求，有不同的设计，包含高山滑雪型、竞速型、逆向曲面型、双尖型、越野滑雪型、跳台滑雪型、单板型等。

（2）滑雪鞋：一般分为高山鞋、越野鞋、跳台鞋和单板鞋等。高山鞋外壳较硬，不易变形，脚踝关节角度和鞋的宽度可以调整。越野鞋鞋腰矮软且轻便，利于长途滑行。跳台鞋一般用皮革制成，鞋腰较高且前倾，有利于做跳跃和空中翻转动作。

（3）滑雪手杖：用来支撑前进、控制平衡、转弯变向的辅助工具。但是跳台滑雪、单板滑雪不使用滑雪手杖。滑雪手杖以材质轻便、硬度适当、平衡感好、适合自己身高为原则。依使用目的分为高山杖、越野杖和自由滑雪（芭蕾）杖。一般滑雪杖的长度在90~125厘米。滑雪杖上要有佩带，可套在手腕上，防止滑雪杖脱落。雪轮可防止滑雪杖在雪里插得过深，在高速滑行的瞬间给滑雪者一个稳定的支点。

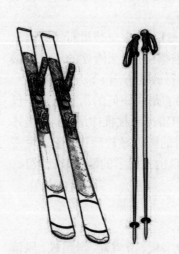

滑雪双板、滑雪手杖

俯卧雪橇板

滑雪车 Bobsled（来源：运动百科全书）

（4）滑雪风镜：雪地上因太阳光反射强烈，为避免眼睛不适，太阳镜是必需的，而且滑雪速度快，风雪强劲，必须要佩戴滑雪风镜。

（5）滑雪衣裤：需要质轻、保暖、透气，并具备防水效果，类似于雪衣，但是必须能够让身体灵活活动。护膝、宽条松紧带和围巾可以防止滑雪者摔倒后身体进雪。

（6）滑雪头盔：滑雪速度很快，如果滑雪者撞到树木、岩石、人工设施，容易骨折，因此护膝、头盔等保护装置非常重要。

三、滑雪行动准则

滑雪运动中有平行滑降、犁型滑降等初级动作，还有快速滑降、曲道滑降、跳台滑降等高难度动作。

滑雪的运动伤害包含晒伤、冻伤、碰撞外伤、肌肉拉伤、撞击骨折、高山症、眼睛灼伤等，要做好防护。有些滑雪区寒冷、干燥，皮肤容易散失水分，紫外线特别容易灼伤皮肤，必须涂防晒油。冻伤主要发生在手部、脚部、耳朵等部位，所以应选用保温效果较好的羊绒制品或化纤制品对上述部位进行保温。

熟悉器材、场地、天气、技巧等可以减少运动伤害发生。而且进入滑雪场应注意下列事项：

（1）滑雪属于激烈运动，而且运动前后身体温差很大，因此滑雪运动的开始及结束阶段必须有充分的热身及冷却运动（至少12至15分钟）。

（2）起步滑行、进入滑道、横越移动的时候，上方下来的滑雪者优先。

（3）随时留意前方滑行者的动向，配合其速度保持10米以上的安全距离。

（4）接近树木、岩石、陡坡、沟渠、缆车设施、铲压雪车等障碍时都应减速滑行，应变意外状况。

（5）遇到强降雪、浓雾、日落、眩目时都应减速滑行，并且不应离开滑道。

（6）滑行中减速、停止、登坡、下坡的行为，都应退出滑道中央部分，进入滑道的两侧。

（7）厚积雪滑行时，远离大树（避免陷入树坑）；跌倒被雪埋时，应丢开雪杖，确保安全呼吸空间。

（8）雪场的每个人都有义务救援意外受伤者，并及时通报求助。

四、滑雪场规划准则

适合规划滑雪场的场地，必须具备多种条件：

(1)地貌：滑雪场必须具备独特的地形，要有刺激性及挑战性，坡度、坡向、距离对滑雪场的规划影响很大。滑雪道上要有陡坡、凹凸起伏地形、阶梯状地形、缓坡等不同地形，使滑雪者在各种不同的地形条件下体验不同的滑行乐趣，感受惊险和刺激。山坡地地形：坡度20%~50%，落差600~1 000米，滑道长度2~6公里，每个滑道30~50米宽，最好能规划5~40个滑道，面积200至300公顷。

(2)交通：交通条件良好，距离机场或高速公路、铁路站近，并能为滑雪者解决食宿问题。

(3)气候：积雪期要长，雪质必须丰厚、松软、稳定，降雪厚度最好能超过20厘米，否则需要人工造雪。风速要小，温度要适中，温度太低不利于滑雪者发挥技术水平，温度太高不易保存积雪。

(4)路径规划：要有几条不同的滑雪道供初级、中级、高级滑雪者分别使用。初学者滑雪道的坡度要缓，地形不能有太大的起伏，滑雪道要宽，要给初学者留出较大的制动空间。中级滑雪道要有不同的地形条件，包括有陡坡、凹凸起伏地形以及缓坡，以使滑雪者体验不同的感觉。而高级滑雪道要能使技术好的滑雪者体验到惊险和刺激的感觉。

(5)场地分区规划：分为一般滑雪区、竞赛滑雪区、雪橇滑雪区、单板滑雪区（Snowboard）、冰雕雪塑区等多种分区，能聚集多样的活动。

(6)上山索道设施：需配合雪道长度，将山下游客快速、大量、安全地

滑雪度假区

载运到山上。乘坐式索道可以提供一个休息和观摩学习的观景路径。牵引式索道只适用于初学者使用的地形较缓的初级滑雪场地。

（7）休息服务区：餐饮休息区和雪具出租店要靠近索道的山上站，且方便进出。

（8）充足的住宿设施与停车场：规划不同的等级、餐宿、更衣、洗浴等服务设施，但单日接待量必须超过2 000人才会有竞争力。

（9）滑雪场的维护管理：每日巡检，尽量排除危险因子。必须使用铲雪车或压雪车每日进行地毯式维护作业，整理、压实滑雪场地，使滑雪道平整、安全。部分雪道提供夜间照明，更有吸引力。

2.14.1 滑雪单板（Snowboarding）

（一）单板滑雪特性

一般我们说的滑雪指的是双脚各一个长板的滑雪，单板滑雪的发展与流行还不到100年。国际滑雪总会承认单板滑雪为正式的冬季运动之一，并在冬季奥运中将其列入正式的比赛项目。单板滑雪注重技巧，通常以压雪板、走刃、搓雪等动作，在雪地上灵活运动。单板滑雪对于滑雪场的地形、滑道宽度、积雪厚度比较讲究。传统双板滑雪是体力、耐力运动，单板滑雪类似于滑轮板，需要更多灵活的动作技巧，尤其是花式的回旋、转圈、腾空飞越、翻转、平衡等。单板虽然更容易摔跤，但是没有长距离的大冲力，较不容易受重伤。常见的两种比赛项目为：

（1）大回转：平行大曲道赛（Parallel Giant Slalom）。场地长936米，平均坡度18.21°，坡高差290米。大回转使用的靴子与一般滑雪靴相似，但更有弹性。滑板坚硬、狭窄，以利于转向和高速滑行。以滑行速度评定名次。主要技术动作是左右回转。

（2）滑道技巧：半管赛（Half-pipe）。场地是在雪地中挖出一段凹陷的U形滑道，长120米，宽15米，深3.5米，平均坡度18°，两侧呈85°倾斜。滑板稍软、较宽，靴底较厚。运动员要利用下滑时的速度，在凹陷的壕沟做出一些动作，如：跳跃、翻滚等。滑雪板类似于滑轮板，但是没有轮子，利用积雪的斜坡、弯曲、重力加速度运动。裁判员根据完成的动作难度和效果评分，主要动作有跃起抓板、跃起非抓板、倒立、跃起倒立、旋转等。

滑雪单板

滑雪单板
①Race-board
②Free-ride
③Race-carver

可锁在单板上的外鞋扣，可转动（固定器）

（二）单板滑雪配备

单板的装备主要包括：滑雪板、固定器、滑雪靴、滑雪服装、护具、头盔、雪镜、手套、护腰、厚毛袜等。

（1）滑雪板：分为速滑板（Race-board）、自由板（Free-ride）、综合板（Race-carver）三种。速滑板比较像双板，板比较窄，主要用于大回转、平行大曲道项目。Free-ride 是多功能的单板，所以叫自由板，也就是我们最常见的两头翘的单板，没有明显的方向性。Race-carver 其实是最现代的单板，它综合了前两种单板的优势，形状和功能介于两者之间。初学者可以选择比较软的雪板，长度要根据自己的身高和体重来挑选，一般长度要到自己的下巴，即身高减 15~20 厘米，体重较重的人可以稍长一些。长一些的板，支撑力较大，比较平稳，但是转弯相对不灵活。雪板的宽窄要根据雪靴大小来定，一般来说，体形大、体重重、脚靴大者，雪板宽度也需要大一些。

（2）固定器：绑住雪靴与滑雪板的固定器叫做 Binding。Step-In 是新改良的固定器，Step-In 固定器可以很方便地穿脱雪靴及固定在板子上，而且可以在摔倒的时候迅速脱离。但是 U 形槽滑行运动时，就不如 Binding 稳固。因为 U 形槽在弯曲运动时，扭力和滑雪板的变形会比较大，所以使用 Binding 固定器较合适。

（3）雪靴：单板的雪靴分为软靴和硬靴，硬靴由硬的外壳和较软的内衬构成，竞技比赛中的运动员大多穿硬雪靴，但是软雪靴比较轻便、舒适。可以使用 Step-In 固定器的靴一般都是硬靴，在靴底有一些特殊设计可以跟固定器嵌接密合。但是不同品牌的 Step-In 固定器规格不一样，雪靴也必须正确搭配。

（4）单板滑雪服装：单板滑雪跟双板滑雪不一样，经常要下蹲和做一些动作，所以单板滑雪的服装多半都比较宽松和肥大，而且在膝盖、臀部、肘部有加厚加层保护的设计。

（5）护具：护膝、护肘、护腕、头盔、雪镜、手套、护腰、毛袜等，统称为护具，由于单板滑雪的过程中人会经常跪倒或坐下，所以膝盖和臀部是最需要保护的部位。并且经常下蹲以及大转弯的动作常需要用手扶地，摔倒的时

Ch.2 陆域运动旅游 (Land Recreation)

① 滑雪场边界围幕　④ 滑雪道　⑦ 缆车中途服务区
② 冰攀登山区　⑤ 中途休息点　⑧ 山下服务区
③ 山顶服务区（缆车）　⑥ 度假旅馆区　⑨ 表演、滑冰活动区

滑雪场规划参考图之一
（改绘自：www.charlottepass.com.au/trail-map）

运动旅游

滑雪场规划参考图之二
(来源：www.olympic.org)

① 双板滑雪道（曲道竞速），长1 053 米，高差 218 米，坡度 21%
② 双板滑雪道（直道竞技），长572 米，高差 158 米，坡度 29%
③ 单板滑雪道，长 576/366 米，高差 171/108 米，坡度 31%
④ 凹槽滑雪道，长 245/170 米，高差 81 米，坡度 34%
⑤ 训练场地
⑥ 花式滑雪道，长 250 米，高差 114 米，坡度 51%
⑦ 高台跳滑雪道，长 128 米，高差 48 米，坡度 40%

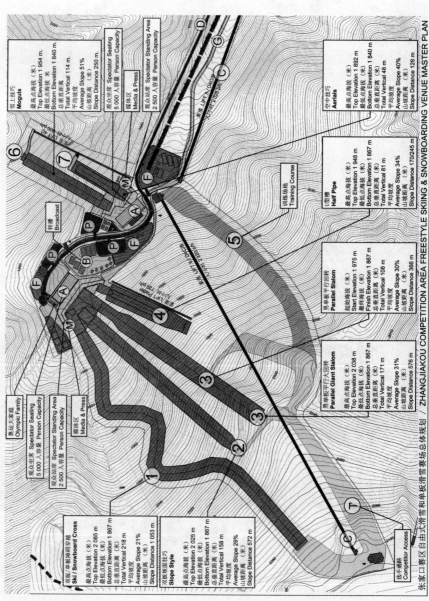

张家口赛区自由式滑雪和单板滑雪赛场总体规划 / ZHANGJIAKOU COMPETITION AREA FREESTYLE SKIING & SNOWBOARDING VENUE MASTER PLAN

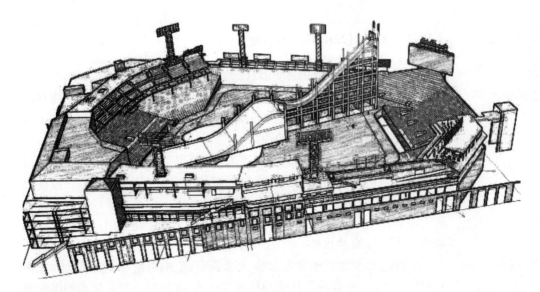

波士顿单板滑雪场（改绘自：www.bostonmagazine.com/）

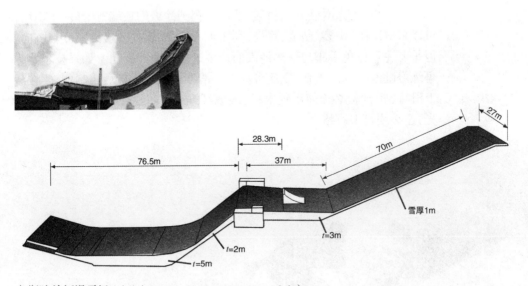

奥斯陆单板滑雪场（改绘自：Holmenkollen Ski Museum, Oslo）

候也会潜意识地用手去扶，所以手套和护腕是必要的保护工具。头盔预防碰撞，雪镜用来保护眼睛，防止紫外线伤害。

2.14.2 滑沙（Sandboarding）

滑沙，是新兴的运动游憩项目，与滑雪类似，只是介质由积雪变为积沙。滑板用木材、竹子、塑料等材料制成，游客坐在滑沙板上，两手撑在板壁上，双脚蹬住前沿，身体微向前倾，下滑时随着沙山的坡度加大和下滑速度的加快，获取运动游憩的快乐。

某些滑沙场地规划建造了索道缆车，可以节省游客爬坡登上沙坡顶部的时间。滑沙运动需要游客掌握平衡和运动技巧，滑沙时坐在滑沙板上，两腿呈弯曲的姿势，顺着陡立坡势飞速向下。但是滑沙场地沙丘通常较雪厚且松，布置索道缆车较为困难，所以很多滑沙场使用四轮传动沙滩吉普车来回运输游戏者。

滑沙运动也类似于滑雪运动，有滑降竞速、曲道滑降（绕穿旗门）、花式滑降等项目，专业的滑沙运动员时速可达80公里。专业运动的滑沙滑道坡度一般为45°，一般游客乘滑沙板以每秒20米的速度下滑，随着滑下高度减小，速度越来越快，会更加惊险刺激。

滑沙板，为光滑硬底的材质，滑沙者爬到沙坡的顶端，选择一个斜坡，可以采取趴卧、坐姿、站姿、跪姿，利用重心平衡，操控沙板的速度与方向，但是要注意避免手脚与灼热沙表面产生过多摩擦而受伤。如果技术熟练可练习翻滚、回旋、飞跃、竞速等动作。滑沙板比滑雪板更难制作，要在沙上滑行，滑沙板必须使用硬木板、玻璃纤维或塑料复合材料，进行光滑抛光，还必须打上石蜡。

滑沙运动（改绘自：www.thedubaisafari.com/sand-boarding） 滑沙板

2.15 滑轮鞋、直排轮（Roller skating）

一、直排轮活动特性

直排轮与滑轮鞋类似，但是滑轮鞋是四个轮子分布在四个角落位置，直排轮是四个及以上轮子纵向排列，与冰刀类似。1980年直排轮的发明是为了在没有冰雪的季节也可以溜水泥地、溜草地。直排轮，有四轮或五轮，在平滑、斜坡地面上运动，也是运动游憩项目。并且因为其惊险刺激的体验而成为极限运动之一。直排轮滑、特技单车、滑板等三项运动俗称为B3（都带有B字母，Bike、Skate Board、Skate Blade）项目。

直排轮运动（图片来源：永续社）

直排轮速度快，稳定性强，入门简单。青少年热爱穿直排轮在马路、公园、风景区游玩，达到锻炼身体的目的。随着直排轮的不断完善，目前已形成多项滑轮竞技项目，比赛方式可分为场地赛及公路赛；比赛的项目较多，有计时赛、淘汰赛、计分赛、定时赛、追逐赛等。

（1）竞速滑轮鞋：以单排、双排滑轮项目为正式比赛的项目，包含场地赛和公路赛。目前唯一进入亚运会正式项目和奥运会表演项目的是直排轮项目。

（2）滑轮鞋曲棍球：也叫陆地曲棍球，看上去像是冰球和曲棍球的结合体，双方各出5人在44米×22米的场地上进行比赛，规则类似于冰球，一场比赛为2~3节，每节15~20分钟，进球多者为优胜。

（3）花式滑轮鞋：分为单人、双人滑轮舞和圆形滑轮舞（规定动作）。规则接近花样滑冰，根据动作的难易程度、舞姿的优美程度打分确定胜方。

（4）极限运动和技巧：利用直排轮U形台场地做各种各样惊险、复杂的技巧和表演动作，它也是直排轮竞技项目中最吸引人的一项。

（5）自由式滑轮鞋：自由式包括"平地花式"、"速度过桩"、"花式刹车"，由于对场地要求低，入门简单，是较为常见的直排轮运动类型，直排轮滑者会在地上每隔一定的距离摆上桩，使用各种技巧在桩上做动作。

直排轮鞋（竞速）

直排轮鞋（曲棍球）

滑轮鞋（花式）

直排轮、滑轮鞋练习场地

（6）平地花式直排轮主要项目

花式绕桩：将各种纵向、横向过桩方式串连，比较选手动作难度及舞姿优美程度。

速度绕桩：只以纵向过桩的单一动作，比较选手相同动作的速度。

花式刹车：不需要桩，而是在地面上标明标尺，选手使用各种刹车动作，最后比较选手的刹车距离以及动作难度。

二、直排轮配备描述

（1）滑轮是决定直排轮鞋好坏的重要因素，轮子有不同的形状、尺寸、硬度及质量。初学者可以选择能吸收振动、弹性佳的轮子，溜起来会较为舒适。较软的轮子可能较不耐磨。轴承也有等级之分。轴承内的滚珠、保持器、润滑油的材料也影响到滑轮性能。

鞋身外壳：鞋身的强度关系着双脚的包裹性和支撑力，鞋壳有足够的强度才能耐得住运动时的冲击力。必须留意脚踝有没有支撑的感觉，或者用手压鞋壳看是否容易挤压变形。

鞋内套：内套隔绝了脚部与坚硬鞋壳的直接接触。内套厚度、软度、弹性、透气度都有一定的要求，必须舒适密实，耐久不变形，而且脚踝部分必须保留活动空间。

轴承（bearing）：关系着直排轮运动的续滑力，精密度高的轴承，可以滑得比较顺畅。轴承的规格分为ABEC-1、3、5、7四个级数，3级是属于中等价位的轴承，5级是专业竞赛型的轴承。一般钢珠制的轴承，更精密、耐磨、轻量、不生锈、易保养的是陶瓷珠制的轴承。

轮子：标准的轮子抓地力要好、弹性要大。轮子直径的规格为56~81毫米。直径小的轮子做转弯动作比较灵活，直径大的轮子速度比较快。轮子硬度的规格有74A~93A，数值越大表示硬度越高。在平坦的路面上滑行，要选择硬度较大的轮子；但如果是在粗糙不平的路面上滑行，要选择硬度较低、弹性较好的轮子。

①休闲直排轮鞋：讲求舒适性，流线型造型，各项性能兼具。可以吸收粗糙路面的颠簸震动，所以轮子较软，

鞋后跟坚固。鞋内套也比其他功能鞋舒适。

②竞速直排轮鞋：鞋壳必须依照选手的脚模来制作，以玻璃纤维为材料，内外以皮革包覆竞速直排轮鞋。属于低筒鞋，鞋身设计轻薄短巧，价格比较高。底座加长，以求直线加速或急转弯时更为稳定，但是灵活度不好。竞速鞋大多为五轮，铝合金底座加上较高等级的轴承，更大的轮直径（76~80毫米），轮距比较长，有利于高速前进。

③特技直排轮鞋：为硬壳鞋，内套较厚，加厚底座及鞋壳，重心比较低，鞋底比较宽，轮子比较小，可以更灵活地表演花式弹跳、转体等动作。附加绑腿及加厚的鞋内套，脚部包覆效果更佳，但是抓地力较弱，加速反应较慢。

④曲棍球直排轮鞋：分室内和室外环境款，底座较短，大多是绑鞋带式及较低的鞋壳，以增加其灵敏性。因为运动过程中常常需急转弯，所以鞋身两侧加强了硬度，防止侧滑。曲棍球的排轮鞋大多为整只鞋一体成形，没有鞋内套。

⑤花式直排轮鞋：款式有三至六个轮子多种，铝合

直排轮鞋（滑轮）

滑轮轴承

直排轮鞋（有刹车）

直排轮鞋（无刹车）

滑轮鞋（旱冰鞋）

直排轮鞋（内套）

滑轮鞋（滑轮）

金底座，无鞋内套，皮革外壳。前端可调整有刹车皮，可以做类似芭蕾舞动作；轮子很小，灵活度大，但是比较费力。

⑥越野直排轮鞋：可在粗糙地面上滑动，能吸收震动。可以在林地、砂地、泥泞地、草地、森林小径、柏油路面等路面使用；底座有四轮的长底座与三轮的短底座两种；滚轮直径特别大，有很深的胎纹，抓地力强；连续直线的纹路有助于增加转弯灵敏度，块状的花纹有助于排水。

（2）头盔：头盔是最重要的保护头部的装备，特别是初学者，特技轮滑及曲棍球等冲击大的直排轮活动，更是要佩戴头盔，以防跌倒时头部受伤。一般常见的头盔有流线型的水滴帽及包覆后脑的特技头盔。

（3）护掌：人跌倒时习惯用手去支撑地面，如果没有护掌的话，手掌很容易受伤。穿着护掌，里面内衬的塑料柱会吸收振动，跌倒时能避免手掌擦伤或手腕扭伤。

（4）护肘及护膝：跌倒时护肘和护膝可以保护手肘及膝盖不受到伤害。不可使用布面材质的护肘护膝，必须使用直排轮专用的胶皮护具，如此才能降低运动伤害。

（5）护臀：简易护臀为一片式，腰部用塑料快拆扣紧固，胯下用两条魔术贴松紧带附着，功效较为有限；可使用防摔裤（Hockey Pants），防止摔倒后臀部、尾椎、大腿淤血或擦伤，不幸摔倒时伤害可大幅减少。

三、直排轮运动技巧

（1）预先防护：在滑行前佩戴保护装备，如头盔、护手、护肘、护膝等。检查鞋套、滑轮是否经过润滑、保养。

（2）安全滑行：寻找平衡时，将两只脚前后摆放（较强的一只脚放于后面），使其在一条直线上。避免在马路、楼梯、斜坡、凹凸不平及湿滑、油渍的路面上滑行。

（3）基本滑行：后脚踏前，然后翘起脚板，以脚跟的滑轮作为支点，踏步后后脚踢起，形成向前的动力。采用蹲屈的姿势，两腿交替前进滑行。

（4）停止滑行：慢停，把前脚板再翘高些，脚板跟地面产生摩擦后停下。急停，把前脚脚板放下便可立即停下，动力太大的话可前走几步卸力。拖停，把后脚脚板缓慢放下，使鞋底慢慢接触地面，摩擦后达到刹停效果，在较长的斜坡或者需要减速时可以使用拖停。

（5）钢管滑行：在极限型暴走鞋的中心部位有一块滑片凹槽，可以在一条钢管上滑行，把双腿分开与肩同宽，两脚与钢管呈90°接触。滑片凹槽正好卡在钢管上，钢管就如同一个圆形轨道，能使人从高处向下滑行，比如在楼梯两边的扶手上滑行。

（6）钢管滑行注意事项：先确定栏杆的外径与滑片的凹槽是否吻合，栏杆是否平滑，尽头有无障碍物。滑行中可以跳跃、转身、尝试花式动作。但是新手要在低杆上练习。钢管滑行必须有足够的腿力和平衡力，并且不怕受伤。

（7）收存滑轮：使用完毕可将滑轮从鞋跟中取出，直排轮鞋又变成一双普通的鞋了。直排轮鞋与普通鞋的受力设计不同，穿太久对于脚部及骨骼健康有影响，不宜取代步行鞋，长期穿着直排轮鞋可能会患上筋膜炎。

四、滑轮场地规划

许多少年会携带直排轮鞋至风景游憩区、大型公园，也会到步道、广场等处滑行，但是游客众多时，直排轮运动不易施展，也容易造成冲撞意外。因此广场、公园等游憩区域可以规划设置直排轮、滑轮板、滑轮运动等专用的活动场地或U形凹池。冬季游泳池放干不开放游泳时，也可提供给直排轮运动、滑轮板运动等使用。

（1）直排轮竞速场：长142米，宽84米，形状类似于田径场跑道。内跑道宽8.57米，外跑道宽7米，内跑道内侧两端圆内半径为26.4米，外跑道圆外侧半径为41.97米；中央可设置曲棍球比赛场，矩形，长58.06米，宽52.08米；跑道一圈为200米，直道长58.06米，弯道内半径26.4米。

（2）直排轮曲棍球场：FIRS（世界直排轮曲棍球锦标赛）对场地尺寸有明确规定，世界运动会场地最小尺寸为25米×50米。直排轮曲棍球分为直排（长杆）及并排（短杆），其竞赛场地规格分别为60米×30米及40米×20米标准尺寸，地板材质为硬木板、柏油、水泥、合成塑料或涂料。

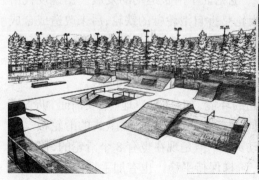

滑轮场地参考图（改绘自：Robb Field Skateboard Park）

球门尺寸以内径测,铁管直径 7.5 厘米,高 120 厘米,宽 180 厘米,球门颜色是红色。球门需面对面地放置于球场两端,两边球门线正中间,球门线距离球场底线 2.5~4.5 米,必须根据场地大小做出相应调整。

(3)花式直排轮竞赛表演场:与曲棍球场尺寸相同,但是地板表层要加涂 Rollon 涂料。

(4)直排轮公路赛:赛道必须考虑到 300 毫米的内缘边线,称为"ROPE",画虚线。

(5)各种比赛场与观众区都必须有围栏。

2.16 滑板、滑轮板(Skateboarding Roller skating)

一、滑轮板活动特性

滑轮板运动(图片来源:永续社)

滑轮板,也称为滑板,是著名的极限运动项目,有国际 ESPN 极限运动会举办的滑板竞赛活动。滑板最早的发明时间已经不可考。自从 1960 年代滑板开始被大量生产以来,滑板改进了很多。过去的滑板常常类似于冲浪板,没有脚套并使用木头或塑料制作,轮子通常用塑料或金属制作;现在滑板是一项休闲运动游憩项目,特别为青少年及儿童所喜爱,也发展成为体育竞技项目,目前奥运会已将滑板列为非正式比赛项目。

滑板轮子的演变代表着材料科技的进步,也见证了滑板运动的发展。据说现代滑板运动起始于美国,1955 年滑板轮是拆自滑轮鞋的铁轮,后来改造成合成塑料轮、PU 轮、精密轴承轮、高弹性聚酯材料、双弧边轮缘设计、坡道轮、街轮等。改善目标都是:减轻重量、更易操控、转弯更灵活、滑动速度更快、抓地附着性更好、吸收震动更好、重心更稳、弹性韧性更强。

不同的滑轮板,适用于不同的环境,如公园、草地、坚硬铺面、沥青道等;竞速比赛、花式表演等不同形式也有不同的材质款式的滑轮板。运动滑轮板大多是 4 个滑轮,转动灵活;但是现在也有 8 个滑轮的,附上防震的支架,可以在崎岖的地形、阶梯保持平稳。也有加手把的滑轮板,又称滑轮车,适合少年、儿童,更易于使用。

二、滑轮板配备描述

（1）滑轮：目前的滑板轮子大都采用石化材料聚氨酯制成，弹性好、耐磨损。轮子的外形影响到滑行效果，主要有轮径、接触宽度和侧边形状三个因素。大轮滑行比较快，小轮加速快，因为小轮启动时阻力小而大轮在同样转速时滑行速度较快。不同轮子的硬度适合不同的使用环境，一般轮子的里层为较硬的材质而出较软的材质构成其外层。

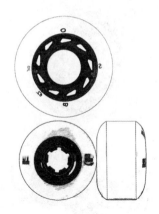

轮子越大速度越快，重量也加大；轮子越宽抓地性能越好；较小的板面配较小的轮子。

滑轮

直径 52~55 毫米的轮子适合较平滑的路面；直径 56~60 毫米的轮子，适合粗糙的路面；轮直径 60 毫米以上适合更粗糙的路面。通常加长板面的，适合山坡速降或粗面水泥地。

轮宽度超过 40 毫米的轮子属于宽轮，越宽的轮子抓地力越好，更平稳。低于 40 毫米的轮子属于窄轮，越窄的轮子，转动越灵活。

至于轮硬度，87A 型号适用于非常粗糙的地面或山坡面速降；95A 型号适用于普通粗糙的地面或街道；99A 型号适用于平滑的铺面、滑板场、溜冰场、游泳池；101A 型号最硬，抓地性能差，适合在光滑的地面竞速滑行。

轮轴承（Bearing）一般规格为 688ZZ，每颗轮子需要两个轴承；特性规格则以 ABEC 标示，代表轴承每分钟的转速，例如 ABEC-5 代表轴承每分钟可以转 5 000 转，这是最普遍的规格，ABEC-7 每分钟则可以转 7 000 转，当然价格更高，目前最高的规格是 ABEC-11。但是从一般户外运动娱乐而言，由于轮子很大，所以转速不必那么快，ABEC-5 已经很够用了。

滑轮板

（2）滑板（Board）

制作滑板的材料常见的有弹性、韧性强、耐撞击、磨耗的枫木合成板（七层或九层夹板）或类似木料，也有玻璃纤维、碳纤维等合成材料。滑板下方有金属轴板加固，预防意外折断；砂纸贴在滑板的表面上，增加滑板和鞋

滑轮板鞋，柔软灵活

滑轮板（陶瓷珠或钢珠轴承）

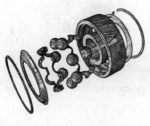

子的摩擦力。

宽的板重量比较重，但滑行平稳，花式动作着地也会比较稳，若做脚尖翻踢板或是臀跳脚运动，幅度就要特别大，也会比较吃力。窄的板重量比较轻，做臀跳（Ollie）就会比较容易。亚洲人的体型比较合适使用7.5寸到8寸（20.3厘米）左右的板，宽度大概比脚掌窄8~10厘米，宽度越大越稳。

（3）轮架组（Truck Set）：轮架由基座（base plate）与轮架（truck）组成，并由主螺丝（kingpin）配合避震组件结合在一起。轮架的宽度越窄，在转弯时灵敏度就越高，但在街上滑行时的稳定度就越低。滑板与轮架中间有塑料垫片，避免板子与轮子之间的直接摩擦，还有避震的功能。

（4）护具：滑板摔倒是常有的事，尤其对于初学者，故务必做好防护措施。滑滑板时应穿鞋袜、护肘、护膝、安全帽，减少碰撞伤害。

三、滑轮板运动技巧

（1）滑行：将前脚放置于板身前段二分之一处，后脚踩踏撑地推进，身体重心放前，滑板即可向前滑行。

（2）转弯：有两种转弯方法。第一种是将撑地的那只脚收回置于板尾翘起处，施加压力，令板身前端微微翘起，再利用身体腰力做适当角度大小旋转，即可转弯。这种方法只适用于滑板速度较慢的时候。第二种方法最常见、也是最方便的。当在滑行时，把身体重心稍微往身体面对的方向倾斜，或往背部面对的方向倾斜，也可以到达转弯的效果。

（3）停止：将用力的那只脚伸放到地面，用鞋子摩擦地面即可停止。紧急情况时可以直接从板上跳下来。

（4）滑板花式动作：如行进中臀跳（Ollie）、脚尖翻板（Kick flip）、脚跟翻板（Heel flip）、后转180°（Back Side 180°）、前转180°（Front Side 180°）、原地起跃（Pop Shuvit）、斜坡下滑（Drop in）、后脚重心下滑（Back Side Board Slide）、前脚重心下滑（Front Side Board Slide）、前倾平衡（Front Side 50-50 Grind）、后仰

滑轮板（枫木板，碳纤板）

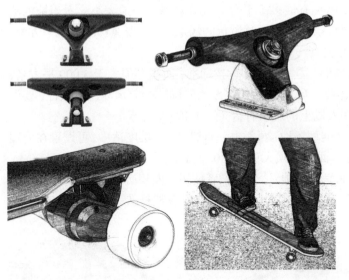

原地起跃

（来源：i.ytimg.com/vi/C4bfqh-hvP1Y/Skateboarding Trick Tips-YouTube）

臀跳动作

后转 180°

斜坡下滑

翻板动作

平衡（Back Side 50-50 Grind）。

四、滑轮板场地规划

风景游憩区、大型公园都可以规划滑轮板、滑轮鞋、自行车专用活动场地，称为滑板场、U 池。冬季游泳池放干，也可提供给滑轮板、滑轮鞋活动使用。容易暴雨淹水的城市公园或河滨公园也可规划多处滑板场兼作为滞洪池使用。

（1）场地配置：国外滑板场（skateboard park plan）非常多。大多是中央内凹的大碗，周边圆弧坡面的溜冰池，内凹槽底是平的，周边凹槽顶也是平的。凹槽不一定是矩形、圆形，也可以是大小、形状不等的几何形。

比较大的场地,中央有许多个平台岛或分隔墙。场地大小要看当地的活动同好人口,要提供100人同时游玩的场地,大约要(100×25)平方米,才能减少碰撞冲突。

大型A级场地:需符合国际竞技标准,面积必须大于5 000平方米,才可举办大型比赛。启用前应申请A.X.F.国际极限运动总会认证,要设置能容纳1 000人以上的观众看台(约1 400平方米)。

中型B级标准型场地:可举办一般性比赛,难度适中,可设置在公园或风景旅游区内,面积必须大于2 500平方米。

小型C级简易型场地:适合初学者使用。面积必须大于200平方米,周边平台与池底高差不超过160厘米,并且有栏杆扶手等安全设施。

滑轮板场地参考图(与滑轮鞋场地通用)

（2）基础构造：可以耐久的 RC 地梁构造，夯卵石、级配或砌砖砂浆地盘，但是需要设计伸缩接缝与下渗排水装置。

（3）表面材质：厚度要大于 6 毫米，并且抗拉强度需大于 1 080 kgf/cm^2，抗压强度厚度需大于 1 950 kgf/cm^2，冲击强度需大于 4.15 kgf/cm^2，吸水性需小于 0.85%……中层面材厚度 9 毫米夹板，需做防腐处理；底层面材厚度 1.2 毫米钢板，需做防锈处理。

户外可以使用硬质铺面，混凝土表层粉光最常见，但是大面积水泥面在绿地公园中视觉景观不好，最好能加彩色、加涂耐磨面层或贴合成塑料皮。如果贴马赛克或瓷砖，对于滑板有震动磨耗的副作用，不是特别合适。

2.17　滑冰（Ice Skating）

一、滑冰活动特性

寒冷地区的冬季，湖塘江河表面都会结冰，在冰表面上快速移动又不滑倒，就要借助木条或金属条，固定在鞋底滑动。滑冰是利用四肢摆动、身躯重心移动、平衡、快速反应等技巧，有翻转、旋转、跳跃、飞舞、快速前进等花样，能竞技，能竞速的运动游憩项目。使用滑轮鞋在光滑的地面上前进的运动称为"滑旱冰"。

双人滑冰（图片来源：永续社）

在冬季奥林匹克运动会中，滑冰为一个单独大项，下设竞速类的短道速滑、竞速滑冰和表演类的花式滑冰 3 个分项。

（1）短跑道竞速滑冰。又称快速滑冰，它类似于田径上的赛跑运动，参赛选手只有起跑时有指定位置，过程中不指定个别跑道，所以短道竞速滑冰是比较讲究战术的，内外道超越的现象经常出现，因此选手之间的身体接触较多，互相干扰也很常见。每次比赛时，一般以 4~6 位运动员为一组，在相当于宽度 30 米、长度 60 米国际标准冰球场内，沿着周长 111.12 米椭圆形赛道滑行。运动员需要在起点中以逆时针方向到达终点，在初赛中两位最先到达终点的运动员晋级，在多轮的淘汰赛后，最后四位运动员进行决赛，最早到达终点的运动员为优胜者。在比赛过程中，运动员可随时越过对手，但采用不法手段，如故意推挤、偷跑、滑出跑道等都会被

滑冰竞速

取消比赛资格。另外在接力赛中,每队有4位运动员,运动员不可故意推挤其他对手、偷跑、滑出跑道、非法超越、无故慢下来、超越接棒区,如有违规行为会被取消比赛资格。5 000米接力赛中,4位运动员合共滑行45圈,而在3 000米接力赛中,合共滑行27圈。在1 500米的赛事中为13.5圈、1 000米为9圈,500米只需4.5圈。

(2)竞速滑冰。是冬季奥运必有的比赛项目,规则为2人一组,在总长400米的跑道上逆时针方向滑行,内外跑道安排和出发顺序抽签决定,每圈过后2人在交换区内交换内外道,确保总滑行距离相同,率先抵达终点者获胜。选手若抢跑两次,会被取消比赛资格。同样会被判失格的还有滑出跑道,每圈结束后没有换道,以及换道时干扰对手等行为。若选手被干扰后受伤,可站起来继续投入比赛,情节严重者可申请重赛,两次比赛中取成绩较好的一次,若在终点线附近摔倒也是相同原则。

(3)花式滑冰。即是在冰上进行跳跃、旋转,展现人类完美肢体的艺术。可分为单人花式滑冰、双人花式滑冰以及双人冰舞三大项目。

休闲滑冰

单人及双人规定花式项目又称为"短曲",参赛者必须于时间限制之内完成所有规定动作。自选花式项目又称为"长曲",参赛选手的表演服装并无任何限制,可由参赛选手自由发挥。

①单人花式:花式指定动作的规定短曲,包括跳跃、旋转和连接步,及自由花式长曲。有八个等级的难度,从初级到第八级,而且必须循序通过每一项检定测验。

②双人花式难度高,动作必须平衡良好,男女舞步的动作整体协调、难易相当,并且要包含单人动作和双人动作的旋转、跳跃、飞燕、举人、抛跳等,必须连接顺畅,更要以艺术的方式诠释所选的音乐。

滑冰曲棍球

③双人冰舞:包含指定舞型、创意冰舞及自由冰舞等三种。男女舞者必须有相当好的默契与功力,注意踩刃技巧、姿势与身体线条,举手投足、摆头、甩腿、踢腿、小撑举、小旋转等均要流畅,配合节奏且要能诠释乐曲,充分表现创意及艺术美感。

二、滑冰配备

（1）滑冰鞋：在早期，冰刀是用皮条绑在脚上的。后来，冰刀就夹在鞋上或用带子捆扎在鞋上。现代冰鞋的冰刀则是永久性地固定在冰鞋上的。滑冰运动分为花式滑冰、冰球和速度滑冰，因此根据不同的运动，冰鞋应该配备不同的冰刀。

竞速滑冰鞋

①花式冰刀鞋。刀鞋前面有突出的钢齿，滑动的原理和走步一样。滑冰动作难度大，对稳定性要求较高，因此鞋腰要硬而且高以保护踝关节，刃较宽中间有沟槽，刀体有弧度，以便于转弯做旋转和步法等。花式冰刀为单刃，刀长配合鞋长，刀身的纵断面微曲，刀刃前端有三厘米左右的锯齿，作为紧急停顿用途，以便于起跳、落下、旋转的制动。初学滑冰的人一般多选用花式滑冰鞋。

②冰舞冰刀鞋。专为冰上芭蕾舞设计的冰刀鞋，结构上与花式刀大致相同，只有尾部比较短。

③图形冰刀鞋。配合路径图形等级鉴定比赛的冰刀鞋。花式选手为求基本功夫的扎实，加强平衡感，仍需苦练基本图形。早期国际滑冰联盟规定了四十一种图形，依难易不同，分为八个等级。后来图形竞赛从正式比赛中取消，但仍保留一般的等级检定与比赛。

花式滑冰鞋，前面有锯齿刹车

④曲棍球冰刀鞋。打冰上曲棍球用的冰刀，刀刃光滑，比较短，便于灵活急转弯。冰球项目对抗性很强，要求具备良好的保护措施，因此，冰球鞋的鞋头很硬，鞋腰较高，鞋帮很厚，冰鞋刀的刀体很短，具有较大弧度以便于滑冰者在冰面上灵活地移动及改变滑行方向等。

⑤竞速冰刀鞋。比一般的冰刀鞋长，主要特点是速度快，刀体很长，刀刃窄而且平，蹬冰面积大，摩擦阻力小，鞋腰矮以便于降低身体重心，减小空气阻力。

（2）服装与护具：一般休闲运动的服装与滑雪类同，必须能户外御寒、防冻伤、保护肢体、防雪眩及紫外线等伤害。但是竞速赛或花式表演大多在无风的地区或室内举行，讲求轻便及美观，花式溜冰表演大多穿着美丽的芭蕾舞服装。

曲棍球滑冰鞋，前后圆滑

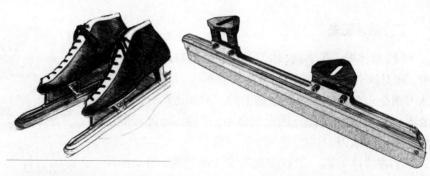

竞速滑冰鞋与长冰刀

三、滑冰技巧

（1）V形走步

先以V形站姿站好（两脚张开成V字形与肩同宽约45°，采取这个方式站立时冰刀鞋不会滑动）。

身体微向左倾，重心慢慢转移至左脚；身体稍向前倾，右脚向前抬起；右脚放下踏稳，重心转至右脚；左右脚交互向前抬起，平稳放下，借此熟悉重心转移的感觉。

（2）跌倒起立

前溜时如果停不下来，不要慌，双手先伸到胸前。

膝盖下蹲。

先下膝盖着地（护膝可以保护）。

手指张开，平贴在地上。由于着地后身体仍会向前冲，因此双手在胸前准备前撑。

待俯冲的力量被抵消掉后，双手将身体撑起。

右脚蹲起，成单脚跪姿，双手平压在右脚膝盖上。

双手用力下压将身体撑起，以V形站姿起立。

（3）前溜

前进时脚呈外八字，右脚前进时，右脚稍稍压外刃，左脚则稍稍压内刃，右脚用力滑出去，左脚用力推，重心稍微移往右前方，然后让右脚滑行一阵子。

再换左脚（重心要拉回来，推出去左脚后要并拢回来，再将重心放到左脚上），持续动作。

要讲求姿势优雅，挺胸、收腹、提臀等。

（4）转弯

行进时，左脚前右脚后，而手平举，上半身（从腰部以上）面向圆心，还要压刃。

重心在左脚并压外刃，右脚可以自然地推刃，就可以画出优美的弧线了。

（5）停刹

前溜时两脚不动保持滑行时，两脚是一前一后姿势。

把后面的那一脚轻轻地抬离地面，脚掌转90°。

将转90°的后脚往地上放，让冰鞋刃与冰面摩擦减速。

慢慢地停刹，此时重心要放在前脚，膝盖微微弯曲。

（6）前滑转后滑

可以转180°来完成，或者是用较简单的方式。前进时双腿一前一后，把两脚的脚跟轻轻抬离地面。以脚尖为轴，顺势将身体转180°。

或者是先以右脚为重心，将左脚转180°，再将右脚转180°（转向时，双脚尽量不要开太大，要保持平行）。

四、滑冰场地规划

（1）竞赛场地为求公平，场地规范严格，有长宽、弯曲半径等要求，也有配属的参观席、选手休息区、办公室等设施。

（2）户外休闲滑冰场，只要是天然的结冰场地都可利用，但是主管单位仍要在用户多的据点设置休憩、救护、交通、更衣、卫生等设施。

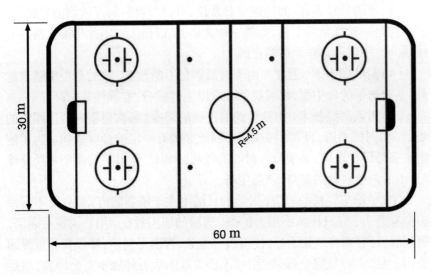

滑冰曲棍球场

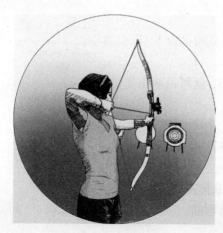

射箭（图片来源：永续社）

2.18 射箭（Archery）

一、射箭活动特性

射箭，是中国古代的"六艺"项目，目前是世界各国都很普及的运动游憩项目，也被列为奥运会正式比赛项目之一，有详细及公平的规则。无论是比赛训练射箭或休闲运动射箭都必须了解弓箭的特性。

（1）箭的速度：一般运动休闲射箭或比赛射箭，箭离开弓弦的初速度为每秒40~60米，相当于时速200公里的子弹列车。箭的初速度与弓的磅数成正比，磅数越高的箭离弦后的初速度越快。目前一般国际射箭比赛射靶赛男选手所使用的弓大约为45~55磅。箭的初速度越快越不易受风雨的影响。对于初学者，应尽量选用磅数低的弓来练习，这样才能学会操作弓箭的技巧，等到技术熟练定型后，再换磅数比较高的弓。

（2）箭的飞行距离：一般运动休闲的射箭，箭的飞行距离大约为200~300米；射远比赛所使用的弓最远能射800~900米。因此每一位射手在射箭时都必须特别注意射箭安全守则。

（3）箭的贯穿力：箭的初速度非常快，可以很容易射穿铁制的平底锅。它不但是一种打猎的工具，也是一种武器，足以伤人。因此将箭头指向人或是向空中射箭都是严厉禁止的。

（4）箭的命中率：近年来由于射箭器材不断改良，箭的命中率越来越高，专业选手的命中率，都可高达九成以上的满分，准确性非常高。

（5）射箭高级技术：引弦后经由正确的瞄准，每次射箭时要用固定的姿势、相同的力道，使箭射中靶标，因此必须有一定的经验累积。为了使射箭姿势尽量正确，必须学习射箭的技巧、知识。学习后按照姿势反复练习，不断调整自己的姿势，熟能生巧。

（6）平稳与轻松的射箭：射箭的目的不在于增强肌肉，拉弦时不可使出全身之力，应只让两手用力扩张，肩膀的肌肉放松，用心灵挽弓射箭。吸气后，轻轻地将气往下压，使得腹部绷紧，再引弓射箭，呼气要尽量慢而稳，而且要一口气完全呼完；引弓手轻柔地向后方伸展至完全伸直，然后松弦。

（7）国际射箭比赛中有射准比赛、射远比赛、室内比赛、野外比赛、环靶射比赛等多种。比赛方法和规则均不相同，多数采取在不同距离内射中箭靶的环数计算成绩。

二、射箭设备需求

（1）弓（Bow）：弓要求坚固又有弹性，长约1.2米，可配合体型订做。弓的主体为弯韧度强、质地密实的硬木，或铁、铝合金、玻璃纤维等现代材料；弓的内侧用牛羊角片强化，长约0.5米；弓的外侧（手握部）用牛腱制作，加强弹性弯韧度；传统制作使用动物胶、鱼膘黏合，近年来使用化学合成胶黏合。

射箭姿势（水平与垂直线）

弓柄中部宽约5厘米，两端渐窄，直至1.5厘米。在距离柄尾约1.25厘米处刻上凹槽，以便固定弓弦，称为"弓弰"。制作弓弦的材料有生牛皮筋、聚合纤维、金属钢丝。国际射箭总会认可的比赛弓具共分为反曲弓、复合弓、裸弓、英式长弓四种。

现代比赛用的弓也都附有瞄准器、箭台、安定杆等附属配备。

①传统弓、反曲弓（Recurve Bow）

反曲弓也就是传统弓，与其他弓的区别在于上弦的反曲弓的弓弦与其弓臂有所接触，一把未上弓弦的反曲弓弓臂末端向外弯曲。传统直身的长弓会引起"层递"效应，弓拉得越开，拉弓所需的力越大；但是反曲弓与直臂弓相比，可储存更多能量，使得射出的箭有更强的动能，因此反曲弓可以比普通的长弓造得更短。虽然反曲弓的弓臂能使弓承受更大的拉力，但射出箭时会产生更大的噪音，如果反曲的程度过甚，会使弓上弦后变得不稳定。

反曲弓

②现代复合弓（Compound Bow）

复合弓由传统弓改良而成，使用现代的科学原理设计，在弓的设计中加入滑轮来弯曲弓臂。复合弓的弓臂比传统弓的弓臂更硬实，坚硬的弓臂使复合弓的能量更为强大。但是复合弓引弓的难度比其他弓更困难。复合弓的弓弦跨过上下弓臂的滑轮，另有一至多条索线附在滑轮。引弓时弓弦带动滑轮，滑轮带动索线，索线增

现代复合弓（护弦杆与瞄准器）

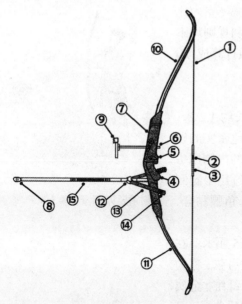

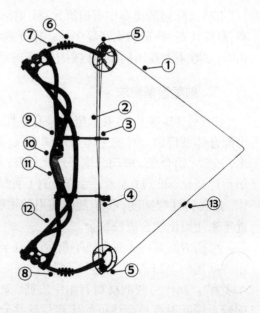

传统反曲弓说明（来源：永续社）

①弓弦；②搭箭点；③护弦绳；④握把；⑤置箭座；⑥弓身；⑦弓窗；⑧配重块；⑨瞄准器；⑩上弓臂；⑪下弓臂；⑫V接头；⑬左右平衡杆；⑭配重块（平衡）；⑮安定杆

现代复合弓说明

①弓弦；②护弦绳；③护弦杆；④稳定杆；⑤上滑轮（离心滑轮、凸轮）；⑥减震胶片；⑦上下弓臂；⑧减震胶片；⑨拉伸力调整纽；⑩搭箭台；⑪握把；⑫弓身；⑬消音球

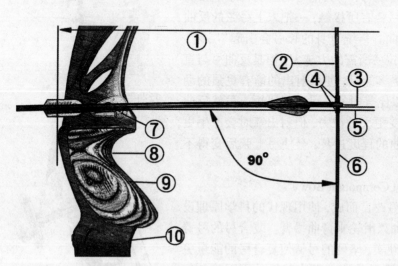

①拉弦长与弓宽量测点
②弓弦
③扣箭点
④箭尾扣定位环
⑤箭尾扣高度可调整
⑥弓弦保护膜
⑦搭箭座
⑧中枢点
⑨握把
⑩弓身

传统反曲弓箭座与搭弦关系

大对弓臂的施力，借以储存能量。因为复合弓特殊的杠杆系统，使引弓初期需要较大的力量，但在定位时所需的力量较小。复合弓对于温度和湿度的敏感度较小，和其他的弓比较起来，有较高的精准度和速度，能到达较远的距离。

（2）箭：最常见的箭是由箭镞（箭头）、箭身（箭杆）、箭羽以及箭尾组成。箭通常用箭袋携带。比赛用箭的箭杆用竹、木、铝合金、玻璃纤维等材料制作，长约 70 厘米，直径不得超过 9.3 厘米；箭头的最大直径为 9.4 毫米。选手在同一场比赛中所使用的箭的样式、箭尾、箭羽颜色必须一致，并标上自己的姓名和队伍。箭镞大多为金属制作，箭尾、箭羽可以大幅提高穿透力和稳定性。旋转羽片转速较快，因此箭速会较快，弹道较低，风的影响力减小。

（3）箭靶：射箭比赛所用箭靶一般有方形和圆形两种。箭靶用稻草加麻布或其他适合的材料制作。箭靶的边长和直径不得少于 124 厘米，厚度一般在 15~25 厘米。箭靶要求结实耐用，坚硬适度，使箭既易射入不受损又不易穿透或反弹、脱落。

奥运会排名赛场地一般设 22 个箭靶，宽度在 150 米左右，男、女分开进行排名赛。淘汰赛与决赛就只设置 4 及 2 个箭靶。

靶架：支撑箭靶的架子称为靶架，用木料或竹料制成，要求坚固，但不能对箭造成损伤。靶架斜放在终点线处，与地面垂直线的夹角约 10~15°。各环靶中心的高度距地面 130 厘米，应在一条直线上。

靶环：靶环为圆形，直径 122 厘米，自中心向外分别为黄色、红色、浅蓝色、黑色和白色五个等宽同心圆色区。每一色区由一条细线分为两个同色的等宽区，这样就构成了 10 个等宽的环区，10 环区内有一个中心环线，称为内 10 环，用于评定一些环数相同的名次。分区环线划在高环区内。最外面的白色区外缘线，划在记分区内。线宽均不得超过 2 毫米。靶环中心用黑点符号标出，称为针孔。靶环可用纸、布或其他适当的材料制作。

箭靶周边还有靶架、靶钉、挡箭网等相关设备。

（4）护具：射箭手在射箭时通常会佩戴护臂来保护手

①箭头；②箭杆；③箭纹饰
④签名；⑤箭羽；⑥箭尾扣

箭构造说明
（图片来源：作者自绘）

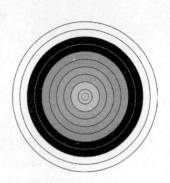

标准射箭靶纸

箭尾凹扣

臂内侧,并避免袖子和弓弦的摩擦。为了保护扣弦的手指,可配载片状或环状的护指,也有手套式的护指,多为皮革材质。

①护臂:射箭手在射箭时通常会佩戴护臂来保护手臂内侧,并避免袖子和弓弦摩擦。

②护指:为了保护扣弦的手指,可佩戴片状或环状的护指,也有手套式的护指,多为皮革材质。清朝八旗兵士通常用扳指。

三、射箭行动准则

(1)搭箭手式

搭箭的手式主要有两种。一种是地中海式,主要流行于西方使用单体弓的区域。这种方式,是用食指、中指和无名指勾住弓弦,右手勾弦,箭杆在弓弣左侧。第二种是蒙古式,主要流行于普遍使用复合弓的东方世界。这种方式,是以拇指勾弦,用食指和中指压住拇指,右手勾弦,箭杆在弓弣右侧。使用蒙古式拉弦法,必须在拇指上套上指环,中国古称"韘",后世称为"扳指"。韘一般用玉、骨或皮革制成。

(2)射箭术

拉弓搭箭时,弓部中央应与视线平行。左手握弓,右手扶箭,沿水平方向朝后拉满弦,然后释放——箭会自由急速飞出,射向目标。弓套里多装几枚箭,可以快速连发。

(3)防止被箭磨伤

许多射手发现,箭在飞离弓弦时,常会磨伤脸颊和手部的皮肤。因此脸颊部可用头巾或其他布料遮挡,手腕部可带上皮革护套。

四、射箭的基本技巧

因为每个人的脸型、体型不同,所以每个人的最佳射姿略有不同,可以请教专业教练调整指导。为做好扎实的基本动作训练,在使用正式的弓进行练习前,可先多看比赛选手的射箭短片,并先进行徒手练习和用橡皮筋练习器练习。

(1)站姿:射箭的基本站姿有平行式、开放式(右脚比左脚稍前)和闭锁式（右脚较左脚向后）三种。重心过于前倾或后倾都会失去平衡。

　　站立时双脚跨越发射线，并与发射线平行（平行式站姿）或两脚略呈45°角（开放式站姿）；双脚微张开至两肩的宽度，把身体的重心平均地放在两脚之间；收紧腹部，使身体保持直立；重心置于两脚中间；头部自然转向目标方向。

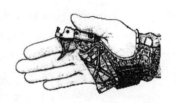

放箭扳机辅具

　　（2）握弓：握弓的方式有高位法和低位法两种。

　　高位法：用虎口推住握弓处，手和前臂形成一条直线，手指自然下垂。

　　低位法：弓握把处和手掌虎口至鱼际处接触。

　　（3）搭箭

　　箭有三片羽片，其中一片为主羽，另外两片为副羽。搭箭时，主羽与弦成直角。

拉弦手势

　　旋转羽片转速较快，因此箭速会较快，弹道较低，风对箭的影响力减小。旋转羽片在搭箭时，无主、副羽片之分，只要在箭经过弓身时不碰触弓身或其他器材而影响到箭的飞行，任何搭法皆可。

　　搭箭的原则是避免羽片因碰触弓具，而影响飞行路径，因此搭箭时应使用固定的角度搭箭。

　　（4）扣弦与举弓

　　地中海式：三只手指扣弦；食指在箭的上方，中指和无名指在箭的下方，拇指及尾指自然弯曲，或大拇指轻搭在小指上。箭位于食指和中指中间。切勿用手指夹箭。

　　蒙古式：左手持弓者，举弓时，左臂将弓撑起，左臂

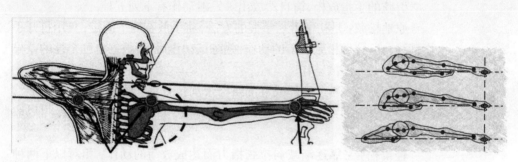

握弓、扣弦、拉弦成一直线（来源：箭术之书）

伸直,肩膀下沉,手肘内侧转向右侧,右肘夹紧,略高于肩,推弓手和引弦手形成反向对称的力量。

现代弓:在现代弓(现代反曲弓、复合弓)的举弓动作中,弓垂直于地面,箭几乎为水平于地面。

(5)引弦与定位

引弦至定位点:脸颊定位,将弦拉到唇角侧边;下巴定位,将弦拉到下巴中线处。

拉弓手肘保持在箭的上方,肘部夹紧,利用后背肌的力量。前肩下沉,保持前手稳定。

张弓时身体(背部)不断伸展,利用前肩胛骨(前背肌)把弓推向目标方向,后肩胛骨(后背肌)带动拉弓手肘向后拉至定位的位置,过程为直线移动,两肩向水平两边平均施力。

张弓后上半身成十字形。

(6)瞄准

瞄准可在举弓时进行瞄准,称为预瞄,或是在引弦至定位后,固定姿势再进行瞄准。前者动作较为连贯快速,但稳定性不高的人容易发生失误。后者稳定性较高,但因耗时较长,消耗的体力也较多。

瞄准时,是利用和引弦手同侧的眼睛进行瞄准,对右撇子而言,是利用右眼的余光看到弦影与准心和靶心对齐。

弦内瞄准:弓弦右侧对准准星左侧,和靶心连成一线。

弦外瞄准:弓弦左侧对齐准星右侧(或弓身上一点)和靶心连成一线。

瞄准到释放的时间约为2~4秒,在这个过程中会由不稳定渐渐进入相对稳定的状态。如果瞄准时间过长,则会进入另一个不稳定的阶段。此时最好收回动作,重新再来。

(7)放箭

引弦的手指放松,箭自然放出。发射动作有下列五种。

原地松弦:是初学者易掌握的方法,将手放在颚下固定,只用打开手指稍微向后拉做松弦放箭的动作,熟练该动作后,再根据自己个性的差异来选择松弦放箭的动作。

滑行松弦:通过肩部或背部肌肉带动拉弦手,顺着箭的延长线继续延伸同时发射的方法,许多选手使用该方法,如果能够正确使用,可以取得很好的成绩。

轻柔松弦:靠逐渐减弱拉弦指力而达成放箭的动作,相对以下两种放箭方法比较稳定,但不能充分使用背肌,只能是原地松弦的过渡动作。

回拉松弦：拉弦的手抵不过弓弦的力量被回拉，是常见的发射失误动作。

离颚松弦：勾弦的手指、手指关节及手背用力过度，无法自然松弦，而且箭向外弹出时，射手会感觉弦被手指勾了一下，从外观上会看见放箭后松弦手移动轨迹脱离了弓箭平面。

（8）余姿（延续动作）

余姿是放箭后的延续动作，换言之，放箭前至放箭后的一系列动作，包括用力强度、方向、前后用力的平衡性、手指的移动、手肘的移动轨迹等。分析余姿可以找到很多技术上的缺憾从而进行针对性改良。

一般余姿在放箭后持续约 3~5 秒，在确认箭已到靶后，才把双手放下预备下一箭。故常见选手放箭后像是有短暂的定格，这种定格其实就是要感觉并内在回馈这一箭的技术质量。

五、射箭场地规划准则

（1）射箭运动是静态体育运动，需要安静的环境，强风区、多雨区不宜开展射箭运动。

（2）为了减小风速对射箭的影响，通常在射箭场地四周密植数排防风林，射箭场规格为 130（平方米）×200（平方米），发射方向为由南向北，可以避免阳光过于刺眼。

射箭场规划布置参考图（来源：MileSq-archery-Norma-650）

(3)场地内种植天然草坪,场地南边设置休息长廊及具有服务功能建筑物。

(4)户外草地规划射箭场可以参考奥运比赛规定,设 22 个箭靶,宽度在 150 米左右。另外提供一定数量的热身练习箭靶场。

(5)射箭场地上应设置红、绿、黄三种颜色的信号灯,同时还有倒计时的数字钟。这种装置的正式名称为定时器信号灯、定时器或信号灯。根据比赛赛制和比赛阶段的需要,定时器或放在赛场的两边,或放在运动员的前面。

2.19 射击(Shooting)

一、射击活动特性

射击运动(图片来源:永续社)

射击运动被列为奥运会比赛的重要项目。野外飞碟靶射击(UFO Shooting)、狩猎射击(Safari),向来是重要的户外运动项目。但是枪支弹药也切实影响到社会治安,因此许多国家或地区都对于射击运动有多重管制。在自然野外区,发展射击运动都必须特别划定一个场地,确保流弹对场外产生最少的伤害,减少射击噪音对邻近小区的影响。

"射击"是一种智能型、技艺性的运动,不受体型和年龄的限制,讲求协调性和动作一致性,以平静、稳定、准确制胜。国际射击总会(ISSF,International Shooting Sport Federation)是目前规模最大的跨国射击运动社团,推广正式场地射击比赛活动;另外有国际实用射击联盟(IPSC,International Practical Shooting Confederation),推广模拟现实情形下使用枪支的比赛,也就是在野外用多种枪支限时射击飞碟靶、移动靶,要求打得准,并且要反应快、打得快,受到普遍的欢迎。

虽然实用射击的比赛形式相比传统射击比赛有一定的危险性,但是增加了许多乐趣,而且许多参赛者认为这样的训练和比赛形式有利于真实的环境,因此在短短几年间就吸引了许多爱好者参与。1976年实用射击运动的国际实用射击联盟(IPSC)成立,举办手枪、步枪、霰弹枪射击等多种形式的比赛。

奥运会的射击运动经过多次调整,可分为步枪射击、手枪射击、移动靶射击、活动靶射击四大类。各种类型又按枪支的规格、射击姿态、方法和目标有不同分级。通常一场比赛，男子项目为60发子弹、女子为40发子弹。射击越近靶心得分越高，击中靶心为10.9分。男子满分为654分、女子为436分，以得分最高者为优胜。

步枪卧姿

（1）步枪射击（Rifle）：步枪射击属于慢射性质的项目，射击目标小，精度要求高，比赛时间长，比赛规则只限制射击总时间，无单发时间要求；射击时要求射手在不对称、不自然的姿势条件下，保持静止，是一项技能性很强的运动项目。步枪射击包含气步枪、步枪卧射、步枪三姿；比赛选手使用的子弹直径不超过8毫米，使用的步枪总重量不超过5.5千克。

（2）气步枪（Air Rifle）：射击手在指定距离采用立姿射击，男子在105分钟内射击60发子弹，女子在75分钟内射击40发子弹。正式记分开始前，允许进行不限定子弹数量的试射。

步枪立姿

（3）步枪卧姿：在步枪三种射击姿势中，卧姿是最容易学习和掌握的一种姿势。卧姿射击预备是在身体比较稳定的条件下进行的，射击手的两肘支撑在地上，卧姿所构成的支撑面比立姿和跪姿要大，由枪支与身体结合组成的总重心位置低，从而为射击提供了良好的稳定性。50米步枪卧姿比赛需在75分钟内发射60发子弹。

（4）步枪三姿：射击手须严格按三种姿势的顺序（卧姿、立姿和跪姿），向距离300米的靶射击（男子40发子弹，女子20发子弹）。对于男射击手，每种姿势的射击必须在限定时间内完成，卧姿在45分钟内，立姿在75分钟内，跪姿在60分钟内；而对于女射击手，则只要求在135分钟的规定时间内完成三种姿势的射击。

步枪跪姿

（5）手枪射击（Pistol）：包含气手枪、手枪速射、手枪慢射。手枪项目取立姿，无依托。单臂持枪，支撑面小，稳定性差是其共同特点。男子手枪慢射、气手枪、手枪速射和女子2项为奥运会项目。

（6）移动靶射击（Moving Target）：移动靶射击就是射击在陆地平面上跑的猎物，包含50米小口径移动靶、10米气枪移动靶、快速移动靶、慢速移动靶、混合移动

步枪坐姿

（参考改绘来源：www.issf-sports.org/academy/training-academy/e_learning/rifle、法国视觉百科全书）

靶。对与射击地线平行方向的移动目标在限定的时间内（快速2.5秒，慢速5秒）和区域内（2米或10米）进行跟踪射击。每发射击之间只有短暂的间隔供射击手分析、判断和准备。射击一开始，就必须连续射完规定的弹数，不得中断。因此，射击手必须思维敏捷、反应迅速，具备准确的判断能力和心理自控能力。

（7）活动靶射击（Shotgun）：活动靶射击就是射击空中飞行的猎物，包含多向飞碟靶（UFO）、双向飞碟靶、双多向飞碟靶等。多向飞碟比赛的射程一般为15米，6个射手在五个射击地点循环比赛。靶壕内装有15台抛靶机，每3台为一组，分别有3个抛靶方向。双向飞碟比赛，共有8个射击位置，7个平均分布在半圆形的圆弧上，而其中的一个在圆心。飞碟项目所用的碟靶都是用石灰石、沥青等制成的，直径一般为10厘米。

飞碟靶多向射击时，碟靶飞行的最远距离为75米，飞行速度一般为80千米/小时，飞行时间4~5秒，散弹最佳命中距离在35米以内。因此，射手必须在碟靶飞出靶壕15~20米内完成击发，即要求射手必须在0.4~0.6秒内完成运枪、瞄准、击发等一系列动作，动作必须迅速、反应必须要快。并且碟靶在一定范围内向不同方向（包括不同角度和高度）飞行，并且碟靶的飞行高度与抛射角度都不一样，子弹使用重24克装有约270粒铅丸的散弹，发射后依靠散布面的任何一部分弹丸命中目标。因此，只能是概略瞄准目标。

二、射击运动设备需求

（1）步枪（Rifle）：步枪分为气步枪、小口径步枪和猎枪三种。气步枪用于10米项目；小口径步枪用于50米项目；猎枪用于飞碟项目。参赛的步枪必须符合国际"标准步枪"的定义要求，一般都是小口径，0.22是口径的上限，而一般比赛的统一口径为0.177。子弹都是铅制的。只可使用金属瞄准器，不允许使用光学瞄准镜。几乎所有参赛者都使用小孔径瞄准器。

（2）猎枪（Shotgun）：飞碟比赛中，射手们可使用口径不超过0.12的双管猎枪。由于多向飞碟项目的射程更远，为确保远距离射击的准确性，这些项目的枪管应该更长，枪管范围为76~81厘米。一般双向飞碟用枪的枪管长度为66~71厘米。

（3）手枪（Pistol）：手枪分为气手枪和小口径手枪。气手枪用于10米项目，而小口径手枪用于25米和50米项目。比赛用手枪有严格的规定。手枪速射枪管口径一般为0.22毫米，重量不超过1 260克。女子25米手枪慢射使用的武器是0.22口径的弹膛，而且装满子弹后总重量不能超过

Ch.2 陆域运动旅游 (Land Recreation)

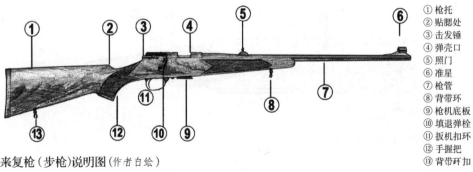

① 枪托
② 贴腮处
③ 击发锤
④ 弹壳口
⑤ 照门
⑥ 准星
⑦ 枪管
⑧ 背带环
⑨ 枪机底板
⑩ 填退弹栓
⑪ 扳机扣环
⑫ 手握把
⑬ 背带环扣

来复枪（步枪）说明图（作者自绘）

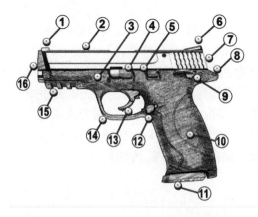

① 准星　　⑥ 照门　　⑪ 弹匣底板
② 滑套　　⑦ 击锤　　⑫ 弹匣卡榫
③ 枪体（编号）⑧ 握脊　⑬ 扳机扣
④ 滑套卡榫　⑨ 手动保险　⑭ 扳机护弓
⑤ 分解闩　⑩ 握把　　⑮ 复进弹簧杆

手枪外观部位图（作者自绘）

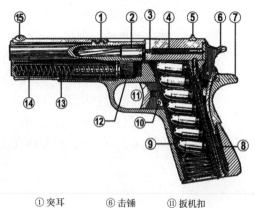

① 突耳　　⑥ 击锤　　⑪ 扳机扣
② 枪膛　　⑦ 握脊保险　⑫ 凸轮连杆
③ 撞针　　⑧ 击锤弹簧　⑬ 复进弹簧
④ 撞针弹簧　⑨ 弹匣　　⑭ 枪管
⑤ 照门　　⑩ 弹匣卡榫　⑮ 准星

手枪内部构造图
（改绘自：www.pointshooting.com/free1911）

1 400克，枪管不能超过153厘米。自选手枪项目不限重量与枪管长度，只要满足口径规格即可。

（4）标靶（Target）：步枪和手枪射击比赛都使用电子靶。靶纸上画有10个同心圆，最里面的为10环。步枪和手枪的射程一般为10米和50米（男子25米手枪速射和女子25米手枪速射除外，其射程都是25米）。

（5）子弹（Bullet）：用于10米项目的手枪和步枪子弹为4.5毫米；25米和50米项目为5.6毫米。对于飞碟项目，通常使用12号猎枪弹，弹丸的装填量不得超过

左轮手枪

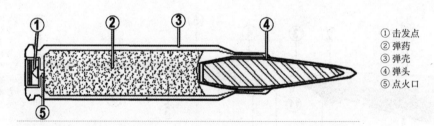

步枪子弹说明图(作者自绘)

① 击发点
② 弹药
③ 弹壳
④ 弹头
⑤ 点火口

24.5 克。

运动枪也称为竞赛枪,它的种类较多,一般包括运动手枪、运动步枪和运动猎枪。现代运动枪按结构性能,可以分为滑膛枪和线膛枪,单发枪和带弹仓的枪,非自动枪和自动枪。按使用要求,可分为比赛枪和教练枪。按枪管的长短,又可分为长枪管(统称为步枪)和短枪管(统称为手枪)。

猎枪包括滑膛猎枪、线膛猎枪和混合式猎枪三种。混合式猎枪为双管(一根是线膛枪管,一根是滑膛枪管)或三管。双管猎枪又分为立式(枪管竖向上下排列)和并列式(枪管横向左右排列)两种。

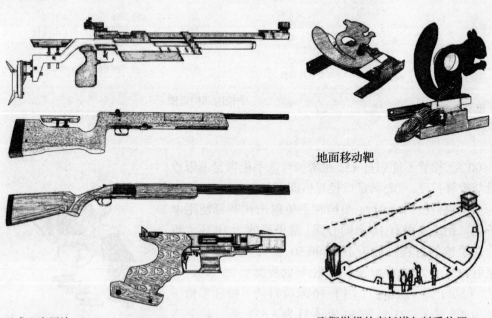

正式比赛用枪(改绘自:www.nssf.org/2 013/shooting)　　地面移动靶　　飞靶抛投的高低塔与射手位置

气枪按发射枪弹用气体能量的不同，可分为用弹簧力驱动活塞压缩空气发射枪弹，用预压缩空气和用二氧化碳气体为动力源发射枪弹三类。

与军警用枪械相比，运动枪的主要特点是：采用手工装填、大角度回转闭锁和击针式击发机构，精密度高，射击精度高，射击密集度好。机械动作可靠，操作简便，易于排除故障。

三、射击运动要领

（1）步枪卧姿。射击手俯卧在射击垫上做好预备姿势之后，其躯干与射向投影的夹角一般为 10°~20°。左腿伸直与身体左侧近似一条直线，右腿自髋、膝处屈曲。枪皮带套于左臂的中上部，以手掌托枪，左肘向右前方伸出置于垫上，前臂与地面的夹角不小于 30°，上臂与地面的夹角应保持在 45°左右。将枪托底抵于右肩窝，紧靠锁骨，右手握住枪颈，手肘置于垫上。贴腮时头部重力正直向下，颈部放松。身躯有向左侧翻转之势，头、肩、背部的重力自然落于两肱骨上，整个身体赋予枪支的力量只能向前、向下，而不产生横向推拉之力。

（2）步枪跪姿。跪姿的基本特点是：射击手右腿跪在沙袋上，身体重量主要由沙袋承担，腰脊柱呈前弓形，身体重心落在沙袋附近。射手右脚脚面压于沙袋中央。臀部坐在右脚跟上，右脚左右倾斜不得超过 45°。左脚伸出与右脚尖、右膝构成三角形支撑面，右脚与射向的夹角约为 80°。脊柱呈弓形弯曲下塌，使上体的重量主要落在沙袋上。左小腿自然垂直，脚掌内旋与射向呈 40°夹角。皮带调好后，左上臂与前臂的夹角保持在 95°左右。左肘支点选择在膝盖的平面或稍右部分。射手抵肩、握把后，右臂自然下垂与躯干的夹角呈 35°。枪托抵肩位置尽量靠里侧，抵于胸大肌和三角肌之间。

（3）步枪立姿：在卧、立、跪三种射击姿势中，立姿的重心最高，支撑面最小，稳定性较差。姿势的固定和保持主要靠骨骼的支撑、肌肉的收缩来实现。脊柱从右侧看呈 S 形弯曲，躯干向右后方倾斜约 20°左右。上体不对称的姿势，改变了肌肉的正常负荷。两脚平行站立，两脚

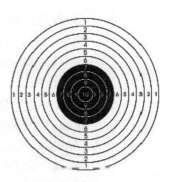

标准射击靶纸

消除眩光的眼镜

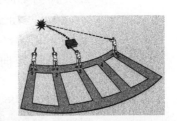

单点飞靶抛投与射手位置

降低枪爆噪音的耳罩

分开与肩同宽,近似梯形的支撑面。骨盆向右后方倾斜,小腹和左胯自然挺出。左上臂紧贴胸侧,手肘抵于腰侧,前臂近似于垂直。枪托底板紧抵于右肩关节内侧,右手握握把,右臂自然下垂。头部适量左转,腮部自然贴于枪托。

（4）稳定性:射击运动主要靠身体姿势稳定与协调锻炼,稳固的持枪,正确一致的瞄准,均匀正直的扣扳机以及三者有机的结合,是步枪精确射击的基本技术。射击运动员必须进行持枪稳定性训练、姿势动作协调训练,每一次的射击动作都必须标准、一致,才能逐步修正枪弹飞行与外力影响的偏差。稳、瞄、扣是一个协调配合的整体动作,也是射击表现良窳的关键。

四、射击场地规划准则

（1）射击场规划应尽可能避开住宅区,枪击声响会对住宅区的生活安宁产生重大干扰。且为避免流弹伤人,大多选择人为活动少的偏僻地区作为射击场,且后侧有山壁的地形为佳。短距离手枪等比赛,很多在室内场馆进行,但是长距离或移动靶、飞碟靶射击比赛必须规划户外场地。

（2）提供休闲运动游憩的靶场,可以因地制宜,但是若打算举办比赛,必须参考国际射击联盟建议的场地规格。

（3）许多正式比赛建议射击场最少有5个靶场。10米靶场80个靶位,及50米靶场80个靶位。

（4）不定向及定向靶场可以设置在一起,双不定向靶场可以独立设置。

（5）在步枪及手枪靶场,运动员、工作人员及观众使用的区域必须设置避雨、遮阳及挡风设施,但这些设施不应使任何射击靶位或靶场任何部位有明显得利。

（6）10米空气枪靶场必须建立在室内。50米及25米靶场应尽可能为室外靶场。

（7）300米靶场至少应有290米的室外空间；50米靶场至少应有45米的室外空间；25米靶场至少应有12.5米的室外空间。

（8）在兴建新的室外靶场时,应考虑到尽可能在比赛时使运动员背向太阳,不可以使靶上有阴影。

（9）建设在北半球的飞碟靶靶场,应让射击朝向北至东北方向,可使射击时阳光尽可能来自运动员背后。

（10）户外靶场必须设置标靶线与射击线,且两者相互平行。25米、50米、300米的靶场均为矩形。另加附属设施。

（11）为了安全，必要时可在靶场四周构筑围墙及 30 米宽缓冲树林；射击靶墙后端不宜有任何设施，或农作生产、游憩等活动。如果没有山壁，应有厚实围墙及密植树林包围缓冲，并且用围栏阻隔人员、牲畜进入。

（12）为防止产生未经瞄准而发射的流弹，可在射击线与标靶线之间设置横向挡板墙。

（13）射击位置后方必须有足够空间以供靶场裁判与工作人员执行职务，也必须设置观众席，并用分界线与运动员及职员区隔离，且分界线至少在射击线后方 5 米。

（14）各靶场必须在两端壁上各设置一个让运动员及职员清楚可见的大型时钟。决赛靶场准备区也必须有一个时钟。靶场的时钟必须与成绩计算机器时间同步。步枪及手枪决赛靶场必须要有一个倒数计时钟显示每一发的剩余时间。

（15）50 米靶场及 300 米步枪靶场设置风向旗（通常为长方形），其重量约为 150 g/m^2，以指示靶场的气流。风向旗应尽可能设置在射弹飞行路线附近，但不影响子弹的飞行以及运动员对标靶的瞄准。风向旗的颜色必须是靶场背景的对比色。准许并建议使用双色或条纹的风向旗。

（16）在新靶场不建议在射击线前使用防风隔墙，但为确保靶场气候条件都一致，可以使用防风隔墙。

（17）300 米靶场射击位置的面积不得小于 1.6 米（宽）× 2.5 米（长）。50 米靶场射击位置之面积不得小于 1.25 米（宽）× 2.5 米（长）。10 米靶场射击位置至少需 1 米宽。

（18）25 米靶场的顶盖及屏风必须足以遮蔽风、雨、阳光及弹出的弹壳。射击位置必须加顶盖或遮蔽物，其高度至少应在射击位置水平面以上 2.20 米。

（19）射击位置须装置小型透明的屏风，可防弹出的弹壳，但不能妨碍职员观察运动员的视线。

（20）功能射击靶场。必须有一个特殊指定且指导用的功能靶场，不装标靶，提供给运动员测试枪支。

（21）射击位置至少需 1 米宽，对正与靶中心线的垂直线。空枪射击应在射击位置的左方。射击位置两边须设置屏风，使运动员不受空枪射击及其他外来的干扰。

（22）靶场的设计必须保护所有人员在射击时不致暴露于危险中。

（23）新建飞靶靶场必须包含射弹掉落的平面区，不得有障碍以便于机械救护及清理铅弹粒。

（24）不定向飞靶靶沟必须设置靶房一座，其屋顶面上方与射击位置处于同样高度。靶沟内部两端相距约 20 米，纵深 2 米，靶沟地面至屋顶下缘高 2~2.1 米，可使工作人员行动自如，并有足够的空间储存泥盘。

（25）靶沟间的距离：A 靶场第 15 号靶机的中央到 B 靶场第 1 号靶机的中央，距离不得少于 35 米。

（26）靶场需要无障碍空间设置，确保射击线、准备区、观众区、工作区的相关服务设施都有斜坡、扶手等。

（27）靶场必须提供下列设施或在靶场邻近要设置下列附属设施：
运动员区必须有足够空间让运动员可以休息、更衣等；
决赛及资格赛靶场附近要提供给运动员更衣的区域；
要有会议室，提供给竞赛工作人员及裁判使用；
行政办公、靶纸计分、成绩结算及靶纸储存等房间；
一个公布正式成绩及公告的主成绩板，及在每一个靶场要有较小的靶场成绩板公告初步成绩；在运动员休息区也要设置一个成绩板；
具有工作台及虎钳的修枪场；
适当地提供设备给武器及装备制造商；
提供商品展示区域，使用该区域需要收取费用；
提供餐饮的餐厅或设施；
厕所及洗手间；

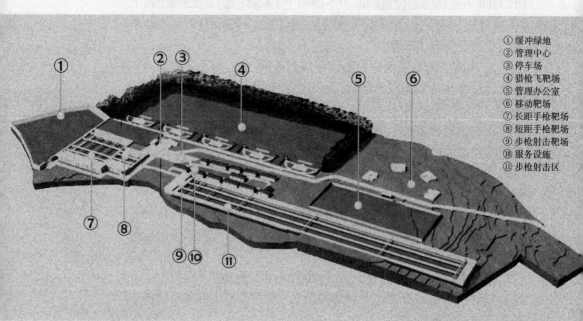

① 缓冲绿地
② 管理中心
③ 停车场
④ 猎枪飞靶场
⑤ 管理办公室
⑥ 移动靶场
⑦ 长距手枪靶场
⑧ 短距手枪靶场
⑨ 步枪射击靶场
⑩ 服务设施
⑪ 步枪射击区

室外射击场布置参考图（参考改绘：Shooting range next door to Mount St Joseph Retreat House）

无线因特网及电子邮件服务；如果可能提供大众独立的因特网服务（成绩服务、电视、行政）；

医疗设备、含厕所的药检设备及停车设备等。

2.20 漆弹战斗（Airsoft、War Game、Survival Game）

一、活动特性

漆弹战斗，又称"生存游戏"，就是模拟步兵作战游戏，最早源于美国牧场用彩漆圆球打牛只（练习打麻醉治疗枪），或军警人员的模拟实战训练，如今演变为户外运动游憩项目。漆弹是内包彩漆的大颗圆球，两队互相射击，被击中者有破裂溅出的彩漆标记。BB弹是塑料粒小圆珠，更类似子弹，但是没有彩漆标记，需要比赛裁判。

参加生存游戏的人分成甲乙两队，穿上迷彩军装、护目镜，使用空气枪与彩漆、BB弹，在户外场地中争夺阵地或代表胜利的旗帜。许多风景区、森林公园都有民间企业投

生存游戏（图片来源：永续社）

资经营生存游戏，招揽青少年的游客，可分为两种类型：

（1）运动竞技型：国外称该种类型漆弹运动为 Speed ball，在30米×50米的长方形场地内，是以互相对称的掩体，两队于场中竞技，比赛可分为夺旗、歼灭等形式。

（2）战争游戏型：在美国常以 Woods ball 或 Scenario Paintball 来称呼该种类型的漆弹运动，场地多以户外场地为主，利用丛林、沙漠等地形，再设置些许人工掩体，是以仿真战争形态为主的游戏形式。

（3）近身接战模拟（Close Quarters Battle，CQB）：包含攻坚、爆破、狙击、侦查、伪装以及近距离格斗。需要运用枪械、短刀与棍棒的技术，夺枪夺刀，以及各种空手格斗、擒拿的技巧。

漆弹运动使用的器材可以分为三种：第一种为粗管径的漆弹枪，以彩漆弹射击，射击到目标，漆弹会破裂，留下彩漆粉或彩胶漆，证明被击中。第二种是使用小管径的塑料BB弹空气枪，模拟真枪情境，被打到的话会很痛，但是比较不容易做游戏阵亡判定。第三种为电子枪或镭射枪，

游戏队员身上穿戴的传感器,被射击到会感应记分,或判定游戏阵亡。目前较著名的国际比赛为 NPPL 世界巡回赛。

二、生存游戏设备需求

(1)漆弹枪(Paint Gun、Paintball Marker):又称为瓦斯枪,功能为打出迷彩漆弹球,填充二氧化碳、液态氮气、高压气体。枪体构造仿照真实枪支,甚至射击时模拟退弹壳动作,并且带有枪机后坐力和枪口音爆声,模拟真枪射击的情境。除此之外还有电动枪、模拟机关枪、模拟狙击枪、模拟手榴弹等。太快的空气枪弹,容易损坏枪支,在近距离接战游戏时,容易造成受伤。比如填充二氧化碳(CO_2),可能有初速过高的问题,部分地区不许可使用。

漆弹

(2)漆弹球(Paintball):也称为色弹或彩弹,球弹直径 0.68 英寸(国际标准口径),其内部为可食性油脂及色素,外部则是可食性、水溶性的类似药用胶囊的圆球皮,但因容易被儿童误食,故被添加较难闻的气味。

(3)BB 弹空气枪:最常见的 BB 枪动力装置是弹簧活塞,以杠杆动力发射 BB 弹,速度比较低,约 84 米每秒。以罐装压缩瓦斯击发 BB 弹,力量更大,射击更远,速度可达每秒约 145 米每秒。

BB 弹

(4)BB 弹(BB bullets):供气枪发射用的塑料圆珠子弹。它是最常见的气枪弹,一般为塑料制的球状体,生存游戏不允许使用金属 BB 弹。BB 弹重量在 0.12 克到 1 克之间,直径为 4.56 毫米。但也有 66 毫米、86 毫米或其他规格的小球。不同的直径配合不同气枪的口径使用,不同的材质亦会影响其重量及击发的速度。越重的 BB 弹相对射程越短,但准确度较高、偏移也较小。

电动气枪通常使用 6 毫米口径,0.2 或 0.25 克 / 粒两种规格的 BB 弹,加重的 BB 弹可以射击更精准,重达 0.36~0.43 克 / 粒;另外还有内含颜料的漆弹(射出后遭受撞击会将其中颜料释出,标示出中弹)及荧光弹(经发光器材照射后暗处会发出微弱光芒,于黑暗时射击后留下一条如夜光弹的轨迹)等特殊 BB 弹。

瓦斯 BB 弹枪

其他游戏弹药还有：环保BB弹、黑色BB弹、荧光BB弹、喇叭弹、漆粉弹、黏漆弹、AB弹（尖头飞镖弹，危险，不可对人射击）、散弹（喇叭弹，一个弹夹中包含许多小弹球，危险，不可对人射击）。

因为生存游戏会在野外环境中留下大量的BB弹，这些BB弹如果持续留存将会破坏环境。所以已经有厂家开始用生物可分解塑料来制售环保BB弹。

头盔、眼罩必备

（5）玩具手榴弹：大多是无功能的装饰品，也有做成喷洒干粉、水溶颜料的黏液手榴弹以及气爆式手榴弹。气爆式手榴弹（音爆手榴弹）内含压缩空气球，投掷后气球爆开，产生如同爆竹般的响亮音效，但是不具有破坏。烟雾手榴弹可能造成视线不明，导致误射的危险，某些地区不允许使用。

（6）身体护具：包含头盔、防护背心、护裆、护膝、护肘、手套、护颈等，BB弹打到皮肉表面会很痛，但是不会造成大伤害。

（7）眼罩面罩：强力透明亚克力面罩，是保护眼睛及面部的护具，能抵抗漆弹球、BB弹近距离射击，不会破裂。

BB弹游戏服装

（8）迷彩军装及战斗靴：服装依参与的漆弹运动类型而定。一套适合的迷彩服，可以帮助玩家在游戏时隐

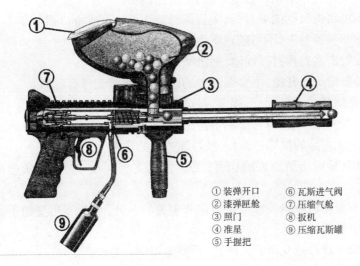

① 装弹开口　⑥ 瓦斯进气阀
② 漆弹匣舱　⑦ 压缩气舱
③ 照门　　　⑧ 扳机
④ 准星　　　⑨ 压缩瓦斯罐
⑤ 手握把

瓦斯漆弹枪构造图
（作者自绘）

藏自己,也有装扮成特警队的服装,或是穿着连身的运动衣裤。鞋类以保护性高的运动鞋、登山鞋或战斗靴为主。

（9）其他随身配备物：可结合作战的装备如弹匣、急救包、望远镜、无线电、指南针、地图、水壶或水袋、橡胶战斗刀、瑞士刀等,以及模拟战术行动的单兵装备。

（10）无线电对讲机与耳机麦克风

无线电在生存游戏中,对于实时战况掌握、团队协调应变、战略拟定后是否能有效运作,扮演重要的角色；还可以和队友隔空沟通战况,可提升判断力与士气；某些游戏成员身体不适时,也可立即通报,退出游戏。

（11）设备的安全限制：一般对空气枪弹的限速为100~130米/秒,同时也有较低的70米/秒（近距离作战游戏CQB较常用）。

（12）场地范围标示与队伍辨识：用布条、拉绳、围篱等界定游戏比赛的范围。用不同颜色布条、胶带、领巾、白旗等标示不同队伍的成员、装备与行动。

三、生存游戏安全准则

（1）每次游戏活动前,一定要有安全规范讲习,重复提醒游戏范围、危险区块、游戏时间、公平及安全规则、检查安全装备及进行暖身活动。

（2）每次游戏活动前,一定要检查并排除不安全枪支、装备,并且全程服从裁判或安全管理员的指示。

（3）全程都要戴上护目镜,无论彩漆弹或BB弹都可能造成失明危险。

（4）全程不可以射击未带护目镜的人员。

（5）佩戴枪、持枪,须留意枪口位置,避免误伤。

（6）不可将枪口指向非目标,无目标时确认关保险或枪口朝上。

（7）除非预备射击,不可随意将手指放到扳机上。

（8）在射击之前再打开保险,射击结束后务必关保险。

（9）必要情况才开枪,不要做过多的射击,不可漫无目标乱射。

（10）要清楚射击目标,不能误射休息区人员。

（11）射击时必须充分考虑到射击造成的后果,例如子弹可能穿越物体、跳弹,造成物品的损坏,及对人员可能造成的伤害等。

（12）BB枪射击所造成的伤害,必须由枪支所有人与持枪者负全部赔偿责任。

（13）不要将游戏枪支留下给任何非相关的人员,尤其不可交给不熟悉枪支使用规范的人员。

（14）除非获得枪支所有人同意,不要使用他人的枪支。

（15）在活动前再装上电池以及 BB 弹。

（16）活动结束时卸下弹夹，击发剩下的 BB 弹，卸下电池后再装袋回家。

（17）将游戏枪支放在枪袋内运送，避免一般民众直接看见枪支，只有在游戏场合或者特殊展示地点才能拿出枪支。

（18）休息区可以观看比赛，但也要佩戴透明面罩，更需要与所有队伍成员交流。

四、生存游戏比赛方式

（1）夺旗战：双方队伍（各 3 至 12 人）于总部据点各拥有一面旗子，夺得对方旗帜者为胜利的一方；或是场上只有一面旗子，先夺得者为胜利的一方。游戏比赛时间约 7~10 分钟。

（2）殊死战：双方在场上互相射击，目标就是消灭对方队员，最后存留下来的一方为胜利者。

（3）攻守战：成员多数一方进攻成员少数一方防守的据点，进攻方必须在指定时间内夺下据点，否则判防守方获胜。

（4）猎杀行动：由一位或少数成员担任猎物目标，预先进入设定好范围的场地藏匿，再由大部分参赛者进行搜索射击的游戏。通常担任猎物的成员不会直接阵亡，或者可以被打中多次，以搜索射击者的成果计分。

（5）夜战：于夜间战斗，利用月光星光行动，也可使用战术手电筒及夜视镜等夜视装置辅助进行对战游戏。

（6）空降模拟：甲队成员分散到指定地点，在最快时间内寻找自己的队员，并且抗击乙队敌人的歼灭战。

（7）近身接战（CQB）模拟：包含模拟攻坚、爆破、垂降等战术行动，借以训练团队协调默契能力以及指挥官的领导能力。

（8）拯救模式：阵亡者可通过同队进行"石头剪刀布"来进行复活。

（9）一发阵亡：现在大家倾向于模拟真实战场，一发击中身体任何部位即判阵亡，且要求玩家切换单发模式，而不是连发打到底，这样可以减少不必要的弹药与伤害情况，也比较不容易起冲突。

（10）重演活动：进行此模式时，通常会有一个明确的历史战役主题（比如四行仓库情景重演），参加重演活动的游戏成员们，带着符合该场战役的装备上场，重点并不是为了进行生存游戏，而是为了重现真实战役时的气氛，有些重演活动甚至禁止开枪。

（11）任务模拟：先研拟出一套剧本，在场地中设定关卡，如设置标靶、守军阵地，或需完成特定的任务目标，如搜索、设置模拟炸药、监控设备、建立工事等，参与的队伍分别进行任务，以过关时效和成果来评断输赢，对战为辅。任务模拟适合在难以公平对战的场地进行游戏，比起一般对战更考验游戏者的军事智能。

五、生存游戏场地规划准则

（1）森林公园、多样化的地形地貌、芦苇荡、大草地等环境，都很适合布置生存游戏比赛场。

（2）比赛场内需布置矮墙、壕沟、木桩、废油桶、废轮胎、沙包等障碍物，或仿真要塞堡垒等设施。

（3）比赛场：可参考国际竞赛（NPPL）需用的长方形场地，长180尺（54.86米）、宽100尺（30.48米），竞赛场地两端底线的中央位置有两个旗帜站。场地掩体贯穿置于竞赛场地并且至少有5尺宽（1.52米）在竞赛场地内。

（4）边界安全围篱：预防BB弹、漆弹误击，场域外围如有住宅、步道、车道、球场等人为活动区，应有细密铁网、木板、亚克力板等隔离，或划设缓冲净空区域。

（5）界外区：场地界线全部由黄色或白色的胶带、布条或油漆、界桩标示于场地周围，触碰界线视同出界，参赛者将被判出局。但是夺旗者在

生存游戏场布置参考图

拉旗或挂旗的情况下，触碰或跨越界线将不视为出界，场地外的任何区域都视为界外。

（6）阵亡休息区：场地的界外区域旁将设置两个阵亡休息区，参赛队员的阵亡者必须至阵亡休息区。

（7）观看区：比赛场地侧边可以设置观众席，观看区可以围网或用强力透明玻璃、亚克力板隔离，或者设置5米以上的安全距离。

2.21　蹦极（Bungee Jumping）

一、蹦极活动特性

蹦极也称高空弹跳，跳跃者需站在约40米以上（相当于10层楼高）高度的桥梁、塔顶、高楼、吊车甚至热气球上，把一端固定的一根长长的橡皮条绑在踝关节处，然后两臂伸开，双腿并拢，头朝下跳下去。绑在跳跃者踝部的橡皮条很长，足以使跳跃者在空中享受几秒钟的"自由落体"。当人体落到离地面一定距离时，橡皮绳被拉开并绷紧，阻止人体继续下落，当到达最低点时，橡皮绳再次弹起，人被拉起，随后又落下，这样反复多次直到橡皮绳的弹性消失。蹦极是近年来新兴的运动游憩项目，但是运动成分少，娱乐体验成分多。

蹦极活动（图片来源：永续社）

蹦极时，人由于自身所受的重力而下落，当体验者跃下时，高空弹跳绳会伸展从而吸收坠下的能量，被拉伸的高空弹跳绳又会产生向上的弹力，把人拉上去。正是在这上上下下的振荡中，体验者体会到了极大的刺激。最终，随着能量的消失，蹦极弹跳者的摆动会静止，再被现场人员从水面或地面被带回来。

基本上，弹跳绳应当短于跳台的高度，并且允许它至少有20%的伸展空间。当弹跳绳绷紧后，绳索进行拉伸，张力会逐渐增加。最初的张力小于跳线的重量。在某个时间点，张力等于跳线的重量，加速度为零。然后拉伸持续，弹跳绳加速度提高，产生向上反冲的力量。绳索的最上端，紧系高空跳台的绳索段，通常为一个强力弹簧，可以增加弹力产生缓冲作用。

蹦极虽然尽力在安全上做了许多措施，但仍具有相当大的危险性，尤其心脏病、高血压、气喘、高度近视者以及怀孕妇女、体重过重者（90千克以上），皆不宜参加该活动。

二、蹦极设备需求

蹦极必须有环境条件，如高大的建筑物（下方悬空无墙壁）、峡谷上的大桥、起重机、热气球或直升机等。户外高度通常超过100米，澳门旅游塔甚至设计了233米高的高空弹跳，但是澳门塔使用了钢丝绳与绳索减速系统,安全性提高了很多。蹦极的第一阶段为自由落体,绳索松散地挂在脚踝，坠落与摆荡充满变数。绳子太长、松脱、断裂通常是致命的原因，或者在摆荡中擦撞、撞击山壁、建筑墙壁等,都可能造成人员轻重伤。

（1）高空起跳台。至少需要40平方米，提供弹跳体验者、3~5名工作人员的器材准备与工作空间。

（2）安全背心腰带、锁扣与弹力绳：背心腰带必须紧扣，上面的绳扣为保险绳，套系脚踝的绳索是主绳。

（3）安全头盔、手套，防止擦撞山壁、墙壁。

（4）下方接应。许多弹跳活动,等绳索静止后,解开绳扣,参加者低空落入水中，由水面橡皮艇接回。

三、蹦极行动准则

（1）蹦极弹跳有数种绑系方式和跳跃法：绑腰后跃式、绑腰前扑式、绑脚高空跳水式、绑脚后空翻式、绑背抱胸蹲跳式、双人合绑式。

（2）蹦极弹跳发生意外的原因包含：绳索太长、弹跳者体重过重、弹

弹力拉绳

跳台设施不良、绳索松脱、绳索断裂等,因此必须有精密的计算与安全准备。

（3）即使安全准备都做好了,弹跳者本身仍可能存在很大风险,主要包含:脑部急剧充血、心脏经不起负荷、血压急剧增高、视力损伤、视网膜出血、骨折;颠簸导致颈椎伤害、中风瘫痪、绳索缠绕脖子、免疫系统受损等。

因此许多国家或地区不开放蹦极弹跳活动,或者约束高度、绳索、安全设施与相关设备等。

四、蹦极场地规划准则

（1）设置环境选择

蹦极的场地,以高山峡谷最为理想,因为景观优美,能使参与者达到身心完全解放的感受。在峡谷跨桥上系绳,高度约 45~50 米为理想。弹跳者静止后离水面数米,解扣落水后,可由水面橡皮艇人员接回。

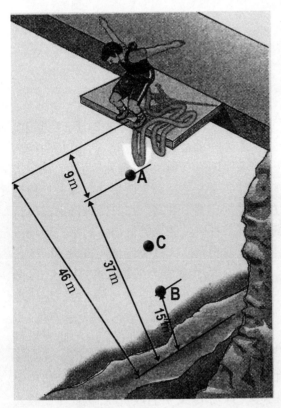

高空吊车蹦极

高塔跳台蹦极

A. 绳索不拉伸的总长度 9 m
B. 绳索最大伸展长度 31 m
C. 绳索＋重量静止点

蹦极的高度设计（参考来源:www.chegg.com/homework-help/questions-and-answers）

电视塔、超高层大楼、中庭挑高（至少40米）也可以弹跳，但是物体系绳自由落体有钟摆效应，必须计算钟摆圆锥形周边是否会碰撞到建筑物的墙面。

超高起重机也是常使用的高空弹跳工具，单点悬臂悬空，坠落体的钟摆幅度也足够宽。

（2）观众席的位置

许多地区将蹦极设置于著名风景据点或城市地标点，固定收费或提供表演。观看的人通常比亲身体验的人多很多，因此需要预先规划足够的观众观看空间，观赏距离、位置高低、交通可达性、安全性、服务设施等都需要考虑。

（3）工作人员的位置

包含起跳点的准备空间、人员与设备安全检查、进出动线、广播与通讯等。水面或地面必须有接回弹跳者的工作小组，安全地接回弹跳者，并对其进行健康检查。

2.22 高尔夫球（Golf）

一、高尔夫球活动特性

高尔夫运动（图片来源：永续社）

现代的高尔夫球，来源于15世纪湿寒冰冷的缓丘草地苏格兰，但是中国唐宋时期也有类似的"捶丸"运动。高尔夫球属于户外运动旅游活动。球员们依据规则比赛，用最少的击杆数将小白球打进数百码外的果岭洞内。高尔夫球场占地面积宽广（18个洞球场占地50~75公顷），大多建设于风景优美的地区，又必须模拟成苏格兰草地环境，包括短草地（主球道）及沙坑、沟渠、树林、长草地、水池等障碍，维护成本很高。因此人口稠密、耕地紧张的国家地区大多不鼓励太多高尔夫球场设置。美国、澳洲等地区土地宽广，不适宜农耕的草原环境多，因此高尔夫球在当地属于很普遍的户外运动旅游。亚洲地区，球场不多，并且收费高，因此多高收入阶层参与。但是一些大城市周边建设了许多练习场，土地面积较小（5~8

公顷）可密集地使数十人同时进行击球运动，该种方式也日渐普及。高尔夫球国际化程度高，爱好者众，电视媒体常有转播，可以了解一些常用术语以增进理解。

高于标准杆1杆	柏忌 Bogey
高于标准杆2杆	双柏忌 Double Bogey
高于标准杆3杆	三柏忌 Triple Bogey
低于标准杆1杆	小鸟 Birdie
低于标准杆2杆	老鹰 Eagle
低于标准杆3杆	信天翁 Albatross
平标准杆 Par	1杆进洞 Hole in One
比洞赛 stroke play	逐洞赛 Skins Game
球场 Course	前九洞 Out Course
后九洞 In Course	发球区 Tee
果岭 Green	沙坑 Sand Pit、Bunker
乱草区或长草区 Rough	出界 Out of Bound (OB)
木杆 Wooden Shaft	铁杆 Iron
高挥杆 Full Swing	平挥杆 Flat Swing
挖起杆 Pitching	推杆 Putter
标志物 Ball Maker	握杆 Grip
杆弟 Caddie	球袋 Caddie Bag
职业高尔夫协会 PGA	球道 Fairway
高尔夫球车 Buggy	延长加洞赛 Sudden Death

二、个人配备需求

高尔夫球爱好者讲究个人配备，包含球、球梯、球杆、球袋、球衣、球鞋、手套、球帽等。为求比赛公平，对于前三项有严格的规范。

（1）高尔夫球（Ball）：是用橡胶制成的实心球，表面包一层胶皮线，涂上一层白漆。球的直径必须小于42.67厘米（1.68英寸），重量必须小于45.93克（1.62盎司）。从结构上可以分为单层球、双层球、三层球、多壳球；从形态上必须是圆满均匀对称的球体。

高尔夫球表面有根据空气动力学设计的数百个圆形小凹槽，每个圆形内凹坑深度约为0.025毫米，可以减小球的空气阻力，让球飞得更远（同样受力但没有凹槽的

高尔夫球

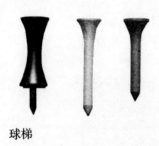

球梯

木杆

铁杆

球只能飞一半距离)。

高尔夫球受击时约为1/2 000秒,决定了球速、发射角及球体自旋速度。圆形小凹槽可以提升球的升力,减少球后方的紊流与阻力。每个品牌的球的圆形小凹槽数目不同、深浅不同、效应不同,常见的为392~420个圆形小凹槽。

高尔夫球的硬度一般为70°~105°,度数越高,球就越硬。而越硬的球也就越不好掌握方向,因为硬度高的球在杆头接触到球时弹性小,反弹力大,很容易把球弹飞。专业高手球员会选择硬度高的球,但是球的硬度与击球距离并没有直接的关系。

(2)球梯(Tee Peg):球梯是插在发球区的小塑料钉或脚座,用来架高小白球,方便击球。正式比赛中规定球梯的长度不能超过四英寸(10.16厘米),不能有提示击球线或影响球移动的功能。球梯的材质包含橡胶、塑料、木头、人造纤维等。

(3)球杆(Club):根据形状与功能,球杆可分为木杆、铁杆与推杆三种。推杆主要是为在果岭上使用而设计的球杆,其杆面角不可超过10°。球杆的制作及形式绝不能违反传统与习惯。球杆由杆身与杆头组合而成,球杆的所有部分都必须固定以便球杆成为一体,且必须无外在的附加物。

①木杆(Wooden Shaft):可分为1至9号杆,但是市面上1、3、4、5、7号杆较常见。1号木杆最长,通常用于击远距离开球,杆头角最小,击球有力,称为开球杆,一般在4杆洞场地和5杆洞场地开球使用。

木杆的杆头早先是用木头制成,因此称之为木杆,目前已很稀少。现今木杆杆头多用金属制成,称为金属木杆,以不锈钢与钛金属材质最常见。

②铁杆(Iron):杆头因杆面的角度与球杆长短的不同可打出不同距离,一般分为长、中、短三种,按长度分为1~11号,1、2、3、4、5号铁杆称为长铁杆,杆身长但是总重量较轻,击球距离远;6、7、8号铁杆称为中铁杆,9、10(PW)、11(F或A)号铁杆称为短铁杆,用于近距离或不易击球的球位。推杆专用于在果岭上击球。

高尔夫球袋

高尔夫球袋车

推杆

③挖起杆（Pitching）：按用途分为劈起杆、沙坑杆。劈起杆杆头角较大，杆身短但是总重量较重，专打在百码之内高且近的球。沙坑杆（SW）专用于在沙坑上击球，有为在近距离将球打上果岭或要越过眼前障碍时使用的劈起杆（PW）以及为由沙坑中将球救出时使用的沙坑挖起杆（SW）。

④推杆（Putter）：球上果岭后用推杆将球推进洞，不可用其他杆具。推杆的材质、角度、长短与形式应有尽有。比赛规定，球杆全长必须大于 18 英寸（0.457 米），小于 48 英寸（1.219 米）；除了推杆，杆身轴的距离不应超过 0.625 英寸（15.88 毫米）；杆身笔直部分的投影与沿预定击球线垂直面两侧的夹角，对垂直线必须向前不能大于 20° 或向后不能大于 10°。杆颈或杆颈套顶端到杆头底部的长度不可超过 5 英寸（127 毫米）。

高尔夫球鞋

三、高尔夫球比赛规范

（1）对球施加影响除按规则行动以外，球员或球童不得有影响球位置和运动的任何行为。

（2）待球处于静止状态后，开始继续进行比赛；当球被击出后，不能为求便于挥杆而改变周遭的环境。

（3）比杆赛：就是将每一洞的杆数累计起来，待打完一场（十八洞）后，把全部杆数加起来，以总杆数来评定胜负。

（4）比洞赛：同样是以杆数为基础，以每洞的杆数决定该洞的胜负，每场再以累积的胜负洞数来裁定成绩。

（5）界外（OB）：即禁止打球的地区，常以界桩或围篱标示。界外的界限应以界桩（不含支架）或围篱内侧最靠近地面的点决定。如在地上以标线标示界外时，界外线是垂直向上向下延伸，且线的本身即作界外论。

（6）遗失球：球员或其同队或球童在开始找球后五分钟，仍找不到球；或是虽经找到，但球员无法辨认是否为其所用之球，即为"遗失球"。

（7）代替球：判定遗失球后，球员在可能为原球所在地，或较原球位靠球洞的点击出代替球，继续比赛。

（8）水障碍：指海、湖、池塘、河川、沟渠、地面排水沟或其他露天水渠（不论其中有无积水），以及其他类似者。

（9）一般水障碍应以黄色界桩或标线标明界限；侧面水障碍则是以红色界桩或标线界定。

（10）水障碍的球，尽可能在接近上次击球的原位打次一杆；或距离球洞相等距离的另一边水障碍边缘，于两支球杆长度以内抛球。

参加高尔夫比赛的最大禁忌就是迟到，轻则受罚，重则丧失比赛资格。

四、高尔夫球场规划准则

（1）选址。基地不能太崎岖，也不宜太陡，基地内可保留一些缓坡和水面等自然特征，作为球场的天然屏障。

（2）土壤。高尔夫球场的球道和果岭都需种植高质量的草皮，对土壤的分析处理十分重要，砂质土壤是高尔夫球场理想的土壤；土壤的养分是否已被原作物耗尽，是否可以满足植草皮的需要，选址时应详细考虑这些因素，有利于将来的维护和管理。

（3）交通。高尔夫球场应有方便的交通条件，一般选在高速公路附近或城市干道附近。

（4）水源。高尔夫球场大面积草坪养护需要大量的水，水源供应是否充足是影响球场养护的重要因素。

（5）风景。球场应选择环境优雅、气候宜人的区域，

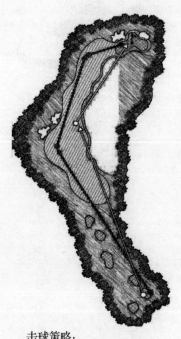

击球策略：
白线冒险的两杆；
黑线保守的三杆

如湖边、林间、风景地、山坡地等。

（6）标准高尔夫球场，一般包括一个会馆、一座标准球场、一至两个练习果岭、一个练习场及一些附属设备（给水池、滞洪过滤池、苗圃、后勤服务、管理办公室等）。

（7）一般球场是由 18 个球洞（球道 Fairway）组成，分为前九洞（Out Course）与后九洞（In Course），总标准杆 72 杆。

（8）一个球洞，包括发球台（Tee Ground）、球道（Fair-Way）与果岭（Green）。球道处地面起伏高差约为 10~20 m。果岭最高，大多高于发球台高度。

（9）高尔夫各球洞因地形变化而距离不等，通常将此不等的距离分成长、中、短三种。十八个球洞中，长、短距离的球洞各有四个，中等距离的球洞有十个，采混合式排列，一个球场大部分会平均分布水池（下水，罚杆一杆），界外球 OB（Out of Bounds，罚杆两杆），OB 线旁会竖立白色木桩。

（10）因为每个球洞的长度不同，所以定有短洞球道（男 250 码，女 210 码以内）标准杆 3 杆，中距离洞球道（男 251~470 码，女 211~400 码）标准杆 4 杆，长距离（男 471 码，女 401 码以上）标准杆 5 杆的成绩标准（1 码 = 0.914 米）。

（11）全世界球场的球道设计、球道距离及地形地物等并无完全相同，所以高尔夫比赛无世界纪录，只有单一球场纪录。

（12）无论 9 个洞或 18 个洞的球场，大多首尾相连（果岭邻近下一个球道的发球区），以利于连续进行。每个球道长度为 400 码（约为 366 米），宽度约 25~40 码。

（13）18 个洞的场地大小、形状、地形不同，包含开球区、球道、果岭与球洞。女子职业标准球场长度为 6 200~6 500 码，男子标准球场长度为 6 900~7 300 码。

（14）高尔夫球场的地形不能太崎岖、不平或太陡斜，球场的基底也应保持一些天然的地形特征，例如缓坡与水面，当做球场的天然障碍物。

（15）球道，其宽度最小为 30 米，一般为 40~50 米，植以剪短的草皮。球道外为粗糙地带。靠近球道为宽 2~3 米的轻度粗糙区，植有剪短的野草，其外侧为重度粗糙区，植有自然草丛或树林等，其间出球有较大难度。

（16）很多球道的场地可以从发球台直接看到果岭与球洞的旗杆，有机会一杆进洞。有些球道会设计为左弯或是右弯，类似狗的弯曲腿，因此称为"狗腿洞"，有些球洞甚至在中间会有二次弯曲，称为"双狗腿洞"。

（17）球场的球道与果岭的草皮比较讲究。砂土土壤是球场的理想选择,土壤养分良好,且能帮助到球场未来的维护与管理。

(18) 维护球场草皮生长良好,草皮需要持续地自动浇水。

(19) 会馆一般在球场的入口处,提供停车场、休息、沐浴、更衣及餐饮等服务。

(20) 开球区 (Tee Ground):大多为一个小丘,比球道略高一点,可以观察判断整个球道环境及果岭,发球台前有两个标志说明发球台的范围。台上有两个球状标记,相距4.5米左右,两个标记之间的连接即称开球线。

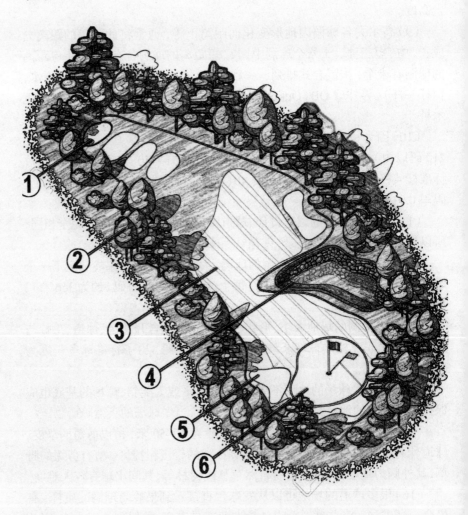

① 发球区　　③ 球道区　　⑤ 沙坑障碍
② 树障碍　　④ 水障碍　　⑥ 果岭

高尔夫球场说明（图片来源:永续社）

（21）大部分的球场都设置4种不同颜色的人工梯台——红梯（女子）、白梯（一般业余球友）、蓝梯（低差点业余球友）及金梯/黑梯（锦标赛）。

（22）开球区可有不同的形状，面积约为30~150平方米，且高于周围地面0.3~1.0米以开阔球员的视野。开球区植以修剪过的适当硬度且平滑的草，有实时的排水系统与1%~2%的坡度。

（23）果岭是一座球场的关键区域。每座果岭的大小、形状、轮廓及周围的沙坑可有多种变化，形成击球的难易度差异，以创造乐趣。比赛时果岭草的长度依据草种而决定，冬季草（本特草 Bent Grass）约为2.8~3.5厘米，夏季草（百慕达草 Bermuda Grass）约为3.2~4.0厘米。果岭上的地面水应至少从两个方向排开，与人群隔离。为了不影响挥杆之后球的行进方向，果岭大部分的坡度应不超过3%。

（24）球洞：直径必须为4.25英寸（10.8厘米），深度至少4英寸（10.16厘米），除非土壤状况不允许，洞壁衬套必须至少低于果岭表面1英寸（2.54厘米）。

（25）沙坑障碍：面积约为140~380平方米，一般标准球场大约设置40~80个不同形状的沙坑，应有良好的地面水与地下水排水系统。果岭旁的沙坑应距离果岭3~3.7米。果岭底部的沙坑应至少有10厘米高，坡度应至少有5厘米高，球道沙坑应相对较浅，沙坑的沙的质量有严格的限制，宜使用粗砂，并且75%以上的沙的直径应在0.25~0.5毫米之间，沙的颜色应是白色、褐色或淡灰色的，但不应该过白，以免降低球的能见度。

（26）水障碍：水障碍也是球场景观美化设计的一部分，有些发球区与果岭坐落于被水障碍环绕的岛屿上以增加比赛的困难度与趣味性。溪流、水池的水障碍中，可设置瀑布、喷泉、桥梁、小岛、石头踏步等景观。

五、高尔夫球练习场规划准则

（1）高尔夫球练习场，设置于城市外围郊区或正式球场旁边，也是正式比赛热身活动的地方。

（2）练习场大多为矩形或长扇形，集中设置击球区，双层棚台，每一层约25~30座，有3米宽的击球位，包含自动给球机。

（3）练习场的球场平面近似于为扇形，长约350~500米，宽约80~120米，面积4~7公顷。可设定数个目标果岭区（深绿草地或修剪过的区），不设置球洞。练习场的地形起伏不多，方便扫球车回收球。

（4）练习场的建筑物也提供球具租借、存物、简餐、沐浴、更衣、教学等服务。

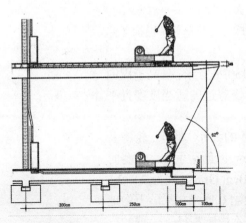

挥杆练习场

挥杆练习场（图片来源：永续社）

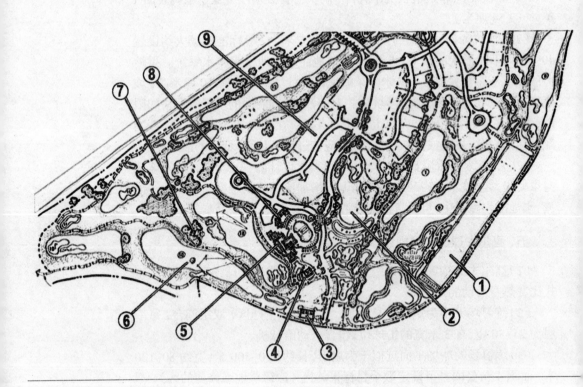

高尔夫球场规划说明
（参考改绘：meltondg.com/planning/master-planning/）

① 挥杆练习场
② 推杆练习场
③ 游憩设施
④ 商店、泳池
⑤ 俱乐部
⑥ 十八个球道
⑦ 树林缓冲
⑧ 服务管理设施
⑨ 度假住宿区

Ch.2 陆域运动旅游 (Land Recreation)

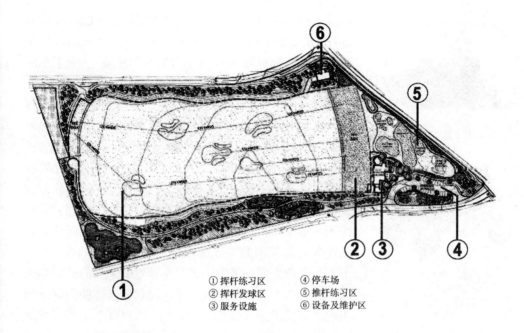

① 挥杆练习区　④ 停车场
② 挥杆发球区　⑤ 推杆练习区
③ 服务设施　　⑥ 设备及维护区

练习场规划说明（改绘自：New Facilities at Pebble Beach Resorts）

2.23 卡丁车（Karting, Go-Kart）

一、卡丁车活动特性

卡丁车（Karts, Go-Kart, Karting），就是迷你型小赛车，源于东欧或是美国已难考究，但是近几十年来普及至全世界。卡丁车的主要结构就是一个简单轻钢管车架，一台发动机，四个独立车轮，无车体外壳，装配 50 毫升、80 毫升、100 毫升、125 毫升或 250 毫升汽油发动机，如同四轮摩托车。因为底盘低，容易驾驶，安全性也很高，驾驶 70 公里就有 150 公里的奔驰扭转的快感，驾驶半小时就相当于激烈运动。卡丁车安全又刺激，青少年也可以参与，所以迅速风靡运动游憩圈。目

卡丁车运动（图片来源：永续社）

平整路面卡丁车

越野卡丁车

前最主要的跨国组织为世界卡丁车联合会（Commission International de Karting），最具代表性的国际比赛为"全欧洲卡丁车锦标赛"和"日本世界杯锦标赛"。卡丁车的高手玩家再精进就是F1方程式专业赛车手了。

"Karting"准确的解释应为无车厢的单座迷你竞赛车，是一种为比赛而设计的纯种赛车。车轮独立地接触地面，以后两轮驱、制动，前两轮导向，简称"小型四轮机动车"，是经国际汽车联合会（FIA）认可，可参加比赛并可晋级的赛车，学名"F4赛车"。卡丁车，又称迷你方程式，也是F1方程式的预前赛车，是现代赛车运动的摇篮。由于车型小巧，车底板距路面仅4厘米，车手实际感觉到的速度要比车辆的实际速度高2~3倍。在驾车转弯时，卡丁车会产生像一级方程式赛车转弯时那样的横向加速度（约3到4倍的重力加速度），使驾驶者体验到飙车的乐趣。其实卡丁车操作相当容易，八岁以上少年就可驾驭，但必须戴上防护头盔和手套，记住左脚踩刹车，右脚加油门，方向盘是1∶1转向，即可上跑道。卡丁车底盘很低，沥青跑道又光滑平整，使驾驭者感受到飙车、扭转的乐趣。一旦滑出跑道，卡丁车会自动熄火停止前进，不会翻车，有效地保障了车手的安全。

另外还有电池驱动的卡丁车与微型卡丁车。电动卡丁车的维护成本低，不会排放黑烟，安全性很高，甚至可以遥控减速，处理意外，但是充满电的电动卡丁车每次只能运转20分钟。微型卡丁车，通常为2冲程引擎，汽缸容量为22.5~85毫升，只有1.2~2.0马力。使用直径15~20厘米的实心橡胶小轮胎，全车重量只有17~19千克，但是功能齐全，成人与儿童都适合使用。

二、卡丁车设备需求

卡丁车的结构十分简单，仅由轻合金钢管车架、转向系统脚蹬、油箱、传动链护罩、车手座位和防撞保险杠等组成。卡丁车分为四个大块体：引擎、车架、轮胎、化油器，每个大块体，都是由车手自由搭配。安装初级发动机的车辆，最高时速大约为80~100公里/小时；而安装高级竞赛发动机的车辆能达到160公里/小时以上的时速。较轻型的卡丁车装配二冲程汽油内燃机引擎，也就是一般轻型摩托车使用的，引擎运转比较平顺，但是燃烧效率没那么高。较正规的卡丁车装配四冲程汽油内燃机引擎（一般汽车都使用四冲程引擎），进气、压缩、动力、排气、燃烧效率要高很多，但需要相当多的可移动零件以及更高的制造技术。

（1）引擎

80毫升：适合初学者、女性或少年，单缸二冲程强制式气冷，有离合器，甲拉绳启动，马力约10~12匹，省油、耐用、维修费低，极速约80公里/小时。

100毫升：系国际标准规格，皆为单缸二冲程自然气冷式，结构相当精密，转速可高达两万转（20 000 rpm）。共分为三种等级：前置化油器气缸进气（马力最小）、前置化油器曲轴进气、侧置化油器回转阀进气（最高阶，马力最强）。传动方式为直接链条带动后轴，没有离合器，必须推车启动，且一停下来就熄火。整车的重量比为1.5匹比1，冲速能力非常强，但是对引擎的维护保养相当重要，零件寿命很短，必须经常更换、调校。

引擎燃料使用高级汽油加调赛车机油，比例约为15∶1。

（2）化油器

化油器全部采用单喉机械帮浦式喷射进气，优点为效率高，可在行进时调整油量，而且无论任何角度都可以装置。缺点则为需经常维修、耗油量大、噪音大。进气口径小的车速较慢，但较高阶的卡丁车化油器口径大，而且可调校。

（3）车架

车架的长、宽、高、重量及主要结构，都是由世界赛车总会（FISA）统一规定的。车上许多零件，比如尺盘座、刹车座、三星轮框座、不可调整的硬式单一车座等，大多用钛合金制造。专业的车架可以进行中段、后段及纵向的长短、高低、角度调整，以适应更多的转弯、加速等活动。

车架主体由镍合金的高级钢管烧焊而成，张力极高。由于是四点着地，车架能承受3 g以上的离心力，但经常高速转弯容易产生金属疲乏，因此车架寿命很短，2年内要更换一次。

（4）方向盘

因为卡丁车很轻，所以一比一的方向盘转向设计最为精简。左右转最多45°，对应到轮胎的转动方向，方向盘转多少，轮胎就动多少。

（5）中置引擎

引擎重心落在车身中央，由后轮轴驱动整辆车，后轴碟式刹车。引擎设置在车身的中央部分，因此车身重量分布均匀，能取得很好的平衡。

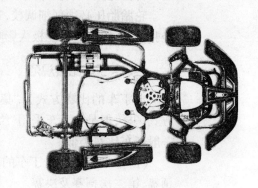

卡丁车车架

车辆行车时拥有优异的操控性及稳定性；由于车身重量均匀分布，转弯时车子的行车线位变得十分准确，反应也比一般的车子更敏锐。

（6）四件式扰流罩

流线型导流板，可以减轻阻力。

（7）塑料防爆油箱

外壳由金属材料制成，内部储存燃油的内胆使用橡胶材料制成，内胆与外壳之间使用海绵填充，油箱有自动断电开关，即使受到冲击燃油也不会外泄。

（8）双A臂悬吊系统

卡丁车没有避震器，依靠悬臂吊车架及轮胎减震。每个悬臂有两个可动关节连接于底盘上，一个连接在转向座上，并装置了弹簧来控制垂直方向的运动。

（9）没有差速器

卡丁车车轴直接传动，差速为100%，即使在急转弯时，也不会打滑或失控。

（10）轮胎

轮胎直接用热熔光头轮胎，当达到特定温度后，胎面开始熔化，与地面产生强大的附着力以增加抓地力。

路面必须是厚层沥青或特别面层及干净的路面。下雨天路面湿滑就必须更换有胎纹易排水的热熔轮胎。卡丁车热熔轮胎不能用于一般道路，碰到水或砂石会打滑，失去抓地力。

轮胎可分为高、中、低热熔性三种，根据不同的气温、路面状况及距离作不同的选择。冬天气温低时使用高热熔胎，夏天气温高时使用低热熔胎。但是热熔光头轮胎使用寿命很短，只有一百公里左右的使用期限。

合金轮圈一般使用5寸规格，专业的比赛车使用6寸规格。

轮胎胎压必须仔细调校，前后轮、内外侧的胎压都不一样，赛车手凭经验调整，轮胎效能能极大影响竞赛成绩。

三、卡丁车比赛规范

卡丁车的比赛方式为"集体出发争先赛"，这和F1及房车赛的比赛方式一样，但是卡丁车采用"绕场式起跑"，而非静止式起跑。其他规则与一般赛车比赛类似。

（1）一般大众化卡丁车的比赛模式较为简单：验车、测时间、第一次预赛、第二次预赛及决赛。

（2）国际比赛规则就比较复杂，测时赛后是分组（3~4组）的交叉预赛,每位车手至少要跑 3~4 场。成绩好的直接晋级到复赛,其他则进入败部组比赛,进行 2 次比赛,取前几名入围复赛,最后才是决赛。

(3)国际比赛参加选手多,比赛场次多而且密集,且比赛距离很长,通常进入最后决赛时,比的就是体力和轮胎了。

(4)轮胎管制极严,一场四天的国际比赛只准使用一套轮胎,原则上根本不够使用,于是就得靠车手的配速坚持比赛。

(5)每场比赛前后都必须过磅,"人+车+装备+油料等"全部重量不得低于 135 kg(SL 组),若是太轻,应在赛前配重,通常是加铅块。

(6)卡丁车也被称为公平性最高的赛车,因为它太规格化,不易作弊,而且花费也不像其他赛车那般高。

四、卡丁车比赛场的旗号意义

(1)黄红条纹旗

跑道滑溜,通常指跑道上有油或水,在部分地区下雨时,则用黄红条纹旗告知车手即将由干地进入湿滑路面,这种状况时 marshal 会一手展示旗帜,另一只手指向天空。

(2)红旗——比赛停止

代表比赛或练习的立即终止,车手在回到 PIT 期间要"相当注意",假如有需要必须立即停车。

(3)蓝旗——超车信号

静止:你即将被超过一圈,要让后车过去。挥动:立即让其他车子通过,否则要受罚。维修道出口:假如有车阵过来,保持静止。

(4)黄旗:危险

静止:跑道边有危险(障碍),在能力范围之内好好开,不要超车。
挥动:跑道上有危险(障碍),要准备换路线,减慢下来,不要超车。
两面挥动:跑道有部分或全部阻塞,慢下来,不要超车,要有停车的准备。

(5)绿旗——路段畅通

在黄旗危险区域最后处显示,也在暖身赛或练习赛中使用。

(6)方格旗——完成比赛

挥动表示练习或排位赛以及比赛的结束。

(7)黑旗——丧失资格

静止标示车手号码:车手在下一圈进入自己的维修站,也可能导致以后的罚款或禁赛。

黑旗上附有橘色圆点:危险车辆。

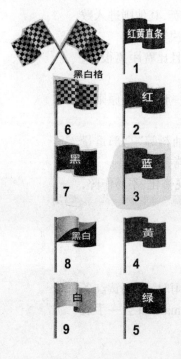

静止标示车手号码：维修墙上通知，告知车手的车辆有严重机械故障，可能对自己和别人造成危险，车手必须在下一圈进维修站。

（8）黑白旗——非运动员应有的行为

静止显示车手号码：对此种行为提出唯一一次的警告。

（9）白旗——场上有慢速车辆

静止：你即将遇到一部慢车。挥动：可能会被慢车严重妨碍。

（10）通常一个驻点至少有三个 marshall 负责挥旗。每一个 marshall 驻点都有两面黄旗、一面黄红条纹旗、蓝旗、绿旗和红旗，可能也有黑／白旗。

五、卡丁车行动准则

（1）卡丁车没有车外壳，没有保护舱，座椅包覆性完整，高度略低于底盘，手肘和脚部微弯的驾驶姿势支撑性良好，没有安全带，但是很安全。

（2）卡丁车驾驶者所坐的位置在车身中央，重心低加上车辆重量较小，即使翻车，也不会压住驾驶员。车身钢管可以阻挡来自各方面的撞击，保护驾驶员。

（3）卡丁车底盘离地仅有 2.5 厘米，轮距及轴距皆在 1.3~1.5 米左右，十分接近。这种超低底盘及超宽的轮轴距也使它很不容易翻覆。万一起火，车手亦可迅速脱离车辆。

（4）选择一顶适合自己的全罩式安全帽，太大太小都不合适，必须选择能把头部包紧、密实不摇晃的安全帽。试戴安全帽后用力地甩头，如果松动，就需要再试更小的型号，或者加戴一层头罩，晃动后偏移的程度必须能在眼睛的可视范围内。

（5）穿着手套、护颈、长袖长裤，及轻薄运动鞋（拖鞋、赤脚不宜），最好是能穿着赛车服及赛车鞋，保护会更加周全。

（6）刚开始下场练习时速度不要太快，先慢速一圈，适应跑道，再开始提高速度。

（7）卡丁车行驶时震动很大，所以尽量穿着厚一点的衣服，尤其是身体和座椅接触的部位，穿着厚一点的衣服可以吸收一些震动。

（8）衣裤不要系皮带，系了皮带反而容易淤青。新手上路，过后都会腰酸背痛，应有心理准备。

（9）孕妇、心脏病患者、高血压患者等不可参加，以免发生意外。

（10）发生碰撞、冲出跑道时，应紧握方向盘，车子会为驾驶员提供周全的保护。

（11）有些卡丁车轮胎外露较多，所以车轮不应和其他车辆过于接近，否则会卡住翻车。

（12）务必听从现场工作人员的旗号或指示，才能确保自己与他人的安全。

（13）务必熟记左脚蹬是刹车，右脚蹬是油门。左脚不要一直踩刹车，以免磨坏刹车片。

（14）右脚加油要徐缓，不可急踩。没有把握，不要强行超车。不得逆向行驶。

（15）在跑道上发动机熄火，要举手示意，请工作人员协助。要结束行驶时，也要举手示意，进入停车区。

六、卡丁车可能的运动伤害

（1）比较容易受到运动伤害的部位是肋骨侧肌、手腕关节及腰椎。

（2）刚开始玩卡丁车的新手，每个人都会头晕目眩、产生胸侧肌肉的剧伤（因为离心力太大），这些都是正常的现象，习惯之后就会减轻。

（3）最常见的是腰椎疼痛，因座椅比较硬，加上路面颠簸，所以必须留意克服。

（4）手腕关节会因为长时间紧握方向盘引起疼痛，严重的容易造成骨膜受伤。

（5）大部分新手不习惯远超出正常范围的强大离心力，当离心力过大时，身体内的血液会受到影响，造成眩晕的反应，但只要经过几次练习就可以适应了。

（6）要避免上述运动伤害，最佳的方法就是做热身运动，并且多加一些护具，多一层保护。例如：头罩、护胸、背心、护腰及护颈等。

七、卡丁车场地规划准则

（1）室内卡丁车场：最少长600米，最多1 000米，宽至少6米。

（2）室外无变速箱的卡丁车比赛场：长度最多1 500米，宽至少8米，直线段最多170米。

（3）室外有变速箱的卡丁车比赛场：长最多2 500米，宽至少8米，直线长度不限。

（4）卡丁车运的动时间以20~30分钟为一个单元，卡丁车比赛场主

卡丁车赛场

卡丁车赛场鸟瞰

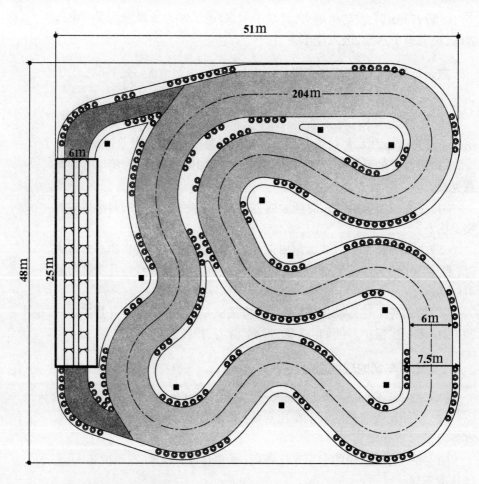
卡丁车跑道样式(参考一)

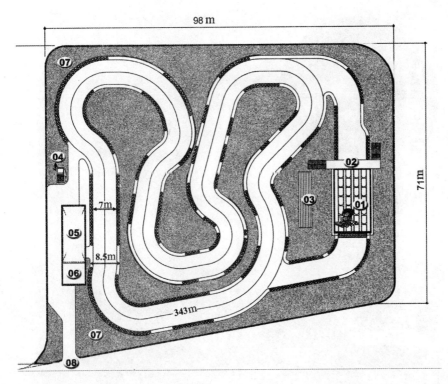

卡丁车跑道样式（参考二）

要设计数个左弯急弯道、右弯急弯道、1~2个直线加速道，单向行驶，不能逆向。

（5）赛车道可以有几个可弹性调整的路口或回转圈，用人为标示物临时封闭调控。

（6）赛车道急弯或容易冲出跑道的路段应有缓冲土丘与安全围栏设计。

（7）户外赛车场都需要配置一栋建筑，作为车辆存放、准备、保养及驾驶员更衣、教学的服务设施。

2.24 其他陆域项目（Others）

其他陆域运动游憩项目很多，但是本书聚焦于能与旅游休闲结合的户外运动项目，因此不包含田径运动、固定场地的球类、格斗、体操等运动。

野外动物骑乘

动物竞赛

沙雕创作竞赛

野外蛮荒探险

其他常见的陆域运动游憩项目还有赏鸟、拔河、飞盘、摩托车、跑酷、竞技风筝、滑板车、荒野探险、洞穴探险、狩猎、攀冰、泥地汽车赛、赛鸽、动物骑乘、动物竞赛、秋千、沙雕、冰雕、飞盘、草地滚球、街头蛇行板、滑山板、陆地风帆轮板等。

2.24.1 太空球（Zorbing）

太空球，也称悠波球、左宾球（Zorbing），是一项草地运动游憩项目，起源于20世纪90年代的新西兰。游戏者固定在一个透明的塑料球内，然后从一定坡度的、笔直的草坪上滚下。这项运动简单易行，又充满刺激和趣味。

太空球，是一个外径3米多、内径1.8米的巨

太空球（图片来源：永续社）

大双层球,球体由高分子聚合材料 PVC 制成,能够确保玩家的舒适和安全。玩之前先用鼓风机在外球和内球之间充满空气,其间由上千根色彩鲜艳的尼龙绳连接。乘坐者钻进球内之后,在工作人员的帮助下系好安全设备,利用惯性和引力,让球从具有一定坡度、笔直平坦的草坪上翻滚而下。在翻滚的过程中,挑战者将随球快速频繁地做 360° 大旋转动作,从而体验到失重与超重交替进行所带来的强烈刺激体验。

太空球适合郊外大型的草地丘陵区,因为地形开阔且有高低起伏的地形,适合多样化的滚法。灌木多的地方,树枝或尖锐石头容易刺破球体,但是可以采用类似修补自行车内胎的方式修补。最常见的 3 种悠波球的玩法是:

(1)固定式:乘坐者的四肢及腰部都被固定在球内的安全带上,身体随球一起翻滚。

(2)漂浮式:乘坐者不固定在球内,出发前工作人员将一两桶水灌进球里,水深大概 70 厘米左右。球翻滚时乘坐者漂浮在水上随球一起翻滚。

(3)自由行走式:乘坐者同样不固定在球内,球翻滚时人在球内行走,如果速度与球保持一致的话,可以一直在球内保持身体直立。这可是三种方式中难度最高的一种,没有多次尝试的经历,恐怕难以应付。

2.24.2 观鸟(Birdwatching)

观鸟是爱好者、社团活动众多的户外休闲项目。在自然环境中利用望远镜、鸟类图鉴、照相机等设备在不影响野生鸟类正常生活的前提下观赏鸟类,是一种健康的户外活动。

观鸟活动的穿着与设备与越野健行类似,需准备软帽、长袖、防晒、防寒、轻便鞋、轻背包、地图(手机 GPS)、照相机、脚架、望远镜、饮水等,在半日或一日的活动中,运动量也相当大。因为观鸟活动需深入自然荒野地区,参与者必须具备防止野生动物攻击及处理意外情况的知识,远距离赏鸟以邀同好者结伴前往为宜。

观鸟(图片来源:永续社)

观鸟常用配备

观鸟屋（自然材料建造）

观鸟塔楼

从观鸟活动中能学习许多自然生态的知识，例如陆域的鸟类栖息活动、食物与水域的鸟类不同，高、中、低海拔鸟类也不同，河川上游、中游、下游的鸟类也不同。从观鸟、了解鸟栖息地的消长变迁，可延伸至普遍的生态环保运动。

热门观鸟区多位于风景区、国家公园、河口、海滨、峡谷上游、沼泽湿地、沙洲等处。风景区主管机关可改善自然步道路径、观鸟栈台、观鸟墙、观鸟小木屋、解说设施等，鼓励人们进行观鸟活动。

2.24.3 拔河（Tug of War）

拔河运动是参与的双方体重同等级，透过拔河绳协力使力的运动，大多在户外草地上进行。当拔河绳上中心的红色标志点往任一侧偏移4米（白色标志）即为胜利。

因此拔河教练及选手所关心的是如何通过训练及姿势上的改变和靠绳位置的变化得以产生较佳及持续的水平拉力而获得胜利。

拔河比赛用绳，材质为马尼拉琼麻绳，直径3.2~3.8厘米（外围10~12.5厘米），户外比赛长度33米，室内比赛长度28米，绳子上不能有结节或握把。

拔河运动比赛场地，称为拔河道，必须水平而且平坦，或使用专用拔河道垫。

拔河运动（图片来源：永续社）

拔河道宽度 90 厘米，长度需容纳拔河绳全长，并且两方后侧各保留 4.5 米的安全缓冲区。使用拔河专用垫子时，因段差关系，为防止跌倒，也可以设计宽 15 厘米的安全区。为预防比赛开始后，优胜队向后退时，碰撞上墙壁以及障碍物，为安全性着想，必须设置端线，而且端线后面要有充分的场地。

遵守拔河的正确姿势，可以减少运动损伤，也可以确保比赛的公平性。

双手手心向上是正确的握绳法，不可以戴手套。

绳从腋下经过，不可将绳缠住手臂。

脚尖应在双膝之前，不可蹲着拉绳子，全身应伸展拉直。

传统拔河中，常见的弯腰向前、蹲着拉绳子，身体紧缩压低的姿势，容易对参与者造成伤害。

拔河握绳姿势

2.24.4　飞盘（Flying disk）

飞盘，香港称为飞碟，是流行多年的沙滩和草地运动，将塑料制的圆盘用力抛向前方上空，经一段飞行降落时，由自己或对面的人接住。许多宠物犬也会接飞盘。

飞盘最吸引人的是它的飞行，而飞行的动力源于"投掷"，而投掷又源于握盘，因此飞盘运动对身体、手、眼、脑有综合训练效果，近年来已发展出各种不同的玩法，包含飞盘高尔夫、飞盘足球、花式飞盘、争夺赛等。

世界飞盘联盟（World Flying Disc Federation, WFDF）每 2 年举办一次个人全能赛与团体赛。

飞盘

2.24.5　摩托车（Motorcycle）

以摩托车为载体的运动游憩项目，大多使用两轮的重机车，每种车型按发动机汽缸工作容积分成若干等级。越野车轮胎直径大，胎纹深刻，能克服各种涉溪、陡坡、草地、泥滩地形；公路车轮胎宽且光滑，贴地性良好，即使急弯、高速都能平稳驾驶。

摩托车竞赛形式可分为越野赛、多日赛、公路赛、场地赛和旅行赛等，以行驶速度或驾驶技巧评定名次。日本、意大利、德国、奥地利等为摩托车设计制造与运动最盛行的地区。

摩托车越野（图片来源：永续社）

公路摩托车

竞赛摩托车

越野摩托车

沙滩越野摩托车

2.24.6　跑酷（Parkour）

跑酷将各种日常设施当做障碍物或辅助，在其间迅速跑跳穿行，常被归类为一种极限运动。跑酷通过运动来增强身体对环境情况的应变能力，城市与野外皆可施行。

跑酷不限制行进动作，常见动作包含快速行走、跑步、跳跃着地、四脚爬行、攀爬、平衡、投掷、举重、翻滚、自我防卫及游泳等。跑酷者遇上的每一种新障碍物都是新的难题，而跨越障碍物的技巧是依靠快速的体重分配以及使用惯性动能，在身体快速移动的情况下，做出看似困难或不可能的动作。

吸收震动和分配能量也是跑酷运动中的关键要素，例如着地时的翻滚动作可以减少地面对双腿及脊椎的冲击，让运动者比一般人更能承受从高处落下的冲击。

跑酷运动

2.24.7 竞技风筝（Stunt Kite）

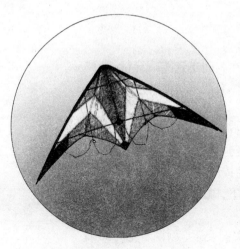

竞技风筝（图片来源：永续社）

沙滩、河滨高滩地或宽广草地常见风筝休闲活动。运动游憩功能更为突出的是特技风筝。特技风筝的结构较单线风筝不同，通常为双线或多线操控从而牵动主线，让风筝能进行往上、下、左、右和自转圈动作，而且可多人一起操控。在团体操作下风筝可变化组合极高难度的动作，比如，整齐划一的分列式、优雅的空中芭蕾、有趣的数字排列等特技花式。

近年的改变与设计使特技风筝比以往更容易操作，左右手控制两线可改变风筝的飞行方向。特技风筝也衍生出各种不同类，例如以风速分类可分为强风、中级风、微风等，也有大、小、轻、重不同的设计，其中又分双线、三线、四线、多线等控制方式。竞技型风筝在四级以上的风速飞行时时速可达

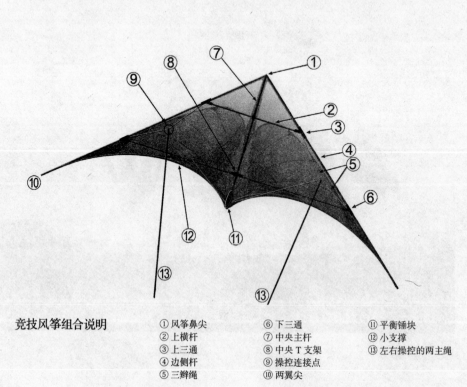

竞技风筝组合说明
① 风筝鼻尖　⑥ 下三通　⑪ 平衡锤块
② 上横杆　⑦ 中央主杆　⑫ 小支撑
③ 上三通　⑧ 中央T支架　⑬ 左右操控的两主绳
④ 边侧杆　⑨ 操控连接点
⑤ 三辫绳　⑩ 两翼尖

120~150公里/小时；芭蕾型风筝可以表演前进、倒退、旋转、停止等动作，可配合音乐表演飞行；翻滚（弹跳）型风筝，可做平翻、前翻、后翻等动作；两面型风筝，可以前后两面受风飞行；多向型风筝，可以 360°随意多向飞行；拖曳型风筝浮升力特别强，拖力特别大，可以风力为动力，延伸为风筝浪板、陆地风筝轮板。

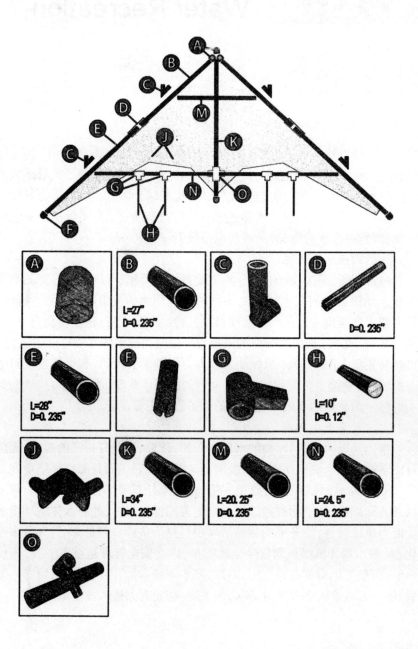

Ch.3 水域运动旅游
Water Recreation

一、水域环境特性

在户外自然环境中，水景观有生动感，无论瀑布、激流河川、缓流河川、湖泊水库、沼泽湿地、沙滩与礁岩海岸、水面与水底，都是风景体验的焦点。水体也是一种介质，能漂浮人体，也能结合风力、波浪、重力等外力创造多种运动游憩项目。水体或水滨生物聚集量多，有亲近观赏游憩的乐趣，因此在水域钓鱼、潜水观赏也很吸引游客。

（一）内陆水域环境

包含溪流、河川、湖泊等环境，但是溯溪与降溪、水滨钓鱼等都归类为陆域运动游憩项目。水域运动旅游特指利用水的波浪特性、漂流特性，借力使力发展出来的运动游憩项目，包含独木舟、皮艇、橡皮筏泛舟、SUP站立桨板、赛艇、河川表面浪的浪板等。但是内陆水体水质环境敏感，污染容易累积，不易排放；机械动力或人力太频繁的扰动，都可能造成对生态物种、食物链的负面影响，超过一定的游憩承载量，变成不可持续的运动游憩。因此内陆水域环境质量的维护管理更显重要。

（二）外海水域环境

指的是近海，可达性高的水域。潮汐、波浪、风向有一定的规律，因此可以掌握运用这些规律在近海发展运动游憩项目。而且海域环境空间宽广，帆船、冲浪、风筝浪板、拖曳气垫、水上摩托车等都有空间施展。除了敏感的珊瑚礁、特别物种栖地需要划定范围保护之外，外海水体的环境承受能力也比较强，能开展的旅游活动项目更为多样。但是海况、气象多变化，外海水域环境潜藏的危险也比较多，因此安全管理是重要事项，不仅帆船、游艇等出海都必须登记、追踪，海水浴场、冲浪海湾也都必须有人监看，淡季或看管人手不足时，就必须关闭，防止有人进入发生危险。

（三）水下环境

主要观赏水下动植物或特殊景观资源，例如溶岩洞穴、珊瑚礁、海下古迹、沉船都等。但是除了浮潜可以发展大众化项目，深水区的水肺潜水危险度很高，因此主管单位必须建立证照检核制度，只有受过专门训练或是健康无虞者才能体验深水潜水这项运动游憩项目。

二、水域项目分类

（1）身体接触运动：游泳、跳水、水球、水上芭蕾，都是徒手在静水表面开展的活动，可以在人工场地活动，也可以在湖、河、海等野外环境活动。

（2）水力运动：冲浪板、浮板、橡皮筏漂流、皮艇等，主要借助激流或风浪动态环境开展活动，运动者需要平衡驾驭载体。

（3）人力运动：独木舟、竹筏、SUP 划水板、赛艇、龙舟，都是在静水表面，主要依靠运动者人力划水的项目。

（4）风力运动：风帆板、风筝滑水板、风帆船，主要借助风力在水表面运动的项目。

（5）机械力运动：动力游艇、拖曳滑水板、拖曳香蕉船、拖曳胶筏、水上摩托艇、喷流钢铁人等，是主要借助机械动力的运动项目。

（6）水下运动：徒手浮潜、水肺潜水等，特性是潜入水下环境，观赏水下生物景观。

三、水域运动游憩管理

（1）水质管理：如前所述，运动游憩可能对水体造成扰动与污染，天气或人类排放也可能造成水体污染，不适宜游憩。因此主管单位必须经常监测水质，管控游憩承载量，排除污染量高的游憩活动（比如水库、湖泊里的大游泳比赛或机械柴油船艇活动）。

（2）安全管理：许多河川溪流山高水急，如遇山区暴雨或水库放水，数小时后就会导致中下游的洪峰。或是海况变化造成近岸潮汐、疯狗浪，不可预测。因此旅游资源主管机关必须与相关机关密切联系，通报警戒，迅速封闭亲水游憩场所。游憩船艇进出外海时，人员物品需要登记，以避免偷渡、走私活动。

（3）使用秩序管理：水体资源与空间有限，许多游憩与渔产活动都争相使用，容易造成活动互相干扰或冲突。比如水上摩托车、冲浪、船艇对于游泳、潜水活动的安全威胁，对于渔船动线、水域养殖的干扰等。主管机关应协调相关单位，分隔活动空间与活动时间，减少干扰或冲突的情形。

（4）生态保育管理：部分水体及水滨常为多种生物的栖息地，比如珊瑚礁、藻礁及海岸地景或河口鱼类洄游路径。运动游憩活动应回避敏感生态保护区、栖息地热点或回避敏感繁殖季节，在运动游憩与生态景观两者之间平衡双赢，永续发展。

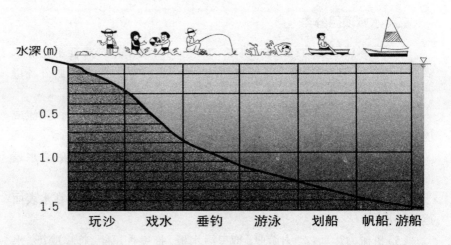

水深与适合活动参考图
（来源：藤原宣夫，1999，都市に水辺をつくる，技术书院）

表 3-1 水体水质适合运动游憩标准

分级	基准值						
	氢离子浓度指数（pH）	溶氧量（DO）（mg/L）	生化需氧量（BOD）（mg/L）	悬浮固体（SS）（mg/L）	大肠杆菌群（CFU/100 ml）	氨氮（NH₃-N）（mg/L）	总磷（TP）（mg/L）
I 类	6.5-8.5	6.5 以上	1 以下	25 以下	50 个以下	0.1 以下	0.02 以下
II 类	6.0-9.0	5.5 以上	2 以下	25 以下	5 000 个以下	0.3 以下	0.05 以下
III 类	6.0-9.0	4.5 以上	4 以下	40 以下	10 000 个以下	0.3 以下	—
IV 类	6.0-9.0	3 以上	—	100 以下	—	—	—
V 类	6.0-9.0	2 以上	—	无漂浮物且无油污	—	—	—

(1) I 类：适用于一级公共用水，可游泳、可与身体、口、鼻、眼接触。(2) II 类：适用于二级公共用水，可划船、冲浪，可与少量皮肤接触。(3) III 类：适用于三级公共用水，不宜与皮肤大量接触，需冲浴。(4) IV 类：适用于灌溉及作为产业用水，人体不宜进入水域水体。(5) V 类：不适合亲近，应避免水滨运动游憩活动。

表 3-2　海水域活动冲突表

	钓鱼	游泳	浮潜	水肺深潜	立桨板	手划船	冲浪板	风帆板	拖曳滑水	风筝板	拖曳伞垫	帆船	机动力船	喷流板
钓鱼	◎	×	×	△	△	△	×	×	×	×	×	△	×	×
游泳	×	◎	○	△	△	△	×	×	×	×	×	×	×	×
浮潜	×	○	◎	○	△	×	×	×	×	×	×	×	×	×
水肺深潜	△	△	○	◎	△	×	×	×	×	×	×	×	×	×
立桨板	△	△	△	△	◎	○	×	×	×	×	×	△	×	×
手划船	△	△	×	×	○	◎	×	×	△	×	×	△	×	×
冲浪板	×	×	×	×	×	×	◎	△	×	×	×	×	×	×
风帆板	×	×	×	×	×	×	△	◎	×	○	×	○	△	×
拖曳滑水	×	×	×	×	×	×	×	×	◎	×	×	△	△	×
风筝板	×	×	×	×	×	×	×	○	×	◎	×	×	×	×
拖曳伞垫	×	×	×	×	×	×	×	×	×	×	◎	×	○	×
帆船	△	×	×	×	△	△	×	○	△	×	×	◎	△	×
机动力船	×	×	×	×	×	×	×	△	△	×	○	△	◎	×
喷流板	×	×	×	×	×	×	×	×	×	×	×	×	×	◎

活动关系：◎ 很兼容　○ 部分兼容　△ 可能冲突　× 危险冲突

3.1　冲浪板（Surfing）

一、冲浪活动特性

冲浪是利用冲浪板越过涌起浪头的水上运动。冲浪时，冲浪者被海浪推着前进。目前最适合冲浪的地点是海上，但有些人会在湖泊、水库下游、激流或是人造波浪池冲浪，主要的装备是冲浪板和系在脚上的安全绳。冲浪起源于波利尼西亚人的古老

冲浪（图片来源：永续社）

文化,迄今流行于全世界,并衍生出数十种相关运动项目,包含沙地板、浅滩板、滑雪单板、拖曳划水板、滑板车等。

风吹过大面积的开阔水域会形成波浪,波浪接近陆地时,因海底地形拘束,会形成卷浪或水墙,最适合被冲浪活动利用。离岸的水下地形影响到浪的形式,尤其是海湾地形、海底有陡坡或礁岩带障碍时更容易形成卷浪。

浅滩近岸的浪比较难被冲浪者利用,必须要到离岸较远的海域,再从外海处循着海浪由外而内向岸边追逐好浪。

二、冲浪设备需求

冲浪主要的装备是冲浪板、系在脚上的安全绳及其他辅助用品(冲浪袜、冲浪蛙鞋等)。一般冲浪板除了趴板较容易外,其他的板型长度越长,难度越低。

(一)依冲浪板形态区分,主要分为下列几种

(1)长板(Longboard),长 3 米以上(国际常用冲浪板规格"ft")。

长板有着圆形的板头,因此在水中稳定得多,在大的海浪波上更容易控制,比较容易学习。就滑水速度、稳定度而言,长板最佳。

(2)翻波板(Funboard),长约 2.3 米左右,宽约 50~55 厘米。翻波板结合了短板的划桨力量与长板的转向能力,板身略短小,有三个尾舵,在下浪转向时,比较好控制,适合初学者使用练习。

(3)短板(Shortboard/ Thruster),长 1.8~2.1 米。短板的优势在于速度快且在冲浪中容易突破各种浪形,灵活度高为了加快速度以及加强力量的控制,放弃了划桨的设计。冲浪板宽约 53~63 厘米,一般为圆角方形板尾,常用于各大赛事常用,是为专业的冲浪手们设计的。

(4)趴板(Bodyboard),配合使用者的身高,约为 1.1 米。趴浪板比较短,呈长矩形,尾部内凹,软胶板浮力较强,只要将板贴近身体下方,紧抱或紧握,就可随着波浪推力,随波摆荡。趴板适用于不同年龄的冲浪者,是最安全的选择之一。趴板的材质有聚苯乙烯、泡棉、木头、玻璃纤维等。而且价格便宜,是入门及 360° 转身冲浪的最佳选择。趴板适合在溪流小场域运动,也是求生技术中徒手救人的最佳工具。

(5)鱼板(Fishboard),1.72~2.11 米。

长板

鱼板

①长板;②翻波板;③枪板;④马里布板;⑤混合板;⑥短板;⑦鱼板;⑧趴板;
⑨拖板（滑水板,风筝板）

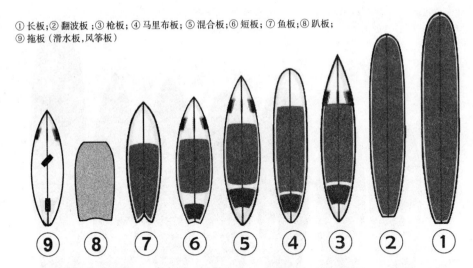

冲浪板种类说明（图片改绘自：eTexнические работы, s.pikabu.ru/techworks）

鱼板与其他板最大的不同是它具有更宽更圆的板头，整体板形更宽广。鱼板宽约60~73厘米，大多有两个尾舵。鱼板改善了波的捕捉能力，同时保持了速度和机动性能，非常适合小中型波。鱼板浮力大，易起承，小浪也可以冲且较灵活，板子又短，携带方便。

（6）枪板（Gunboard）,2~3.3米。

枪板有着长而窄的板头和尖尖的板尾。因为它们的形状让他们更容易冲进大浪，陡波也更容易控制，因此枪板适用于大波冲浪。"枪板"的名字来源于"大象枪"一词，指板是冲浪者的枪可以追捕巨浪。

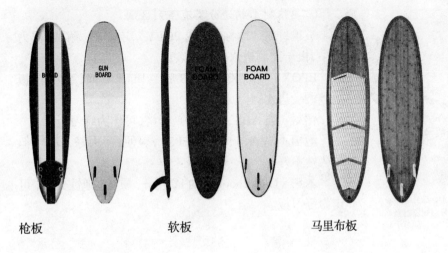

枪板　　　　　　　　软板　　　　　　　　马里布板

（7）马里布板（Malibu or Mini-Mal），2.3~3 米。

马里布板简称"小热"，外形与长板相似，但长度较短，通常有一个大的鳍或三个小鳍，较窄的宽度和尾部适合急转弯。

（8）软板（Foamboard）。

软板设计适合初学者，因为它们是泡棉做的，冲浪者更容易追上浪，也更容易站起来，在水中更加稳定。也因为泡棉的材质，软板易伤害冲浪者与周围的人，所以是在小空间场域玩冲浪的最佳选择。

（二）依材质构造分类有下列区别

玻璃纤维（简称 PU 或 POLY），有弹性，耐晒，浮力适中，板子破洞进水会留在表面。

EPOXY（环氧树脂，AB 胶），质轻，耐撞，浮力好，板子破洞会进水。

塑料（类 ABS、S-Core），经济，可作为练习板。

泡棉（EVA、PP、PE、EPS），轻便，浮力好，安全，但耐久性不好。

木头（Old school 系列），经济，质重，弹性欠佳，可作为练习板。

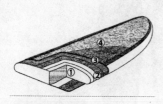

冲浪板材质构造

① 浮力泡棉；② 柔性碳纤维
③ 玻璃纤维；④ 环氧树脂抛光

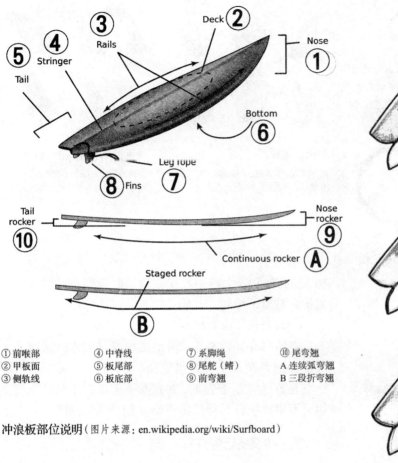

① 前喉部　④ 中脊线　⑦ 系脚绳　⑩ 尾弯翘
② 甲板面　⑤ 板尾部　⑧ 尾舵（鳍）　A 连续弧弯翘
③ 侧轨线　⑥ 板底部　⑨ 前弯翘　B 三段折弯翘

冲浪板部位说明（图片来源：en.wikipedia.org/wiki/Surfboard）

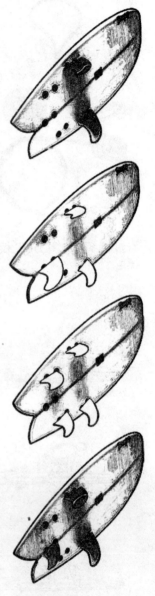

尾舵配置方式

（参考改绘自：store.magicseaweed.com/blog/fcs-choosing-a-quad-set/）

（三）板尾（Tail）

构造分类很多种，常见圆头、尖头、方尾、鱼尾 4 种，其中半圆形偏尖的板头比较灵活。

（四）尾舵（Fins）

设计分类有下列区别：

尖尾，速度最快但转向最不灵活。

方尾，速度和转向都适中，分为大方尾和小方尾。

燕尾，速度最慢但转向最灵活。

（五）冲浪脚绳（必需装备）

从事冲浪运动保障运动者安全的装备，当冲浪者落水时，可抓着它回到冲浪板。冲浪脚绳的一般长度与板子一样长或稍长（例如 7 尺或 6 尺的板子可选择 8 尺或

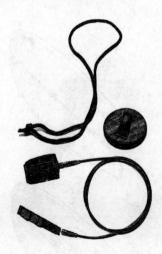

冲浪板尾样式
①圆方尾；②瓜尾；③尖尾；④方尾；⑤燕尾；⑥圆尾

冲浪板尾舵样式
①圆头舵；②长舵；③宽舵；④灵活舵；⑤长舌舵；⑥方舵

行浪板系脚绳，防止浪板漂走

①划水出海；②起乘站起；③站立平衡

冲浪板入门技巧
（图片来源：elsewheresurfcamps.com/product/lessons/）

10尺的脚绳），太短则容易在落水时撞到自己的板子，太长会被绳子缠住。

（六）蜡块（基本配备）

将蜡打在冲浪板上，可增加板身与人体的摩擦力，可让冲浪者在板子上站得更稳，坐得更直，避免打滑。缺点是容易将板子弄脏，并且要不定期将蜡刮掉重打。如果不用蜡块就必须贴防滑垫，脚上加穿防滑鞋。

三、冲浪技巧简介

冲浪前必须要先学习在海上游泳与划水的技巧，掌握趴在浪板上划到外海浪区的技术。有合适的浪潮来时，再行冲浪。

冲浪的入门技巧可分为下列五个动作：划水出海、越浪、转弯、浪板乘坐、起乘站起。

（1）划水出海（Start）：初学者必须先在沙滩上学习趴在冲浪板上，并练习用手划水的动作，这是冲浪学习的基本技巧。冲浪者首先要卧趴在浪板上，将浪板划向外海，找出自己在板上的重心，其次划水出海需要正确地大幅度手划水，控制冲浪板往前或转弯。因此未练习好划水之前，切勿尝试站立驾乘，必须趴在浪板上反复练习，熟悉划水要领。

（2）越浪（Over waves）：指的是翻越波浪的技巧，

当人与浪板还在浅水区时,双脚可落到海底,双手提起浪板出水且抓住浪板两侧横放于身体的侧边,当浪花即将到达,跳起以缓冲滚动浪花的冲力。

越浪时,将身体略往前倾,且将重心往板头移动,可减缓海浪对人的撞击。永远保持让身体首先与浪花撞击,然后才是浪板,因为浪板与浪花撞击之后,如果没抓稳浪板,很可能会再撞击到身体从而造成伤害,所以要保持人与浪板之间的距离。

①潜越(Dive):当人已经划出浅水区,浪涌来时必须像鸭子一般将全身潜入水中,避开海浪对人体的直接撞击。当波浪距离身体只有几米时,双手应紧握住浪板两侧(约在胸口与肩膀左右的板缘处),将身体的上半身撑起,并且将一只脚放置于板尾(较习惯的脚,通常为绑脚绳的那只脚),当波浪或是白浪花即将扑下来时,先利用身体的重量往浪板的前面部分施力,使浪板前半部没入水中,同时再利用置于板尾的那只脚往下施力,使整个浪板完全沉入水中,此时也尽量让身体没入水中,避开海水表面的大浪冲击。当波浪即将由身体上方通过时,再利用放置于板尾的脚将板尾向下压,使浪板头露出水面,利用浪板本身的浮力与先前推动板尾的推力,让人与浪板重新浮出水面,然后继续往外海方向划水。

②翻转潜越(Turn Drive),适用于浮力较大的长板(Long board)或初学板(Fun Board),其动作的原理与一般的潜越相同,只是人与浪板所在的位置不同,在波浪来袭距人体仅有几米时,将人与浪板翻转,使浪板底部朝上而人与板面没入水中,然后人在水中利用身体在水中的重量,用手将浪板的前面部分拉向自己,使其没入水下;当浪即将扑下来时,双脚夹住板尾,再施力将板尾拉入水中。当波浪通过之后,再将板头推出水面,利用上升的浮力顺势翻转浪板,使人与浪板恢复划水的姿势,然后继续划向起浪区。

冲浪者需要十分熟练越浪的技巧,并且要能视浪况的不同调整身体,要多练习才能掌握诀窍。

(3)浪板乘坐(Sitting),当大浪还没来时,可以跨坐在浪板的中间,用"打蛋氏踩水"的动作将浪板的方位调

基本技巧——起乘站起

(图片来源:Wiki How-Surfing)

起乘站起手脚位置

整至与海浪呈 45 度角,然后等待适合的大浪出现。

追浪(Catch wave),当看到合适的大浪从外海涌来时,调整浪板方向,面对沙滩开始追逐浪头,手部以自由式姿势划水,以每次划水 8 次(8 个拍子)的节奏,追上浪头。

(4)转弯(Cutbacks and Turns)时,必须一手握住浪板的前方,单手划水,好让浪板与身体能够左右转弯;接近浪头时,先做掉头回岸的动作,以便让浪板与海岸垂直。最后,当浪潮由后方涌来时,再用双手助划,并随浪势开始冲浪。

(5)起乘站起(Take off、Standup),当海浪推动冲浪板滑动时,就要开始起乘,用双手迅速将身体撑起,前脚拉到肚子下面站立在浪板的重心部分,眼睛直视打算冲浪的路径,两腿前后自然微屈开立(通常是平衡腿在前,控制腿在后)。建议初学者先冲直浪,多练习几次再尝试卷浪、涌浪等。

(6)冲浪板比赛,比赛主要根据冲浪者在规定时间内完成的冲浪数量和质量评分,采用 20 分制进行评分,如在 30 分钟内冲 3 个浪或 45 分钟内冲 3 个浪,再根据冲浪运动员冲浪的起滑、转弯、滑行距离和选择浪的难易程度等进行评分。

四、冲浪安全准则

(1)冲浪跟所有的运动一样,如果不够了解如何冲浪及相关的安全知识,会存在潜在的危险,若是明白如何保护自己,安全冲浪,冲浪就变成一种很刺激、好玩的运动游憩项目。

(2)冲浪必须先学游泳,当人们可以安心安全地在水里游泳后,才可以开始学冲浪。

(3)初级的冲浪手,应注意下水前要检查装备,如冲浪板是否打过蜡,安全绳、救生衣,并且做 20 分钟暖身运动后游泳才可下海冲浪。在岸上手持浪板必须注意让尾舵(fin)往身体内侧摆放,避免伤人也保护尾舵。

(4)在沙滩上做柔软体操时,海风可能十分强劲,需要赶快绑好安全脚绳,身体要站在顺风方向的前缘,免得被冲浪板打到受伤。

(5)拿着冲浪板朝海边走出去时,冲浪板应置于身体的侧面,千万不可把浪板放在身体前面,防止海浪撞击浪板打到自己的身体。

(6)冲浪板由外海冲回岸边水深约 30 厘米时,立即下板,避免冲浪板直接冲击到石头,可能折断冲浪板。

(7)冲浪板与海浪撞击时,不可用手拉安全脚绳和冲浪板,以免手被拉伤。

（8）海上冲浪时要与其他冲浪者或游泳者保持4至6米的距离，避免互相干扰或意外伤害。

（9）起乘冲浪的惯例是以最靠近海浪崩溃点（白浪花）为优先，并且当第一个冲浪者站立起来时，旁边的冲浪手都要暂缓动作，如果旁边的冲浪者也抢着起乘，很容易发生意外事故。

（10）海上冲浪以一人冲一道浪为原则，倘若最靠近浪头点的冲浪者挑战失败，则向两侧接近浪头的冲浪者顺延，以此类推。

（11）在冲大浪时最前面的冲浪手跟旁边、中间或后面的冲浪手都要保持3个浪板的安全距离，免得"疯狗浪"盖下来时，冲浪者的冲浪板和安全绳缠在一起。

（12）在外海冲浪时，如果有一道"疯浪"从上方整排盖下来时，最靠近第一个起浪区的冲浪手要迅速把冲浪板往后丢，赶紧划水、潜水躲藏。

（13）从中间崩溃往两边斜面推进的海浪是冲浪最好的浪形，最危险且最不好的浪是一排涌起瞬间崩溃的海浪，这样的浪应尽可能避开。

（14）在海中冲浪时如果看到水母出现，或是被水母咬到，应赶快上岸休息。

（15）冲浪时如果碰到往外海外面拉出去的海流时，要以斜面方向跟着海流走，把握海浪，千万不要把安全脚绳丢掉游泳游回来，应趴在浪板上休息等待救援。

五、冲浪场域规划

溪流、水库下游都有冲浪游憩资源，大多数海湾都有规律的潮汐与风浪，也有许多海岸存在危险的礁岩与暗流。旅游主管部门应该调查区内最适宜冲浪活动的资源与危险的海域，规划安全的冲浪场。

（1）冲浪区场域适宜条件

接近沙滩的近岸海域。

海岸岩质为珊瑚礁或砂岩，能形成连续浪。

海岸线或防波堤能构成大的潮差潮或崩溃浪。

水质良好，大肠杆菌 <1 000（CFU/100 ml）、COD>2mpn，透视度 >30厘米。

（2）宜有专责管理单位

冲浪海湾的开放季节应有管理员、救生员进驻，并且每日提供海况、气象、水母活动等信息。非开放季节无人看守时，也应提供安全救难设施、危险区警示和求助紧急联络电话等。

（3）宜有服务设施

冲浪海滨区必须设置救生棚，提供救护。也可提供淡水冲洗、更衣、厕所、商店、休息、仓库等服务设施，可收取相应的清洁费、维护费。

（4）使用水域区隔

冲浪区、游泳区、潜水区、无动力船区、动力船舶区、幼童戏水区应有整体规划与分隔，避免互相干扰，影响游憩质量，也影响安全。

（5）使用陆域区隔

沙滩上，冲浪板宜在专区排放，或摆放在固定架、立体架并系扣固定。

3.2 风帆板（Windsurfing）

一、风帆板活动特性

风帆板运动（图片来源：永续社）

风帆板也就是风浪板，就是"浪板＋风帆"。运动员站在浪板上操控风帆移动，如同驾驭帆船，又像驾驭浪板。可以在海滨、湖泊及静水河流上活动，是热门的新兴运动游憩项目。

风帆板具由有稳向板的板体、有万向节的桅杆、帆和帆杆组成。运动员站在板上，利用自然风力，通过帆杆操纵帆使帆板运动在水面上行驶，通过改变帆的受风中心和板体的重心位置转向，能体验到与帆船不同的乐趣。

1967年美国加州南部的冲浪爱好者继承风帆滑水板的构思，用一个万向接头将聚集在一起的桅杆、操纵杆和帆衔接于冲浪板上，而聚集在一起的尾竿、操纵杆和帆可在各个方向移动，使帆在不同的位置受风，借此操纵其前进的方向，如此使得冲浪板拥有原来冲浪的功能，又可以借着风力飞快地奔驰在海面上；此发明获得了专利权，这就是目前常见、常用的风帆板（Windsurfing）。1984年风帆板运动列入洛杉矶奥运会正式比赛项目。

风帆板的比赛项目区别大致上分为两种板型，有中央板设计的为"长板"，无中央板设计的为"短板"。目前风帆板国际比赛中，"长板"分成标准型（奥运标准）及开放型（不限制帆型及船板

风帆板外观

型），比赛以绕标竞速为主。"短板"赛制则以曲道赛、长距离竞速赛，及花式赛为主。

（1）绕标竞速：航行者必须按照指定的路线，绕行海上所设定的各个三角浮标。绕标竞速检验选手对于逆风、侧顺风、顺风的驾驶技术，也是最具代表性的竞赛。

（2）曲道赛：选手把握最短的时间，驾驭风浪板绕行置于海上的数个浮筒。

（3）长距离竞速赛：又名海上马拉松，先抵达终点者为胜，考验选手体力及驾驭能力的比赛。

（4）花式赛。选手必须具备熟练的技巧，表演各种花式动作（如跳浪、逆风对帆驾驶法等），并由裁判团评分，分数高者为优胜。花式动作包括指定动作与自选动作。

二、风帆板设备需求

风帆板就如一艘迷你小帆船，船缩小成一个板，尾舵固定。风帆与板体连接在一起，但是由一个万向接头连接，会向前后左右四面八方倒落。驾板者必须紧握风帆横杆，顺着风势、浪势保持平衡，迎风蛇行前进。主要设备介绍如下：

（1）浪板（Board）：浪板大多由玻璃纤维或合成塑料制成，前后圆或略尖，耐海浪撞击，蜂巢中空。长度约3米，宽度约0.8米，重量约16~20千克。浪板面上有紧密粘接的止滑橡皮垫、脚套（3~4个，固定在风浪板的板后端，方便套脚站立）。

浪板能适应不同的目的需求，样式可分为标准型（One Design）、方程式（Formula）、竞速型（Race）、曲道竞速型（Salom）、花式表演型（Freestyle）、浪区型（Wave）。板的长度（220~380毫米）、宽度（50~100毫米）、浮力（60~250升水的重力）等有一定规定。浪板材质以合成塑料、玻璃纤维、碳纤维、铝合金较为普遍。

（2）舵板（Rudder）：船底下方有一个尾舵（Wav Fin）及一个中央舵（Dagger Board），用来稳定船板直线行进的方向，需搭配帆的大小与船板性质（练习、竞速、表演）来做更换。

（3）风帆（Canvas）：也是分为竞速、曲道竞速、花式表演、浪区等不同形式。材料采用质轻的高强度人造纤维织物，耐候性良好，对于湿润盐分环境有抗撕裂性能。风帆面积约7~9平方米，大多设计得色彩鲜艳，让岸上看见风帆板运动的魅力，更多的风帆板将帆的中央部分改用透明材质（透明聚酯薄膜），让驾驭者能得到更好的视野。在驾驭风帆板的过程

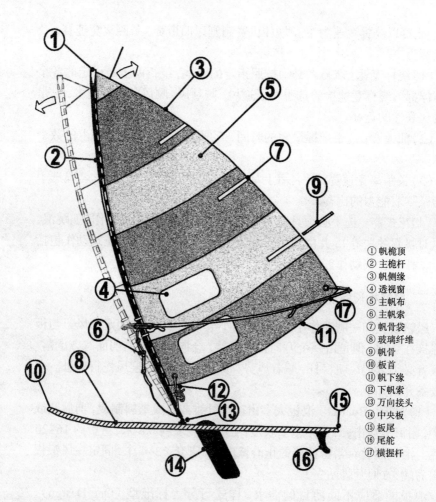

风帆板构造说明（作者参考改绘）

① 帆桅顶
② 主桅杆
③ 帆侧缘
④ 透视窗
⑤ 主帆布
⑥ 主帆索
⑦ 帆骨袋
⑧ 玻璃纤维
⑨ 帆骨
⑩ 板首
⑪ 帆下缘
⑫ 下帆索
⑬ 万向接头
⑭ 中央板
⑮ 板尾
⑯ 尾舵
⑰ 横握杆

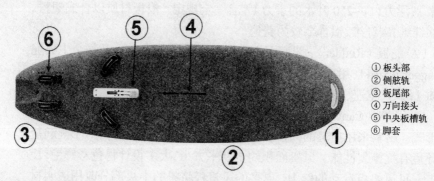

风帆板上面设置

① 板头部
② 侧舷轨
③ 板尾部
④ 万向接头
⑤ 中央板槽轨
⑥ 脚套

风帆板底部的尾舵与中央板

万向接头

改良式万向接头

座鞍带背面

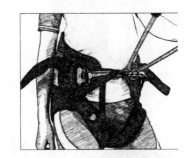
座鞍带系结方式

操控杆（横杆握把）

中可以通过调整风帆的角度，使风帆板在顺风、逆风、侧风的条件下均可前进，行驶8~15节的航速。

（4）桅杆（Mast）：直通中空的上下两截管子，可结合成高约4米的桅杆。桅杆由碳纤维材料制成，具高强度韧性，能像弓一般耐风力弯折，由一个万向接头底座（Mast Base）连接在浪板上，可以前后左右自由倾斜调整角度。桅杆下端附带一条起帆绳，风帆倒伏于水面时，可借由起帆绳拉起风帆与桅杆。

（5）操控杆（Boom）：环绕风帆的椭圆弧把手，由碳纤维材料制成，风帆手可以在帆的左右侧握抓把手，借由前后两手施力及身体重心移动，操控风帆的方向。

（6）挂钩腰套（Waist Harness）：套在风帆手的身体上，使用有弹性的挂钩绳扣（Harness Line）在操控杆上，在强风中可以利用身体重心牵引风帆板，分担手臂拉帆的力量。挂钩腰套分为胸式、腰式及腰座两用式三种，配合波浪环境需求选用不同的挂钩腰套。

（7）防寒衣（Wet Suit）：具有保暖、浮力、快干、透气、降低风阻等作用，依风帆手的需求做不同的选择。

（8）胶鞋（Boot）：紧贴如袜，具有轻薄、不吸水、止滑、透气的特性。

（9）救生衣（Life Vest）：水上活动必备品，浮力30千克水重力以上。

防水防寒衣

救生背心

防强风的帽子

主帆索

防水手套

脚套环

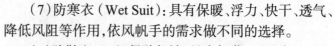

①尼龙主帆布；②碳纤竖桅杆；③横握杆与系索；④万向接头

风帆板主要配件

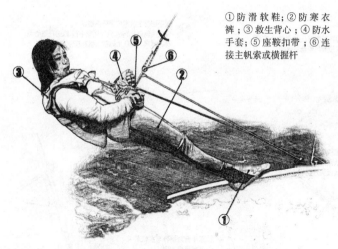
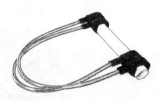

①防滑软鞋；②防寒衣裤；③救生背心；④防水手套；⑤座鞍扣带；⑥连接主帆索或横握杆

U形索（系在横握杆上）

选手身体设备示意（改绘自：法国运动百科全书）

三、风帆板基本操控技巧

（1）起帆出海：拉起帆布与桅杆，调整身体平衡踩踏于浪板中心，双手拉起帆绳，身体微向后倾，双脚微屈，运用身体后仰的力量将帆拉起。然后双手握住操纵杆两侧，使帆与风成垂直方向，并且保持身体平衡。

（2）使帆受风：将帆尾拉向浪板后侧，使帆面受风。

（3）顺风偏转：两手握持操纵杆，往浪板头方向倾斜，使风压中心移至帆尾，船头方向朝顺风方向偏转。

（4）迎风偏转：两手握持操纵杆，往浪板尾方向倾斜，使风压中心移至帆头，船头朝迎风方向偏转。

（5）顺风转向：将桅杆往板头方向倾斜，使风压中心移至浪板尾，板头向顺风方向偏转。将后脚踩至浪板尾端，使浪板重心移至浪板尾部，重心放在后脚，使船头做180度转向。双脚站立于浪板后方，使浪板头迅速转向。然后迅速使双脚换至另一侧，把帆甩至正面受风。

（6）迎风转向：把桅杆向船尾倾斜，使风压中心移至帆头，使船头朝迎风面偏转。当船偏转到只航区时，双手抓操纵杆两侧，面向船尾，使帆与风成90°角。然后迅速换至另一侧，把桅杆倾斜至船头方向受风使浪板前进，顺利完成迎风转向动作。

（7）划水巡航：完全没有风的时候，只能划水前进。双手拉操纵杆两侧，打开操纵杆固定座，把操纵杆向下调至最低处。将帆放在船尾，使帆离开水面，减轻阻力。拿起中央舵板，坐在万向接头与桅杆处（重心处），

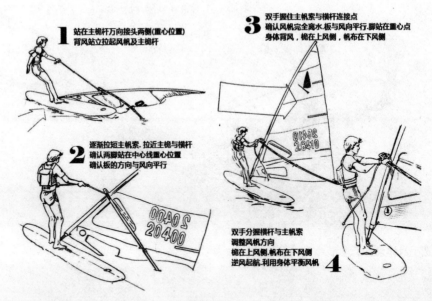

起航基本动作（图片来源：www.originalwindsurfer.com/site/main_1 973）

用中央板做桨划水。

四、风帆板安全守则

（1）下水前应检查桅杆帆具上的绳结是否牢靠且位于定点（含可调控的距离），吹袭离岸风时，初学者不宜下水。

（2）风帆板活动最常见的意外为高速航行时，被渔网钩到，或被浮木和浅礁撞击等造成风浪板失控，造成身体伤害。因此风帆手必须熟悉海域环境情况。

（3）与水上摩托车、快艇、渔船等保持安全距离，动力船艇的尾浪可能使风帆板翻覆或产生撞击。如果发现有动力船艇直冲而来，或是绕着风浪板行驶，可以大声呼叫，请动力船艇远离风浪板的前进方向。

（4）风帆板脚套要合适，才能在海浪中穿、脱、换脚灵便。多礁岩地区，出航时尽可能戴安全帽，保护头部，防止撞击。

（5）尽可能结伴同行，万一发生漂流，还能互相支持照应。

（6）在海上突然遭遇强风大浪，切忌紧抓住横杆，此时风的拉力太强，很容易造成运动伤害，或身体被帆面撞击。应该让身体自然落水，然后再游近风帆板重新起帆。

（7）如果体力衰竭，或是风帆板损坏，在海上漂流，不可离开风帆板，

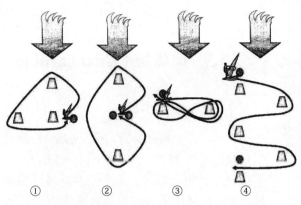

① 三角绕标；② 顺风及逆风；③ 激流八字形绕标；④ 激流下风前进

四种风帆板绕标赛平面图

（图片来源：www.calcupevents.com/BWS_Slalom_Map）

配合风向改变帆布角度前进

（图片来源：howtowindsurf101.com/how-to-gybe/）

应在海上静待救援。

五、风帆板场域规划与管理

只要有河、湖、海的水域，都可以发展风帆板。旅游机关必须调查各个热门水域的环境情况，为风帆板场域的规划和管理提供信息。

（1）适合发展风帆板的场域条件：

潮差大，浪高 <1.5 米，无卷浪。

最小水深 >1.5 米，无尖锐突出暗礁。

风速 <10 米 / 秒，水流速 <1 米 / 秒。

水质适宜人体接触，无工业污染。

（2）下水岸点（风帆板集聚点）提供服务（救生、器材、厕所、解说等）。

（3）提供潮汐时间、地形变化、海流强弱、外围环境（暗礁、渔网、浮标、禁航区等）等信息。

（4）划设陆域（下水岸点）与水域安全活动范围，养殖渔网区、暗礁区、船航道设置浮标，限制风帆板活动。

（5）主管机关提供运动游憩服务，保护运动游憩者，也实施相关管理，例如要求风帆板社团、经营者登记与自我安全管理等。

3.3 风筝板（Kiteboarding）

一、风筝板活动特性

风筝板运动　（图片来源：永续社）

风筝冲浪、风筝浪板、风筝滑水，是新兴的运动游憩项目，中英文名称尚未统一。风筝板就是在海上放飞大风筝，手握风筝操纵杆，脚踏风筝浪板或冲浪板在水面航行的运动，是近年来迅速普及发展的运动游憩项目。

风筝滑水技术的原理非常简单，就是将充气风筝用两条或四条强韧的绳子连接到手持横杆上，借着操作横杆来控制风筝的上升、下降及转向，并结合脚下踩着的各式滑板在海面、湖面、沙滩、雪地上滑行甚至将人带离水面做各种花式动作。

通过大型风筝的力量可以有效地带动人体在水面滑行或者飞跃高空。该运动需要充足的风来进行操作。随着风筝技术的进步，目前已经可从 8 节（knots）的风况玩到 40 节（knots）。

一般 5~16 平方米的风筝最为常使用的尺寸。风力越大使用越小尺寸的风筝，反之亦然。板子则分为双向板（Twin Tip）及单向板（Directional）。双向板类似滑水板，由板子、脚套、尾舵组成，适合新手练习及花式动作（Free Style）。

单向板则类似冲浪板外加脚套。适合竞速、浪区动作。风筝冲浪玩家身上还需要穿着一件挂钩衣（Harness），借此连接风筝。

风筝冲浪是起源于夏威夷的一项运动，最初是一个热衷快艇滑水的美国人从滑翔伞中得到灵感，后来将滑翔伞和冲浪板结合起来，由此发明了这项短时间风靡所有热带海岸地区的运动。

二、风筝板配备需求

（1）风筝：风筝具有充气式支架，坠落时会浮于水面，运用技巧可使它重新起飞。有两条线、四条线、五条线等多种样式。目前充气式支架风筝大多流行五线的样式。五线风筝操控需要更多的练习但可随时调整风筝拉力，更安全而且可以从水中重新起飞。

(2)风筝线：风筝线具有不吸水、低延展的特性，可承受500磅以上的拉力，再加上抗紫外线处理，耐久性很好。线长一般为27米，如果风筝面积不变，长度越长，风筝的力量越大。如果使用红色线，一般装在控制握把左手侧，与把手同色，以方便判断风筝绕圈后握把的正确方向。

(3)控制握把：控制握把配合风筝设计，有铝合金、碳纤维等不同材质。碳纤维把手具有质轻坚韧、弹性好的特性，使用者较多。控制握把上有风筝拉力调整装置及紧急释放系统。

(4)腰带（鞍带）：类似于风帆板将人与风帆握把连接，风筝板也将人与风筝连接，以防两手没握住，风筝飞跑。腰带也能利用身体重心控制风筝，腰带（鞍带）分为坐式及腰式两种，坐式使用起来较轻松，可用臀部的扭力协助操控；腰式操作更为灵活，可以用来做许多种花式动作。

(5)滑板：有些风筝冲浪板用一般冲浪长板改良而成，前尖后圆，浮力强，容易操控，但是滑行转向时必须换脚，不灵活。因此更多人采用双向板，两头形状一样，转向灵活，可表演多种空中花式动作。

三、风筝浪板行动准则

因为风筝飞起来的力量很大，若操作不当，可能会强力将人拖走，或突然将人拉离水面、地面。过长的风筝线，

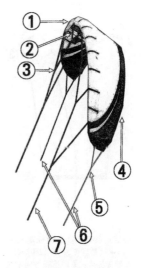

①前侧缘（充气囊）；②前后缘支撑管（充气囊）；③左、右侧辫叉线；④前侧缘（无充气囊）；⑤左、右翼尖辫叉线；⑥左、右舵（红、灰色）操控线；⑦前侧缘方向主线

风筝板控制线说明
(作者参考改绘)

风筝板腰鞍带

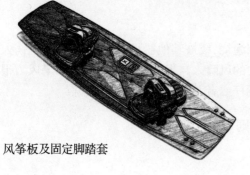

风筝板及固定脚踏套

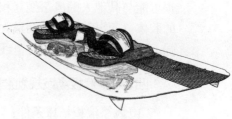

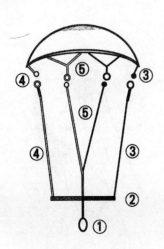
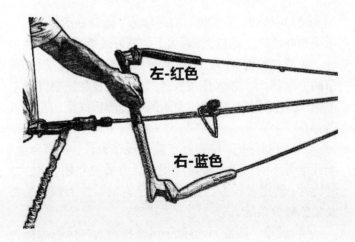

风筝板操纵杆与鞍带连接环

①鞍带连接环；②平衡控制杆（左手左侧永远是红色）；③右侧操控线；④左侧操控线；⑤前侧缘方向主线

风筝板控制线

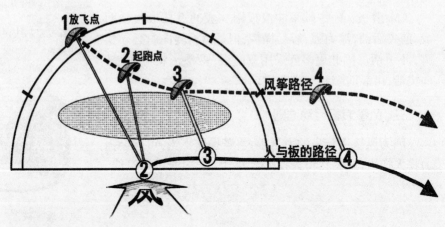

风筝板放飞平行移动图（作者参考改绘）

很可能与其他人的风筝线互相缠绕，或被其他船只的桅杆卷住，或割伤人的肢体。而风筝浪板活动最大的风险来自捉摸不定的风向。如果风力很强，而且风向不定，要留心电线杆或者其他障碍物。

四、风筝浪板场域规划准则

（1）风筝浪板场域条件：

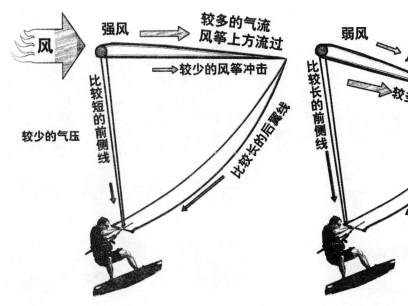

风筝线收放操纵图（作者参考改绘）

水深 >1.5 米，水底无尖锐岩礁。
行驶水道宽度 >100 米。
风速 <10 米/秒，水流速 <1 米/秒。
浪高 <1.5 米，无卷浪。

（2）风筝浪板场域与拖曳伞类同，但是一个被船拖，一个被风拖，速度与工具不同，仍然会互相干扰甚至产生冲突，因此，当相互回避。航道宽度宜有 20~40 米。

（3）风筝浪板速度较快，在水域应回避船艇、游泳、潜水等慢速度活动者。

（4）风筝浪板或风筝轮滑板在陆域沙滩上或硬铺面上，应回避静止、步行或自行车等慢速度活动者。

（5）风筝浪板与软布料飞行伞、拖曳伞不同的是固定支撑架，体积很大，应规划汽车、拖车到达海岸的路径，便于风筝浪板的运送。

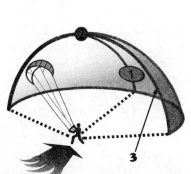

①最强风点；②最弱风点；③风窗域边缘

风窗域利用（作者参考改绘）

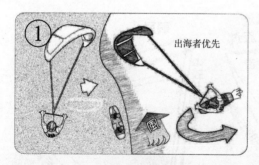

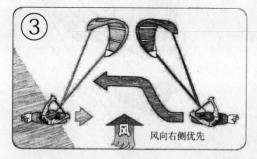
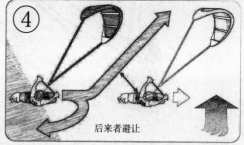
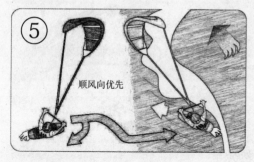
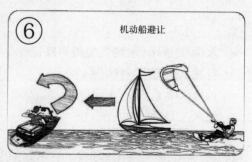
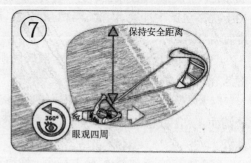

风筝板水上活动避让规则
（改绘自意大利旅游局资料）

① 即将上岸者避让即将出海者。
② 风筝板避让游泳者、潜水者、冲浪者，避让手划船，避让风帆船。
③ 两人相对方向时，风从左侧来者先往右避让前方活动者。
④ 两人同方向时，在后方者回转避让，或保持安全距离，向左前方避让。
⑤ 两人垂直方向时，垂直潮浪线者避让平行潮浪线者。
⑥ 机动船避让帆船与风筝板。
⑦ 随时观测周围物体，保持安全距离。

Ch.3 水域运动旅游 (Water Recreation)

风筝落地

草地上带轮子的风筝板
雪地上、砂丘上的板不带轮

3.4 拖曳滑水（Wakeboard Water Skilling）

一、拖曳滑水活动特性

拖曳滑水运动是水上运动游憩项目，滑水者的双脚踏单片板或踏两面橇板在水面上滑行，前面由水上摩托艇或动力快艇拖曳。拖曳滑水活动起源于20世纪初的美国，并迅速在欧美国家普及。滑水运动在海面、湖面、江面上都可以开展，借由船艇拖拉、转弯、加速，在水面上享受翻、转、跳、跃等乐趣，滑水者需要肢体协调与良好的平衡能力。参与者应有的装备，包括快艇（或水上摩托艇）、滑水板、滑水绳、拉把、救生衣和手套等。

滑水运动（图片来源：永续社）

滑水板有滑水单板、滑水浪板、滑水双橇等类型。1988年为了能与国际奥林匹克委员会名称统一，成立于1946年的"国际滑水联盟"改名为"国际滑水联合会"（International Water Ski Federation），滑水运动也正式成为奥委会正式竞技项目，目前也被列为世界运动会水上运动项目。

快艇拉的拖曳板

钢缆滑轮拉的拖曳板

拖曳滑水（跳台一）

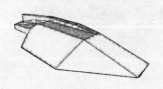

拖曳滑水（跳台二）

拖曳滑水运动项目包含：花式板、回旋板、跳跃板、尾波（宽板）、跪板、竞速板（Ski Racing）等项目，还有不使用滑水板赤脚滑水（Barefoot Skiing）。正式滑水比赛项目通常以花式、回旋、跳跃等项目为主。

花式滑水（Tricks）使用的滑水板长约100厘米、宽约30厘米，两端呈弧形，没有尾鳍，板体表面设有脚套；比赛选手必须依据国际滑水竞赛规则，在20秒内完成两套规则规定动作，裁判依据动作难度和完成度评分。

回旋滑水（Slalom）使用的滑水板长约160厘米、宽约15厘米，前端翘起呈弧形，后有尾鳍，板体也有脚套。滑水选手在滑水过程中，利用动力牵引左右穿插，在正式比赛中要依序绕过按规定排列左右的3个浮标，每次成功绕过1次就代表成功完成一个滑程，最后以滑水选手完成滑程的难度与通过浮标的数量判定比赛的结果。

跳跃滑水（Jumping）使用双板（橇），两个板橇类似于滑雪橇，长约200厘米、宽约25厘米，比赛者要经过拖曳，并且在水面高速滑行中，滑过一个斜坡形的跳台。滑水者从跳台飞跃后，必须平稳地落在水面上，并保持一定距离的滑水姿势，才可以算是一次成功的跳跃。比赛的成绩以滑水者的着水点算起，计算着水点到跳台的距离，距离最远者获胜。

尾波滑水（Wake Board），也称为宽板滑水，类似自由体操，滑水选手用手拉住牵引绳，做出空翻、转体等各种动作。

赤脚滑水（Bare Footing），滑水者同样被摩托艇拖拉着，但是不使用水滑板；滑水者有如要保持被拖拉在水面上，必须比传统滑水（30~45公里/小时）有更高的速度，约50~70公里/小时，而且滑水者要维持直立或屈蹲的姿势。

艺术滑水（Show Ski）表演，是将多种滑水单项以艺术化形式表现出来的滑水运动的综合，很有观赏性。艺术滑水通常是多人组合，在比赛和表演过程中，滑水者穿着多彩的服装，表演多人多层叠罗汉、特技跳跃、水上芭蕾、多人赤脚、多人特技空翻等节目，配以背景音乐和现场解说，如同歌舞演出。

二、拖曳滑水配备

滑水运动必要的配备,包含动力艇(或摩托艇)、滑水板、滑水绳、拉把、救生衣和手套。

(1)动力艇:动力艇引擎多在100匹马力以上(一般摩托艇可以达到100~300 n 马力),时速约40~70公里/小时。滑水比赛拖船使用自动巡航系统控制船速,拖杆使用比赛专用标准拖杆,并安装脱钩器。不宜用太大的动力艇,尾浪太大,转动蛇行也不灵活。

(2)滑水绳拖绳的长度因滑水项目的不同而不同,常用标准为23米或31米,跳跃拖绳长21.5米,曲道绕标拖绳长16.75米。花式绳长不限制。拉手成正三角形再接拖绳。滑水绳拖绳一般由玻璃纤维丝编织而成,直径在1厘米左右,一般可以承受几千千克以上的重量而不变形或折断。

(3)拉把:滑水拉把即滑水者握住的连接拖绳的手柄,形状为三角形,顶端有一个可以和拖绳连接的环套,手柄部分是合金制成的圆管,外部套由橡胶制成。拉把一般具有浮力,即使落入水中也会浮在水面上。

(4)滑水板橇的种类很多,每种橇代表一种滑水类型,现在普遍使用的是跳跃橇(双橇)、回旋板(单板)、花式板、尾波板、跪板等。制作材料一般是用木料或玻璃纤维强化的塑料,初学者多先使用双橇,其稳定性较佳。

①跳跃橇:跳跃橇是滑水者用于进行跳跃滑水所使用的橇型。橇板有两只,滑水者双脚分别穿着一只。每只橇板根据滑水者的身高、体重而专门设计,通常长200~230厘米,宽度约25厘米,脚套固定在板体靠中间的位置。新型跳跃橇有前端翘起的设计(大约50厘米),以增加跳跃橇在空中的升力,帮助滑水者提高跳跃高度。板体的尾部设计有尾鳍,其设计有利于加速腾空时的稳定性。跳跃橇一般由碳纤维材料制成,价格比较昂贵。

②回旋板:回旋板一般约170厘米长,顶部呈尖弧形,宽约15厘米,由顶部向下逐渐变窄,到底部尾部最窄(约8厘米)。尾部板体下端安装有尾鳍,以利于方向的控制。整个板体下端有个凹陷的槽,以利于滑水者在遇

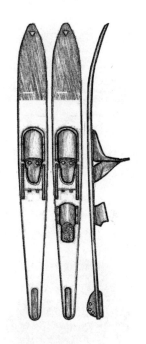

拖曳滑水双板
(附鞋套与尾舵)

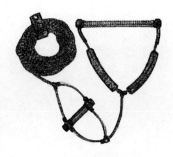

拖曳滑水绳与手握杆

拖曳滑水（无跳台）

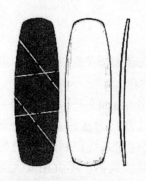
拖曳滑水单板

拖曳滑水单板鞋

拖曳滑水座鞍带

到浪时稳定重心。回旋脚套安装在板体上端靠中心的位置，分为前脚套和后脚套。回旋板设计便于滑水者在水面上加速、减速和转变方向。回旋板一般由碳纤维材料制成。

③花式板：花式板一般长度约100厘米，宽度约35厘米。板体两端呈弧形。回旋脚套安装在板体上端靠中心的位置，分为前脚套和后脚套。花式板的设计便于滑水者在水面旋转，并利用快艇尾流做出难度更大的后空翻、跨越等动作。花式板一般由碳纤维材料制成。

④尾波板：尾波板是由花式板的改良而成的，一般长度约130厘米，宽度约40厘米。板体两端呈弧形切平，下部有尾鳍，脚套安装在板体前端中央，有两只脚套。尾波板的设计有利于滑水者借助尾流腾空，做出旋转、空翻等高难度的动作。尾波板比花式板动作更大，更具有观赏性。尾波板一般由碳纤维材料制成。

⑤跪板：跪板是滑水者跪在板体上进行滑水的板，形状像一只小船，板体上面有两个凹槽，滑水者可以跪在凹槽上，板体后端装有尾鳍，帮助导流。

（5）救生衣背心或填充保暖衣：有助于落水后漂浮待援，但是花式及尾波板表演为求动作灵活，大多穿着紧身的填充保暖衣（有浮力、潜水用）。

三、拖曳滑水行动准则

（1）起滑：摩托艇牵引的滑水前进速度一般在每小

时 55~58 公里左右。滑水者从俯卧姿势开始,当摩托艇牵引滑水板启动时,滑水者两手紧握滑水板的两侧和绳结,两腿则拖在后侧。滑水板加速后,滑水者在脚垫上移动两膝和双脚,然后两手转变成紧抓绳结站立滑行。滑水者在板上可以用转移重心到另一只脚的方式驾驭滑水板。由于滑水板的前端有一定的仰角,加上板的浮力和快速前进,滑水者能在板上维持平衡,并表演各种技巧动作。技术熟练的滑水者可以不拉绳子在板上表演各种动作。

（2）救生衣穿着：按体重挑选大小及浮力适合的救生衣,扣紧身上的安全扣环,并检查是否全部确实扣上,所有人员下水务必要穿着救生衣。

（3）手势：由于教练与滑水者有十米以上距离,口头喊话不容易听到,所以滑水者与教练联系完全以手势来沟通。

（4）摩托艇驾驶员必须持有驾驶执照,并安排艇上观察员观望滑水者。

（5）避开游泳、潜水、冲浪、钓鱼、捕鱼、养殖活动的水域或船只下锚的拥挤水域,以及在速度限制区内进行滑水。

（6）进行滑水时,艇上观察员需经常留意滑水绳是否绕过滑水者或缠绕滑水者颈部以及其他需停船救助情况。

（7）滑水者上船前,应先将引擎关掉；滑水者上船后,应立即安排位置让其坐下。

四、拖曳滑水场域规划

滑水活动无论在海面、江面或湖面上都需要划设范围场地,以浮标球标示,并设置相关的跳跃台、起始线、终止线、曲道门等设施。

（1）曲道滑水比赛场：起点至终点的直线距离为 259 米,横宽 23 米,拖船与滑水者呈"之"字形前进,12 个曲道门浮球间隔 47 米（依男女组及身高分组不同）。加上周边缓冲空间,场地长约 350 米,宽约 45 米。

（2）跳跃滑水比赛场：跳台是一个右侧带有护板的倾斜平板；高度 1.5 米左右；宽度：3.7~4.3 米；水面以上长度：6.4~6.7 米；水面以下长度：0.6 米。跳台起跳缘的高度和跳台水面以上长度的比率,男子组为 0.275~0.225,女子组为 0.235。场地加上周边缓冲空间,长约 350 米,宽约 90 米（国际滑水比赛规则）。

（3）花式滑水比赛场：起点至终点的直线距离为 205 米,宽度 80 米,加上周边缓冲空间,场地长约 220 米,宽约 90 米。

（4）非比赛性质的水域,拖曳船艇宜保留 20~50 米宽的水道,排除帆船、风浪板、水上摩托艇、游泳、潜水等活动,每公顷水域不宜超过 1 组人

改良式钢缆拖滑水场

单向式钢缆拖拉滑轮

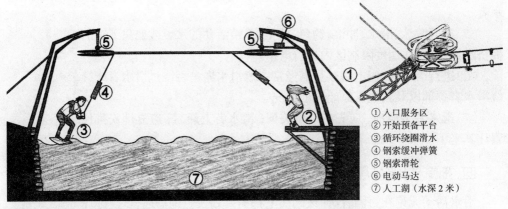
循环绕圈钢缆滑水场架构（作者自绘）

① 入口服务区
② 开始预备平台
③ 循环绕圈滑水
④ 钢索缓冲弹簧
⑤ 钢索滑轮
⑥ 电动马达
⑦ 人工湖（水深2米）

员开展滑水活动。

3.5 浮潜（Snorkeling）

一、浮潜活动特性

潜水大多指近海域浮潜，尤其是热带珊瑚礁海域，海底生态物种丰富，景观美丽动人，吸引了大批运动游憩游客。

浮潜（图片来源：永续社）

浮潜（Snorkeling）是指使用一根呼吸管在水面上游泳的活动。浮潜者所需的装备包括潜水镜、蛙鞋、呼吸管和泳装。尤其在热带度假村和水肺潜水地区，浮潜是一种很普及的休闲活动，其最重要的吸引力在于不需要水肺潜水那样复杂的设备和训练就可以在自然环境中观察水下生物，另外在观察的时候不会受水泡的干扰。

二、浮潜者的装备

（1）浮潜呼吸管

浮潜的呼吸管长度约为30厘米，内径约1.5~2.5毫米，一般呈L或者J形，在下端有一个橡胶或者塑料制成的咬嘴。浮潜者可以将整个身体与头部沉在水里，靠呼吸管吸气呼气。呼吸管大多有一块橡胶把呼吸管连在潜水镜的带子上，避免潜水镜内进水。但是有些呼吸管只是一根简单的管子，它可以完全被沉没在水下，浮潜者可以在快要到达水面时排气，直到头露出水面，然后把头摆正，再吸气。浮潜者可以借由排气把管子里的水挤出去。下潜深度不受呼吸管的长度决定。

一些新式的呼吸管的吸嘴上有自动排水水窝与单向阀门设计，防止水溅入呼吸管，影响呼吸。

（2）浮潜潜水镜

浮潜者一般佩戴类似水肺潜水的潜水镜，它使浮潜者的眼睛前形成一块有空气的空间，使得浮潜者能够更清楚地观看水下生物。

（3）浮潜潜水衣、手套与蛙鞋

一些简单的热带浅岸浮潜可以不用潜水衣，但是长袖衣物可以避免太阳晒伤或岩礁割伤。手套与鞋也是在多礁岩、珊瑚、水母、海胆地区的最佳保护装备。

三、浮潜行动准则

虽然在任何水域里戴上潜水镜和呼吸管都可以被称为是浮潜，但是大多数的浮潜是在近海礁石区进行的。浮潜的目的在于观察水中的生态景观。

浮潜入门比较容易，需要能够游泳、熟悉呼吸管应用的技巧及海岸环境。

浮潜面罩与呼吸管

浮潜吹气救生夹克

浮潜软鞋，避免礁岩割伤

浮潜短蛙鞋

浮潜守则——禁采珊瑚及生物

（1）由当地有经验的浮潜者、导游、潜水店或者潜水设备租借店提供指导，包括设备使用方法、基本安全措施、注意事项等。

（2）浮潜活动必须两人或多人进行，不可独自行动。

（3）浮潜必须穿着类似救生衣的可充气的背心（鲜艳的黄色或者橙色）。这些救生衣可以让浮潜者在需要时充气或者排气，调整它们的浮力。但是背心也可能阻碍浮潜者潜到更深的水域。

（4）水温过低时，浮潜者应该穿着厚的潜水衣防寒。在阳光炙热的热带，浮潜者应穿着防止晒伤的衣物。

（5）浮潜者最大的威胁是水面船只或钓鱼、冲浪者。浮潜者完全埋在水下，只有呼吸管露出，水面的船只或活动者很难察觉。因此浮潜者应该穿着颜色鲜艳或反光的衣服，也应该布置潜水区浮标，提醒水面的活动者。

（6）浮潜者应该多喝水，避免脱水与痉挛。

（7）浮潜者可能发生过度换气症候群，导致休克。多人一起浮潜，同伴可以互相照应。

（8）在珊瑚礁附近浮潜时，避免碰触珊瑚及水中生物，许多生物有毒或会割刺到浮潜者，浮潜者应该佩戴手套与蛙鞋并小心防范。

（9）珊瑚对海洋生态的影响很大，应该尽力保护，切忌损伤、采摘。

四、浮潜场域规划与管理

（1）适合浮潜的场域条件

风浪平稳，潮流 <800 米 / 时。

水深 >1.5 米且 <10 米，无尖锐突出暗礁。

风速 <5 级风，水流速 <1 米 / 秒。

水质良好，大肠杆菌 <1 000（CFU/100 ml）、COD>2 mpn，透视度 >30 厘米。

海底地貌及生物景观丰富。

（2）几乎在所有海湾水域里都可以规划浮潜区，但是大多数浮潜是在浪小、水温暖和水面下不远的地方，而且水底有美丽的景观可以去探寻。水面下 1~4 米深的暗礁最受浮潜者的欢迎。更深的暗礁也好，但是这样的暗礁需要浮潜者经常屏气，对浮潜者的体力要求比较高。

（3）有多种水域运动流项目的地方，应整体规划，指定各种活动的分区。比如有动力、无动力的船艇航道、潜水区、冲浪区、游泳区、水上摩托车等。当然这些分区必须根据环境资源调查、使用者人数、行为干扰程度等条件来配置。

（4）浮潜爱好者通常有专业的社群或用具店提供后勤服务，但是风景区的管理单位最好在潜水区附近设置服务据点提供海况信息、社群联系、求助广播等服务，同时也承担起生态保育（禁采珊瑚礁、保育动植物）等工作。

（5）有些理想的礁岩海岸，没有可达的道路。潜水装备需要长途搬运，可以斟酌设置最简易、最不影响自然环境的道路与停车空地。

（6）美丽的珊瑚礁岩海岸是珍贵的自然资产，应划设保护区，设置保护标志（物种、地貌），禁止船艇、水上摩托车进入。

3.6 水肺潜水（SCUBA）

一、水肺潜水活动特性

水肺潜水（Self-Contained Underwater Breathing Apparatus, SCUBA），指潜水员自行携带水下呼吸系统所进行的潜水活动。水肺就是压缩空气瓶（正常比例的空气压缩，非纯氧）。其中有开放式及封闭式呼吸系统两种，原理都是利用压力调节器装置把气瓶中的压缩气体转化成可供人体正常呼吸的空气压力。

水肺潜水（图片来源：永续社）

开放式呼吸系统设计较为简单，也是运动游憩中普遍使用的系统，空气钢瓶供应气体给潜水员吸入后，直接呼出二氧化碳排放，水中形成许多气泡。封闭式呼吸系统又称为循环呼吸器，潜水员使用供气后，设备会将二氧化碳吸收，并且重新注入部分新氧气，再供应给潜水员。此类系统可提供正常比例压缩空气、浓缩氧、多种混合气体给潜水员使用。使用混合气体，可以针对不同的潜水时限、深度，避免减压症等潜水员病。

水肺潜水一般分为休闲旅游潜水、技术潜水（Technical Diving）和工业潜水（Comm Ercial Diving）。后两者指科学、考古、探勘、军警、搜救与产业需求等具有专业需求的潜水。本书只讨论休闲旅游潜水，即观赏娱乐性的潜水活动，通常深度不大于 40 米。潜水深度范围取决于应用程序和培训，休闲潜水都被要求减压停留时间，以尽量减少产生潜水病的风险。

二、水肺潜水的装备

压缩空气钢瓶

（1）呼吸水肺：也就是自主呼吸器，包含压缩钢瓶、输气管、呼吸嘴、背袋等。潜水者使用半面罩覆盖潜水员的眼睛、鼻子和嘴部，也有些较小型面罩只罩住鼻子，不罩嘴部，直接用鼻子呼吸。若潜更深更久，要用全面罩式潜水面罩，可以包覆整个头部。

（2）水肺潜水稳压阀

预防高压空气钢瓶气体冲出，稳压阀可以调节释出潜水者需要的空气量，便于潜水者正常吸气与呼气。有些潜水稳压阀还附带空气压力表，可以显示高压空气钢瓶还有多少剩余量。

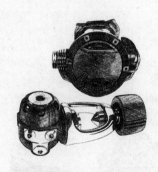

空气瓶稳压阀

（3）水肺潜水镜

所有水肺潜水的潜水镜都要使鼻子露在空气里。它们还包括把潜水镜戴在头上的带子，带子的形状各种各样，材料也各不一样。

（4）水肺—循环呼吸器

有些比较进阶的呼吸水肺使用封闭式设计，呼出的废气可回收再利用。潜水者只释放出很少的气泡，因此混合压缩空气瓶或浓缩氧气钢瓶可以使用更久，潜水者也可以水中待更久，摄影也不会有气泡干扰。

（5）水肺潜水衣、头罩、手套

寒带水域必须穿着干式潜水衣保暖防寒，含有内衬，可保持身体干燥。在温热带水域虽然可以使用湿式潜水衣，但是穿着干式潜水衣方便多次潜水、延长潜水时间。

空气呼吸嘴

干式潜水衣如同紧身套装，会包覆全身，使用防水拉链穿着。而且潜水衣有充气阀与排气阀，有助于潜水者适应水压变化。头罩、手套可防寒，也可以避免礁岩、水生物伤害。

（6）水肺潜水蛙鞋

蛙鞋是潜水人的重要特征，蛙鞋提供宽广的面积以便在水中顺利推进，更有效率地移动而且可以空出双手。大多数适合水肺潜水的蛙鞋都是脚跟外露、可调整式的蛙鞋，脚蹼比较大，长距离推进比较省力。

（7）水肺潜水其他辅助设备

头盔、潜水灯、水下摄影机、水下通信、浮力补偿器罗盘、深度仪表、压力仪表、潜水推进器（Scooter）等设备，可满足更高的潜水活动需求。

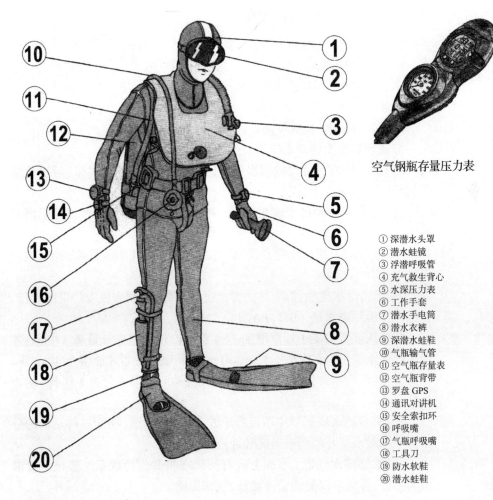

空气钢瓶存量压力表

① 深潜水头罩
② 潜水蛙镜
③ 浮潜呼吸管
④ 充气救生背心
⑤ 水深压力表
⑥ 工作手套
⑦ 潜水手电筒
⑧ 潜水衣裤
⑨ 深潜水蛙鞋
⑩ 气瓶输气管
⑪ 空气瓶存量表
⑫ 空气瓶背带
⑬ 罗盘 GPS
⑭ 通讯对讲机
⑮ 安全索扣环
⑯ 呼吸嘴
⑰ 气瓶呼吸嘴
⑱ 工具刀
⑲ 防水软鞋
⑳ 潜水蛙鞋

水肺潜水必要装备（图片来源：法国运动百科辞典）

三、水肺潜水行动准则

水肺潜水有很高的风险,设备的不当利用、不正确的行为都可能导致伤害,潜水者应遵守以下准则:

(1)水肺潜水危险性高,需完成专门训练课程,并且取得相应证件。
(2)潜水活动必须两人或多人进行,不可独自行动。
(3)潜水者应该多喝水,避免脱水与痉挛。
(4)水肺潜水在下降到水底与上升到水面时应注意压力的变化,变换合适的气体比例,适当调整压缩钢瓶释气压力,务需谨慎,否则容易造成肺部、耳膜、鼻窦压伤、视觉受损、氧中毒。

四、水肺潜场域规划与管理

(1)适合业余(运动游憩)水肺潜水的场域条件:
潮流 <800 m/h。
水深 <20 m(考虑上浮时的减压时间与距离)。
风速 <10 米/秒(<6级风),水流速 <1 米/秒。
水质良好清澈,能见度高。
海底地貌及生物景观丰富。

(2)潜水区海底可设置潜水指示标,提醒潜者方向、水深、浮台位置等信息。

(3)为避免潜者过于疲累,可于离岸水域设置休息浮台供非船潜者使用。

(4)建设岸上或休息浮台设施,水肺填充、空气加压装备、船只泊靠设施。

(5)水肺潜水危险性高,体力要求也比较高。必须完成专门训练课程,并且取得国际潜水证(SSI、PADI)。

初级认证者只能于近岸潜水(水深 <12 m),进阶认证者(中级)才能至开放水域(外海)船潜(水深 <30 m)。高级认证者才能潜至40 m深。

(6)至外海水肺潜水,出发前与回归陆地时应向主管机关报备,防止意外。

(7)有多种水域运动流项目的地方,应整体规划,指定各种活动的分区。外海潜水避开船艇航道区和冲浪板区。

(8)水肺潜水活动,水面上应有伙伴守护并保持联系。应该布置潜水区浮标,避免水面的活动者接近、互相影响。

3.7 皮划艇（Kayak）

一、皮划艇活动特性

手划船，不借由风力、机械力，只用水流及人力划动，包含竹筏、羊皮筏、橡皮筏、拼板舟、独木舟、皮划艇等。其中皮划艇（kayak）、独木舟（canoe）、橡皮筏（raft）、赛艇（rowing）发展成普遍的运动旅游及奥运比赛竞赛项目。赛艇（西式划船）、SUP立桨板，主要用于静水环境中的竞速，其他的如皮划艇、独木舟、橡皮筏，适用于激流环境，需要更多的体力与技巧，统称为激流运动项目（White Waters Sports）。

皮划艇运动（图片来源：永续社）

皮划艇起源于爱斯基摩人所制作的传统小船，用动物皮包在骨头架子上，用两端有桨叶的桨划动。现代皮划艇运动发展于19世纪中期的欧洲与一些英语国家。1923年，丹麦、瑞典、奥地利等国，改良了流线形的皮划艇，长5.2米，宽51厘米。现在皮划艇已经都不用兽皮制作，聚乙烯、玻璃纤维、碳纤维、木料都可用来制作皮划艇。

二、皮划艇设备需求

皮划艇的设计必须权衡环境的需求，当船体稳定性高时，操作灵活性就难以兼得，比如激流操艇需要灵活转身就不必装舵板；在大河静水中行驶，需要速度或定向，就必须装置舵板。因此皮划艇分为不同的类型：皮划艇船体越小越轻，越适合在浅水急流的环境中回旋；船体越大越重，越适合浪大长距离的大江河与海洋环境。其中，溪流艇（Creeking）长2.2至3米，河流艇（River Running）长3至4米，海洋艇4米以上。

（1）休闲皮划艇（Recreational kayak）。目的为钓鱼、赏景、摄影、潜水。为了上下船更便利，座椅位置与重心较高，船速较慢、较稳。

（2）溪流皮划艇（Creek kayak）。使用滚塑半刚性、高强度的石化纤维材料制成，轻巧、坚固、耐撞击，船舱覆盖防止进水，适用于河川中上游、多急流、多跌水的高落差的环境。

（3）大河皮划艇（Creek boat kayak）。适用于河川中下游环境，大河皮划艇需要更大的耐航力和稳定性，船体稍大。

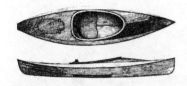

休闲皮划艇（Recreational）

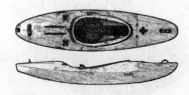

溪流皮划艇（Creek boat）

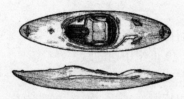

大河皮划艇（River runer）

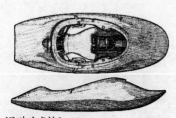

运动皮划艇（Play boat）

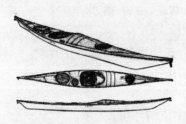

大海皮划艇（Sea kayak）

（4）运动皮划艇（Play boat kayak）。在水流量大、波浪大的环境，运动皮艇需要更高的浮力以及操作性能。

（5）大海皮划艇（Sea kayak）。大海皮划艇通常有较深的吃水线，有较多空间置放货物，并且大多附带固定舵或活动舵。有两个以上的内部舱壁，防止漏水。可能有2至3个操艇者。

（6）开舱式皮划艇（Sit on top）。某些湖、海等大水域环境，钓鱼、潜水、勘察才是活动主要目的。因此设计开放的船舱，可以置放物品，仍兼具皮划艇的功能。

（7）冲浪皮划艇（Surf kayak）。在近海冲浪的皮艇，可以高速移动。由石化塑料或玻璃纤维制造，为流线形状、平底，有数个固定尾舵（鳍）。

（8）静水竞速皮划艇（Sprint kayak）。专在平静水环境中竞速冲刺的皮艇，在200米、500米、1 000米竞赛中使用。船身细长，为流线型，可容1~4人操艇，有固定的尾舵。

三、皮划艇行动准则

目前皮艇是奥运会的正式比赛项目，包含500米、1 000米的静水竞速与250米、400米的激流回旋项目。皮划艇船体越小越轻，越适合在浅水急流的环境中回旋；船体越大越重，越适合浪大、长距离的大江河与海洋环境。溪流艇（Creeking）长2.2~3米，河流艇（River running）长3~4米，海洋艇4米以上。2013年ICF国际皮划艇联合会规定：所有类型的K1单人皮划艇（kayak）故最小长度为3.5米，最小宽度0.6米；所有类型的K1单人皮划艇（kayak）最小重量为8千克。

皮划艇的激流回旋（Slalom），更适宜大自然环境，但是配合奥运竞赛也发展出了人工激流水道。奥运项目中，选手在人工激流水道要越过25个障碍门，选手每接触障碍门一次，就要被加计罚时两秒。穿越时漏失指定的障碍门，要被加计罚时50秒，以

Ch.3 水域运动旅游 (Water Recreation)

可折叠皮划艇 (Folding)

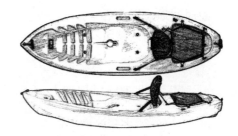

开舱式皮划艇 (Sit on top)

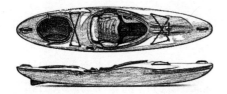

冲浪皮划艇 (Surf)

可充气皮划艇 (Inflatable)

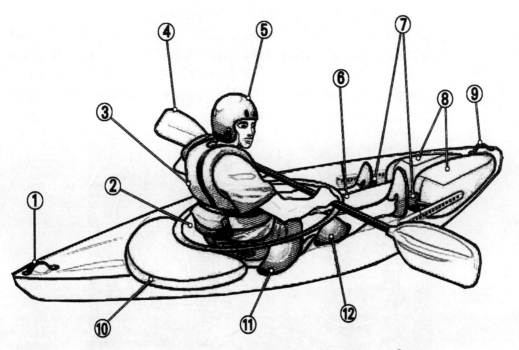

① 船尾提把　　③ 救生衣　　⑤ 安全头盔　　⑦ 可调踏垫　　⑨ 船首提把　　⑪ 座椅垫
② 座舱　　　　④ 双头划桨　⑥ 腿间隔板　　⑧ 充气浮囊　　⑩ 充气浮囊　　⑫ 膝盖固定垫

皮划艇操作解说图（图片改绘自：www.pinterest.com/ How Kayaking Works）

总时间最短者获胜。

皮划艇的静水竞速场地与多人赛艇(西式手划船)类似,分为200米、500米、1 000米、2 000米四种。

四、皮划艇场域规划

(1)激流皮划艇场地

激流人工水道长为250~400米,以起点线至终点线之间水道的中间线长度作为激流人工水道长度;水道最小平均宽度8米,水流落差大于5米,水深大于0.6米。

人工水道中有固定的和可移动的障碍物。根据训练和比赛需要,可以将障碍物组合成多种不同的样式。比赛时,赛道中布置18~25个水门。其中一部分是顺水流方向的顺水门,另一部分是逆水流方向的逆水门(6~7个逆水门),比赛中运动员不能触碰门杆,通过所有顺水门和逆水门。

水门由两根垂直固定的圆杆组成,长1.6~2米,直径约4~5厘米。顺水门杆漆成绿白相间,逆水门杆漆成红白相间,门宽1.2~4米。

(2)静水皮划艇场地

皮划艇的静水竞速,比赛场地与赛艇(Rowing)相同,水道长1 400米,宽120米,最小水深度2米。水道单侧或双侧有平直水岸,且与第一条艇航道距离少于50米,可让教练或裁判跟随着划艇平行移动,且便于目测观看。比赛场地的水岸是缓和的防浪斜坡,由大石块或其他混凝土块叠砌,保护边坡,并使波浪稳定,不至于反射波浪太大影响最侧边的航

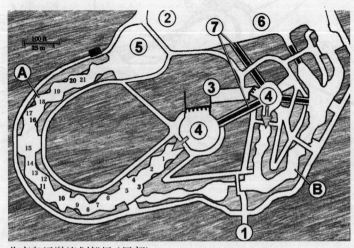

北京奥运激流划船场(局部)

① 主要入口
② 停车场区
③ 泵浦机房
④ 起点区
⑤ 终点区
⑥ 下游水池
⑦ 船艇升降梯
Ⓐ 比赛水道
Ⓑ 练习水道

Ch.3 水域运动旅游 (Water Recreation)

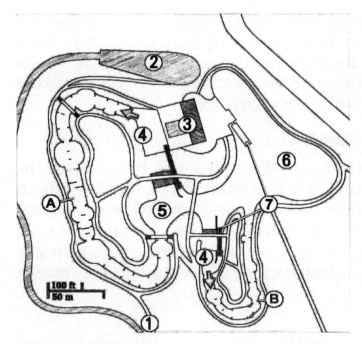

① 主要入口
② 停车场区
③ 泵浦机房
④ 起点区
⑤ 终点区
⑥ 下游水池
⑦ 船艇升降梯
Ⓐ 比赛水道
Ⓑ 练习水道

伦敦奥运激流划船场（局部）
（图片改绘自：London Whitewater Course map.svg - Wikimedia）

道。水面上设置一条专用通道，让参赛者进入比赛区或训练区。一般比赛采用 9 条航道，每条航道宽 9 米；在布置比赛航道时必须根据规则规定的 "A1-bano" 系统布置。比赛场地的重要设施之一是终点塔，有 4 或 5 层楼高，作为终点计时、裁判、录像等使用。划艇重量轻，不使用时可抬上岸存放于艇库，艇库应靠近上下水码头，邻近运动员活动区与停车场。

3.8 独木舟（Canoeing）

一、独木舟活动特性

独木舟（Canoe），也被称为轻型手划艇。古时候的先民们"刳木为舟"，全世界各民族也都有古老传统的单人小划艇、木拼板舟、芦苇舟、平底桨船等。独木舟或由木板拼接，或由玻璃纤维等石化材料压模。现代西方国家

独木舟运动（图片来源：永续社）

的独木舟由加拿大印第安人使用的小舟改良，发展成普及的运动旅游项目，用于露营、自然探索、钓鱼、静水竞速、激流竞技、交通运输中。奥运比赛项目包含：独木舟静水竞速（Canoe sprint）、独木舟激流标竿（Canoe slalom），独木舟的激流竞赛场地与皮划艇相同。无论静水或激流水域活动，所有划船者都必须穿戴头盔与救生衣。

二、独木舟设备需求

独木舟划艇（Canoe）是船舱开放式的小船，划船手单膝跪地，持单片划桨划水，可单人划，也可双人划，向着划船者前方前进，与赛艇背向划船者前进显有不同。因为划艇已大多采用合成塑料（Royalex）、玻璃纤维（FRP）、碳纤维、铝合金等制作，因此逐渐不称其为独木舟，改称轻艇或划艇。但无论东西方，皮划艇（Kayak）与划艇（Canoe）常会被混淆。皮划艇（Kayak）为船舱封闭式的小船，划船手坐在艇内划水，用脚操纵

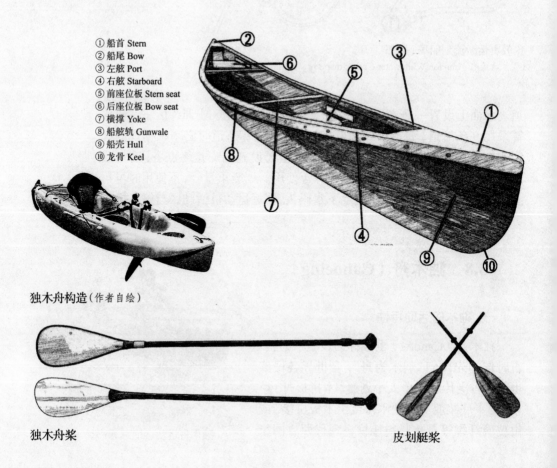

① 船首 Stern
② 船尾 Bow
③ 左舷 Port
④ 右舷 Starboard
⑤ 前座位板 Stern seat
⑥ 后座位板 Bow seat
⑦ 横撑 Yoke
⑧ 船舷轨 Gunwale
⑨ 船壳 Hull
⑩ 龙骨 Keel

独木舟构造（作者自绘）

独木舟桨   皮划艇桨

一个机械舵来控制船体。所用的划桨两头均有桨片。材料采用木夹板、胶合板、铝合金、玻璃纤维、合成塑料等。

独木舟划艇(Canoe):单人划艇,长520厘米,宽75厘米,重16千克;双人划艇,长650厘米,宽75厘米,重20千克。无论单人划艇,还是双人划艇都是使用单叶桨(只有一端有桨叶,另一端为手握把)。上述尺寸是最适合操作的尺寸,人体的重量与水浮力相当,最容易划水操纵。但是2013年ICF国际皮划艇联合会规定:所有类型的C1单人独木舟(Canoe)最小长度为3.50米,最小宽度0.60米;所有类型的C2双人独木舟最小长度4.10米,最小宽度0.75米。所有类型的C1单人独木舟最小重量8千克;所有类型的C2双人独木舟最小重量13千克。

独木舟划艇船舱大部分是敞开的,只有船头、船尾小部分有覆盖的甲板,依照比赛规则,单人划艇船头甲板长不能超过1.5米,船尾甲板长不能超过0.75米;双人划艇的敞开部分不能少于2.95米;四人划艇的敞开部分不能少于4.1米。

三、独木舟行动准则

独木舟划艇操艇手在艇上一条腿为跪势,另一条腿成方步,两手上下握一支单叶桨。运动员有左右桨之分,例如左桨运动员的右手在上握住"丁"字形的手柄,左手在下靠近桨叶处握住桨杆,右腿向前成方步,左膝跪在跪垫上。

独木舟划艇没有舵,运动员靠桨来维持平衡和控制方向。由于每划一桨后要提桨出水,然后到前面插桨划水,因此船速不如皮艇均匀,划桨频率可达每分钟70~80桨。规则规定制造划艇时必须使船体纵轴的两侧

独木舟竞速划船姿势:单脚高跪往后交替划桨(作者自绘)

对称,不能有舵及任何能指导航向的设施。

独木舟划艇讲求速度与灵活操控,正式的奥林匹克比赛项目为静水竞速与激流标竿,有单人与双人两种。独木舟静水竞速（Canoe sprint）的正式比赛距离为 200、500、1 000 和 5 000 米。

独木舟激流标竿（Canoe slalom）,船艇必须在规定的 300 米航道内穿越或绕过规定的障碍到达终点,以扣分少者为优胜。航道有人工障碍和天然障碍,一般设 25~30 个障碍,参赛者要在最短时间里,依序穿越 25 个旗门,赛道中包含逆流和顺流,最快而又依次序穿过所有旗门者为优胜,如果选手的救生衣在赛事中掉落、未依次序穿过所有的旗门或碰触到旗门,都会被罚分（增加时间）。

非正式奥林匹克项目还有龙舟（Dragon boat）、轻艇水球（Canoe polo）、激流越野（Wildwater canoing）、轻艇马拉松（Canoe marathon）、轻艇风帆（Canoe sailing）、轻艇激流花式（Canoe freestyle）、轻艇海洋竞速（Canoe ocean racing）、泛舟（Rafting）、轻艇冲浪（Waveski）。

四、独木舟场域规划与管理

（1）一般野外溪流独木舟划艇活动的适宜条件：

水深 >0.4 米,水道宽度 >1.5 米。

水流速 3 立方米/秒。

皮艇耐礁石碰撞,但急流落差宜小于 1 米。

水质良好无异味。

（2）独木舟划艇场域宜邻近汽车可通达道路及停车场,船艇不重,但是必须用汽车顶或小卡车载运。

（3）独木舟划艇活动场域可与露营、野餐、森林拓展等场地整合规划,可共享服务设施,增加活动的多样性。

（4）规划独木舟划艇的活动水域,必须加强管理,调查与划设安全范围（无暗礁、无险漩涡）,热门假日增加救生和服务人员。并禁止非划艇活动（游泳、跳水等）,避免活动干扰。

（5）独木舟划艇活动场必须规划更衣、沐浴、厕所、简餐、救生、仓储、通讯、教学等游客服务设施。

（6）非活动季节（冬季或枯水期）,没有现场人员支持和安全救护,必须有警告或防止游客单独下水的措施。

3.9 立桨板（SUP）

一、立桨板活动特性

立桨浪板（Stand up Paddle boarding, SUP），即站在冲浪板上使用一支长桨划水移动，如同用竹竿划竹筏，像冲浪板，又像划船。可以在有白浪的激流、海滨、湖泊及静水河流上活动，是热门的新兴运动游憩项目。

在海岸沙滩旅游区，立桨板 SUP 与冲浪爱好者比较志趣相投，立桨板 SUP 比冲浪板多了一根桨，更方便冲浪手捕捉到适合的海浪，也

立桨板运动（图片来源：永续社）

利于观察远处即将到来的涌浪。更有助于冲浪手保持站立平衡。在离岸不远的浅海区，立桨板 SUP 不追逐大浪，但是随着潮浪移动起伏，能体验与冲浪不同的乐趣。

在淡水激流，表面浪的规模不能与海浪相比，但是河流里的多种紊流、漩涡需要冲浪者具备更精细的技巧，保持站立平衡。对于一般大众，新手入门多从湖泊、静水河流上开始站立平衡的练习，然后再练习速度与障碍转弯技巧。

立桨板适合不同年龄层的多种兴趣需求，设备价格也更为平民化。长度一般在 3~4 米左右。板越大，浮力越强，站立越稳。板越尖细，速度越快，但是转弯不便。技巧熟练后，可换短小圆头的短板，动作更为灵活。

二、立桨板设备需求

由于立桨板 SUP 失去平衡落水的几率很高，所以参与者必须穿上救生衣。在湖泊或深水海域划行 SUP 最好还要系上脚环与脚绳，便于落水后拉回自己的浪板。初学者立桨板宜选较宽的板，熟练之后再选取较窄的板。

（1）立桨板（board）：SUP 浪板与一般冲浪板类似，大多采用玻璃纤维、聚酯等材料制作，制作有些使用环氧树脂泡沫板（浮力大、经济、易折断）。

竞赛 SUP（Race），板身细长，使用坚韧弹性好的碳纤维，适用于静水短距离竞速冲刺。

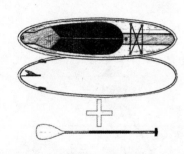

冲浪板+划桨=SUP立桨板

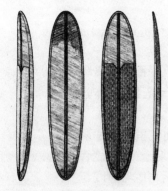

SUP立桨板的侧面、正面、背面

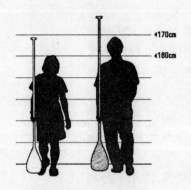

SUP桨要比身高高25厘米

静水SUP（Cruiser），尖头方尾，板身长，适合大水域长距离巡航，转弯也比较灵活。

圆头SUP（All Round），前后圆头，板身较长，适合初学者，且适用于各种环境。

休闲SUP（Explore），前后圆尖，板身中宽，行驶稳定，适合瑜伽、钓鱼、摄影等多用途。

激流SUP（Whitewater），前后圆宽，板身中短，耐撞击，适合激流中多礁岩的环境。

冲浪SUP（Surf），尖头方尾，板身短，适合在大海中进行冲浪运动。

充气SUP（Inflatable），材料采用坚韧尼龙布或合成橡胶，胶垫坚韧浮力大，便于收存与搬运，普及度日益提高。

其他还有花式表演板（Pro Performance）、综合创新板（Innovation）、儿童板（Kids）、风帆板（WindSUP）等多种样式。有些SUP浪板长度约3~4米，板的正面会设计浅凹壳（利于站立稳定、加大浮力），或者有防滑橡皮垫，类似冲浪板有1~3个尾舵。

（2）SUP站立桨（Board）：长度与划浪者身高相当的长桨，一端为桨叶，另一端为握把。桨叶大多为合成塑料或橡胶制成，耐撞击。桨柄通常由铝合金或合成塑料制成。桨叶也根据海浪、河浪、静水或竞速环境与目的不同，设计不相同的款式。

三、立桨板行动准则

（1）近海的立桨板SUP动作与冲浪类似：有划水出海、水面上越浪、翻转追浪、驾浪平衡、返回沙滩几个动作。

（2）非专业的游憩立桨板SUP，上手容易，只要穿好救生衣背心，安全性很高。

（3）在激流河川里使用立桨板SUP，最好戴上安全头盔，以免头部意外碰撞岩石。而且要确认最小水深有1米以上，浪板及尾舵才不易被撞坏。

（4）近海的立桨板SUP与其他同水域活动者（冲浪、游泳、船舶）要保持4~6米的距离，避免互相干扰

Ch.3 水域运动旅游 (Water Recreation)

①眼睛看前方；②背脊伸直；③腰部前弯；④膝盖微弯；⑤脚腕系扣带；⑥桨从前向后划；⑦桨叶完全入水；⑧桨板定向前进

SUP 立桨板动作说明

（图片来源：www.windwardboardshop.com/learn/how-to-stand-up-paddle-board-sup-basics/）

SUP 立桨板动作说明

（图片来源：www.vse-prosup.cz/jak-jezdit-na-Stand-Up-Paddleboardu）

①竞速；②静水；③圆头；④休闲；⑤激流；⑥冲浪

SUP 种类说明

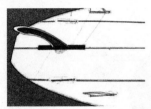
SUP 尾舵

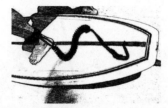
SUP 系脚绳

充气 SUP

或意外伤害。

（5）湖海等大面积的水域，必须系好安全脚绳，落水时才能抓回 SUP 浪板。

四、立桨板规划准则

（1）可以冲浪的海域也都适合立桨板 SUP 活动，两者的冲突干扰不大。但是立桨板 SUP 也常在浅海区活动，应与游泳、潜水区分开，避免冲突干扰。

（2）静水水域（湖、河、平静海湾），立桨板 SUP 可与非比赛中的划艇、赛艇、竹筏共享水域。但是赛艇速度较快，宜保持距离。

（3）旅游主管部门可以调查区内最适宜立桨板 SUP 活动的资源以及危险的水域，划设安全的活动场域，警示有暗流暗礁的危险水域。

3.10 橡皮筏漂流（Rafting）

漂流（图片来源：永续社）

一、橡皮筏漂流活动特性

橡皮筏漂流，国外称为"White Water Rafting"，是指利用充气橡皮艇，在湍急的激流中顺流而下的户外运动游憩项目。为避免头部撞击到礁岩或人落入水中，漂流者需要头戴安全帽，身穿救生衣。因为水深不一、常有险滩、漩涡、暗礁，所以使用耐磨、耐撞击的充气橡皮艇。橡皮艇没有动力，划船者1至8人，全程要齐心协力，不断地应变地形与水流的变化。国际漂流协会（International

Rafting Federation, IRF）给白水激流定了六个等级供橡皮筏漂流者选择及挑战。

第1级：礁岩、暗流很少，水流和缓，水面泡沫不多，但仍需要一些平衡技巧才能稳坐在橡皮筏上。

第2级：有些粗糙的河床，有礁岩露出水面，需要一些划桨技巧才能顺利前进。

第3级：白水湍流，水面上许多白色的小浪花，但没有很大的危险，需要进阶的操船划桨技巧才能顺利前进。

第4级：白水激流，中等波浪，有大石头与险滩，或者急坠的河床高差，需要教练带领，才能漂流全程。

安全头盔必备

第5级：白水急流，有大浪冲击，有许多岩礁与险滩，及河床急弯、落差变化，需要团队成员都能熟练、精确地操控橡皮筏。

第6级：很危险的急流险滩，乱石崩云，惊涛拍岸，有巨浪、巨石、漩涡和暗流，严重伤害和死亡几率很高。

一般河川的中上游，水量丰沛，河床不宽，水流湍急，都很适合发展橡皮筏漂流活动。并且能看得见白浪滔滔的第4、5级的激流，最吸引游客。运动游憩活动中6~8人共同操控一艘橡皮筏较为常见，坐在橡皮筏最后端的较高位置者通常为教练或船长，必须指挥船员划桨，撑开石头、浅滩、岩壁，进入航道。

二、皮筏漂流设备需求

（1）橡皮筏（Raft）：长度约3.6~5.8米，宽约1.6~2.5米，最大的皮筏可乘坐12人，类似海上救生艇，但是由多层次的合成胶布制成，其中有许多分隔的气室，即使某个部分被尖石刺破也不会影响整个皮筏的漂浮。橡皮筏上面有许多条紧贴的缆绳及把手，方便参与者在激流颠簸的环境中抓住皮筏。

救生衣与桨必备

（2）划桨（Oars）：橡皮筏没有动力引擎，大多使用单桨（Sweep）、船桨两种划桨推动橡皮艇前进。划桨通常用铝合金或碳纤维结合制成，桨柄一端为圆杆握把；另一端为长铲形桨叶。

（3）安全帽：在橡皮筏漂流过程中，许多漩涡、暗流、急弯不可预测，橡皮筏不由人控制，突然冲往岩壁、倒卧

耐磨耐撞橡皮筏

树干或皮筏翻覆的情况都可能发生,因此橡皮筏上的每个成员都必须佩戴轻质耐撞击的安全帽。

(4)救生衣:在泛舟过程中,参与者落水的几率很高,甚至会发生整舟翻覆的意外。因此每个成员都必须穿上不会脱落的防水漂浮夹克,儿童、青少年必须穿戴适合其体型的小救生衣。

三、橡皮筏漂流活动技巧

(1)如果橡皮艇充气不足,浮力不够,可能会使中央部分凹陷到水中,容易搁浅或翻覆。如果橡皮艇中央部分进水太多,没有及时舀出,船体浮力不够,将失去灵活性,更容易搁浅或翻覆。

(2)橡皮筏漂流大多是顺着急流颠簸前进,很难靠桨、舵控制方向。一般静水划行的独木舟与皮艇必须回避急流漩涡;但是白浪激流对橡皮艇有很大的冲击力,泛舟成员必须齐心协力快速划桨通过这些急流漩涡。

(3)当橡皮艇被一个急流卷入,或穿过一个河床高差或浪峰头,船体可能打横、倾斜、打转,或者有翻覆的可能。这时乘员应攀爬跨坐到橡皮艇较高的一侧,或较上游的位置,借由体重下压,平衡船体。

(4)当橡皮艇进入到一个浅水区,可能搁浅在浅滩,需要乘员合作用桨撑离浅水区,或者部分乘员下船,减轻重量,增加浮力,将橡皮艇推离浅水区。

(5)如果有水位高差,橡皮艇可能搁浅或半悬空在水瀑急流上,可以让皮艇灌满水,推落到水瀑下游,再用绳索拉回。

(6)当橡皮艇翻覆时有几种方法将橡皮艇翻转回来:

站在浅水区,数人合力抓住橡皮艇侧面将橡皮艇翻转过来。

在深水区,两人趴附在橡皮艇底侧,双手上伸抓住船侧的"翻转绳"或把手,利用身体重量往反方向拉,将橡皮艇翻转过来。

将橡皮艇推靠到大石块处,以桨柄为杠杆,将橡皮艇撬起翻转过来。

站在橡皮艇的下游一侧,找到站立着力支点,借由水流推力将橡皮艇翻转过来。

比较小型的橡皮艇可以抓握侧边把手,利用膝盖为支点使力,起身翻转橡皮艇。

比较大型的橡皮艇需要到岸边,或借助另一筏的伙伴协助来翻转。

四、橡皮筏漂流安全准则

(1)橡皮筏漂流活动,安全第一。有经验的教练或船长必须在船上,指挥全船的乘员协调行动,渡过每一个急流、险滩。

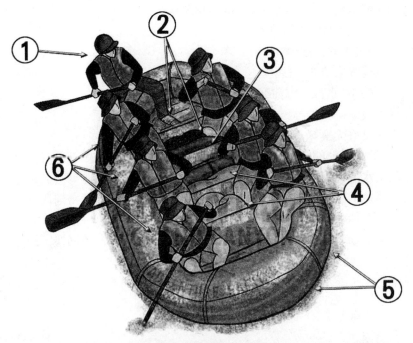

① 领队坐在后方高处,监看全局;② 双脚都要抵住筏底缘;③ 饮水、急救箱等必备 ④ 食物、地图 GPS 必须有防水包装;⑤ 出发前检查底部磨损情况;⑥ 右舷至少两人协调划桨节奏

橡皮筏泛舟
(图片改绘自:www.advantagegrandcanyon.com/grand-canyon-rafting-trips/9-day-lower-canyon-paddle)

(2)橡皮筏漂流启航之前必须充分检查防寒衣着、眼镜、安全帽、救生衣是否系牢,暖身动作是否足够,健康状况是否无虞(有无心脏病),橡皮艇、划桨是否完好。

(3)橡皮筏漂流活动者落水、碰撞到岩礁的概率很高,必须沉着、冷静,保护头部,由同伴协助回到橡皮艇。

(4)橡皮筏漂流活动通常持续 2~4 小时,可能造成的运动伤害为:过度疲劳、肌肉拉伤、擦伤、皮肤晒伤、脱臼、扭伤、抽筋,因此下水前应做好充分防护(防晒、护肘、护膝、热身等)。

五、漂流场域规划与管理

漂流作为运动游憩项目,必须尽可能保障游客的安全。只要山地溪流环境有泛舟资源,就会有游客聚集。地方政府或相关旅游主管部门应积极介入、规范、管理。一条十公里长的激流泛舟、漂流可以发展出数十家运动旅游业者,每年带动数万游客的参与。

（1）适宜橡皮筏活动的地域条件：

水深 >0.4 米,水道宽度 >1.5 米。

水流速 3 立方米 / 秒。

河道蜿蜒,水流多方向变化。

橡皮筏耐礁石碰撞,但急流高低落差宜小于 1 米。

水质良好无臭味。

（2）漂流活动的起点、终点和中间休息点必须固定、集中,政府部门应规划码头水岸,提供餐食、更衣、厕所、教学、救伤、器材整备等公共设施,提供可通达的道路和大众运输,为游客服务。一个理想的泛舟河段,假日游客可能多达数千人,必须安全集散,有序管理游客。

漂流活动需规划的设施有下水坡道、登艇码头（堤）、停车场、起点、

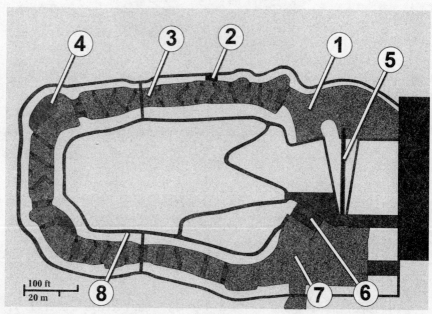

①起点预备区；②裁判凉亭；③激流水道；④教练步道与观众区；⑤船艇输送梯；⑥抽水帮浦；⑦终点下游池；⑧教练、裁判自行车巡回道

雪梨 Penrith 激流运动场

（图片改绘自：File：Penrith Whitewater Course map.svg - Wikimedia）

雪梨奥林匹克激流运动场,为了确保水质良好,不引用邻近的河水,仅收集雨水及地下水,并且经过过滤、曝气改善水质。激流河道全长 320 米,宽 8~12 米,深 8~12 米,起点与终点高差 25 米,并且附设电动水梯,将下游终点池的船只传送到上游出发点。由于场地建于河滨平坦地,所以除了地形高差及地景改造之外,还装置了 6 组 300 千瓦的抽水帮浦,以每秒 14 立方米的速率循环打水。该运动场的总建设成本约为 600 万美元,可以提供皮划艇、独木舟、橡皮筏等比赛及居民平时的休闲旅游。

联络道路、更衣、淋浴、厕所设施、餐饮、小卖部、出租设施等。

（3）漂流的主要河段，应全程监视最危险的暗礁险礁，达到第 6 级的河段必须进行人工改善，排除危险礁岩至第 5 级。

（4）河川水流过浅或过急的地方应设置变流设施（Water Deflectors）。危险地区亦应设置安全设施，如警告标志、急救站救生艇等。

（5）协调漂流从业者组织协会、公会，应拟定安全规范。从业者应自律并且互相监督。教练或船长应有相关技能认证，以保障参与者的安全。

（6）漂流活动的水质与景观是发展旅游的重要条件，上游或沿河的污染排放、人为设施都必须纳入管理、监测，才能保障该区域的永续发展。

3.11 赛艇、划船（Rowing）

一、赛艇活动特性

赛艇（图片来源：永续社）

划船中外自古就有，公园里划小船是休闲运动游憩，划龙舟也是休闲运动游憩。但是"赛艇"在欧美是很普遍的户外休闲运动游憩，也是奥运比赛项目，因此特别列出来探讨。中国划龙舟大多使用木船，场地环境、竞赛规则类似于西式划船，但是划船人数较多，还有鼓手指挥节奏，未来很可能也会发展出详细的运动规范。

西式划船、赛艇起源于 17 世纪的英国，船身为细长流线型，头尾俱尖，可以单人手划或多人手划。赛艇很多是在淡水中活动，活动水域必须水流稳定、水深要够（2 米以上）、水域宽广（长数千米，宽百米以上）。也有海上赛艇，但是海面必须平静，以免影响比赛公平。划船、赛艇能有效地提高人体的心血管和呼吸功能，增强肌肉力量。赛艇运动员的肺活量在各项体育项目中占第一位，可达 7 000 毫升，因此赛艇是最好的锻炼肺部的运动游憩项目。

观看赛艇也能得到很多乐趣。例如可以观赏运动员的动作是否整齐划一、协调自然；桨叶出水是否轻盈、入水是否快捷；船滑行时的起伏是否流畅等，赛艇是水中韵律表演，力与美的结合。

国际划船比赛分为下列形式：单人双桨（Single scull）1X；双人单桨（Coxless pair）2−；双人双桨（Double scull）2X；四人双桨（Quadruple scull）4X；四人单桨（Coxless four）4-；四人单桨有舵（Coxed four）4+；八人单桨有舵（Eight）8+，共七种类型。多人单桨，为一操左桨，一操右桨，加叉配置，使船身平衡推进。

正式划船比赛距离为 2 000 米，前后还要各加 150 米的准备区与回船缓冲区。选手以手划桨，快速地将船推进（约 250 次划桨动作）抵达终点，一般选手能在 5~9 分钟内完成。在欧美澳洲，只要有河道湖泊的地方，划船运动游憩十分常见，许多大学、中学也都把划船当做正式体育课程之一。同时，风景区管理部门和地方政府也要积极配合环境条件，规划提供相关的服务设施（水岸、浮动码头、岸上预备区、艇库等）。

二、赛艇设备需求

赛艇运动的基本设备就是船与桨，分为单桨船、双桨船。赛艇船体细长、两头尖，长度依操船的人数有所不同。船体有前舱、后舱、桨架、（固定或活动）舵片、划轨、滑座、桨锁、桨栓柱、脚蹬板、前端避碰球等不同配备。

（1）赛艇（Canoe）

赛艇也就是西式划船。艇身狭长，两头尖细，流线型如梭子。材料大多为玻璃纤维、铝合金及碳纤维、轻硬木料。最长的 8 人艇长约 17~18 米，宽只有 57 厘米。最小的单人艇长 8 米，宽约 29 厘米。

（2）船桨（Oars）

桨分双桨（Scull）和单桨（Sweep）两种，用铝合金或碳纤维结合制成。桨柄一端为圆杆握把，另一端为长铲形桨叶。现在通用斧形桨，把桨叶面设计成斧形并加大，能够产生更大的推进力。

（3）安全球（Bow ball）

赛艇选手背向前进方向，无法看见划行前方的情况。为了安全，赛艇的船头装置一个直径为 4 厘米，用软橡胶或塑料做成的白色圆球，称为"安全球"。

（4）桨架（Oar-rack）

桨架用铝合金细管组合而成，外端是可活动闭合的桨环。桨放在桨环内，划桨时，力量传递到桨栓轴，利用杠杆作用推动赛艇前进。桨架在双桨艇上是左右对称的，在单桨艇上则左右交错排列。

（5）脚蹬架（Stretcher）

脚蹬架为选手提供拉桨时的"立足点"。脚蹬架上有供运动员穿着的专门运动鞋，使划桨者"牢固"地结合在艇上，并且拉桨、推桨运行自如。鞋跟处有一条细绳与脚踏板相连，在出现意外翻覆时，划桨者能很快地脱困。

Ch.3 水域运动旅游 (Water Recreation)

单人划艇

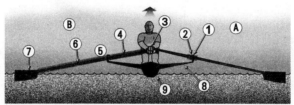

Ⓐ左舷侧；Ⓑ右舷侧；①桨锁扣；②固定环；③双手交迭段；④桨内侧；⑤桨袖段；⑥桨外侧；⑦桨叶；⑧桨支架；⑨船壳

赛艇构造（改绘自 www.concept2.com）

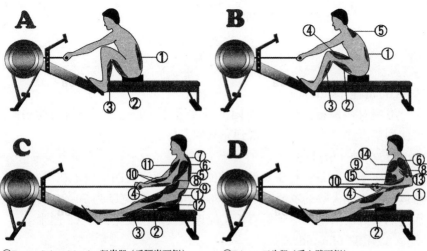

①Erector Spinae Muscles 竖脊肌（后腰脊两侧）
②Hamstrings 大腿筋（腘绳肌）
③Gastrocnemius and Soleus 腓肠肌和比目鱼肌（小腿后上侧—爆发力肌和后下侧筋—耐力肌）
④Quadriceps 股四头肌（大腿前侧四条）
⑤Rhomboids 偏菱形肌（肩胛骨的下半后方）
⑥Deltoids 三角肌（肩顶部）
⑦Trapezius 斜方肌（后肩胛）
⑧Triceps 三头肌（手上臂下侧）
⑨Rectus Abdominis 腹直肌（腹部前侧八片）
⑩Wrist Extensors and Flexors 手腕，伸肌和屈肌
⑪、⑭Pectoralis Major 胸部大肌
⑫Glutes 臀部
⑬Biceps 肱二头肌
⑮Internal and External Obliques 内外部斜肌

划船的肌肉运动

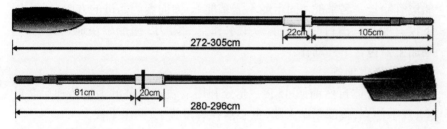

桨的尺寸规格（改绘自 www.buzzle.com）

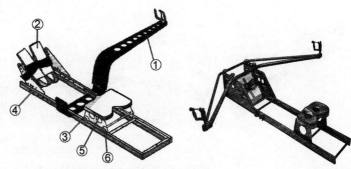

固定的脚蹬架与鞋

①船桨架；②脚蹬架；③底座滑轨；④固定斜撑；
⑤滑座；⑥滑轮

赛艇滑座与桨架说明图

（6）滑座（slide seat）

滑座又叫座板。座板下有四个可灵活转动的轮子。座板滑动顺畅，可使划桨者腰背和腿部力量得到充分的发挥。

（7）滑轨（tracks）

滑座下有两条平行于赛艇纵轴的滑轨，滑座的四个轮子在滑轨上前后运动。不同人数的赛艇，滑轨的间距不同，一般宽度为70~85厘米，从靠近船头处的滑轨顶端到垂直于桨栓连接线的长度不少于65厘米。

（8）尾舵（fin-rudder）

尾舵是赛艇艇壳下部的导流装置，形状如鱼鳍。安装在艇壳下面纵轴线处，靠近赛艇的尾部。固定舵不需要操控，也有部分赛艇是活动舵，由船长操舵。

三、赛艇运动技巧

划船是周期性动作,划动船桨的力及船舷桨架产生的杠杆力,产生最大的驱动功率。所有的划船员都是背对着船前进的方向。八人比赛中，船尾有船长一名掌舵（固定舵不需掌舵），面向着船前进的方向；八人以下没有船长。滑行时尽可能减少水和空气阻力，使船尽快地匀速前进。划船主要包含下列动作：

（1）坐定预备

桨手身体自然前倾45度，充分利用滑轨把腿部的力量传递到桨叶上，双手伸直,胸部紧贴大腿，重心落在脚蹬板上,两眼平视。

（2）桨叶入水

桨叶在身体后方入水时，腿部发力向脚蹬板传递。当整个脚掌支撑蹬板开始出力时，肩膀放松，上身保持不动，手臂轻提船桨入水。

（3）拉桨（划桨）

划桨主要依靠腿部力量、背部肌力，然后是肩膀和手臂肌力，协调动作将力量传递到桨上。然后上体保持在桨柄后方，将桨柄拉回至腹部前方十厘米处。

（4）桨叶出水

由肩和手臂做出动作结束拉桨，这时上体保持在桨柄的后面，按压桨柄使桨叶出水让船快速往身体后方滑行。

（5）回桨

当桨叶离水后，手臂和手腕下压内柄，使桨叶转平，桨叶离水面大约15~20厘米时，流畅地向身体后方伸出并切入水中。整个过程中，身体重心要保持在桨柄后方。然后手臂再完全伸直，收缩小腹，重复划桨后拉的动作。

四、赛艇运动术语

（1）正力（Positive Force）：当选手拉桨时，产生推进船艇前进的正面力量，就是正力。当桨叶出水后，船艇依靠惯性，正力的作用消失。

（2）负力（Negative Force）：当桨叶出水后推进力消失，由于滑座的运动和运动员身体重心方向转换，对船艇产生很大的负力，对抗正在前进的船艇。

（3）划距（Stroke Distance）：指比赛中每划一桨船艇移动的距离，即比赛全程距离除以该艇所划的桨数。比如赛程距离 2 000 米，共划了 250 桨，每桨的划距为 8 米。划距反映了划水的效能，初学者应从划距效能改进划桨技术。

（4）划桨周期（Stroke Cycle）：周期由桨叶入水、拉桨、桨叶出水、回桨组成，周期连贯而不间断。如果以每分钟划 40 桨计算，每一桨的周期时间约为 1.5 秒。

（5）划桨节奏（Stoke Rhythm）：指一个划桨周期内部各阶段速度和力量的比例。通常要求拉桨快而回桨慢，拉桨用力而回桨时放松。假定每分钟划 40 桨，则每一桨的周期为 1.5 秒，划桨节奏要求拉桨用 0.5~0.6 秒，而回桨要用 0.9~1 秒，划桨节奏用来检验技术效能。

（6）回桨（Recovery）：桨叶出水后，运动员两手轻快流畅地把桨柄向前推出，当两臂伸直把桨柄推过膝盖后，滑座才起动向前移，同时上体也随着滑座前移到下一桨的预备姿势。整个回桨的过程中，桨叶水平前

划桨动作分解

（图片来源：www.wikihow.com/Be-a-Good-Rower）

移，离开水面约15~20毫米。回桨时要求身体平稳、自然、放松，动作比拉桨的速度要慢，回桨与拉桨的时间比例约为2:1。由于回桨时较为放松，每次拉桨前都能得到短暂的体力恢复，因此产生节奏的力道交替。

（7）拉桨（Drive, Dull）：拉桨是使赛艇前进的主要动力。桨叶入水后，以身体重心带动腿部蹬脚，并协调全身力量拉桨（依序为腿肌、背肌、肩臂）。蹬腿拉桨开始时，滑座在滑轨上向艇首移动，选手必须利用自身体重拉回桨柄，把力量传递到桨叶。桨叶在水中的移动越大，划水的效果就越好。

（8）平桨（Feathering）：即将桨叶平放在水面上，身体放松，桨叶正面朝天。当船要停下来时，船长（舵手）或教练用"平桨"口令使运动员停止划桨。

（9）按桨（Press）：拉桨后，两腿蹬直，身体在滑座上后仰35°。双臂曲拉桨柄至腹部，用手腕做弧形下按动作，使桨叶迅速垂直出水，要求动作快而轻巧，否则桨叶掠水，会影响速度。

（10）桨叶入水（Entry）：回桨之后，两臂向前，桨叶的正面转向前进方向，桨叶与水面垂直或稍微前倾，两臂和两手同时自然上抬，使桨叶切入水中，要求没有水花飞溅。

（11）桨叶出水（Release）：在两腿蹬直拉桨结束时，上身后仰25°，同时屈臂拉桨至腹部。这时手掌轻压桨柄，做弧形的按转动作，使桨叶从水中垂直地切出水面，并迅速转成水平方向。动作要轻柔迅速，使桨叶出水时没有挑水或停顿。拉桨结束后，船艇获得了推进力，正以最快的速度滑行，如果桨叶出水的动作慢于艇速，就会使桨叶挡水，影响艇的前进速度。

（12）划桨频率（Tempo）：指单位时间内的划桨次数，即比赛全程所划的桨数除以时间。船速是由划桨频率和划距决定的，因此主要从划距和划桨频率两个方面提高船速。一般比赛的划桨频率约为每分钟30~40桨。

（13）倒桨（Backwater, Go astern）：赛艇正常划行时，划船者把桨叶放在水中，以桨叶正面拉桨，船则背着划船者方向前进。倒桨时，正好相反，以桨叶正面推桨，船艇向着划船者前方（船尾）方向划进。倒桨通常在船只回转或泊靠码头时使用。

（14）提桨（Lift）：当桨叶对水面转为垂直角度时立即提桨柄，桨叶自水面插入水中，深至桨颈为止，是周期性划桨发力的第一阶段。

五、赛艇场地规划准则

正式的比赛场地有尺寸与条件规范，我们生活环境中如果有那样的场地，自然最好；如果只符合部分条件，比如河道不够宽、不够长，仍可开发利用，推广赛艇运动游憩，或作为中小型训练基地。

（1）场地选择：利用淡水河流划船、赛艇的场地最为常见，水流水量稳定（流速每秒2米以下），河底平整无突出礁岩。水底如果均匀，水深不应少于2米；如不均匀，最浅处不应少于1.5米。航道水面不应有水草、流动障碍物和明桩，水下两米以内不应有暗礁、暗桩。

（2）场地长度：河道必须笔直，长需2 000米以上，另加前后端150米的回船空间，总长2 300米以上。

（3）场地宽度：每个船道宽度12.5~15米（标准为13.5米），标准比赛场6~8个船道，两边侧岸有冲击波影响公平，宜多留一个船道宽的缓冲距离。

（4）水道浮球线：比赛时河道中间设拉绳索的浮球（直径15毫米），以使每只赛艇都不偏离船道。并且依每隔250米，浮球颜色明显不同，可以让选手知道已完成的距离。浮球线下方每500米处有钢丝固定，避免漂移。

起点后100米浮球线与终点前250米浮球线为红色。起点后100米有大浮球标记（直径50毫米），并插上白旗；终点前250米有大浮球标记（直径50毫米），并插上红旗。

（5）距离标记：从起点开始，每500米应有准确的距离标记。如该标记设在岸边，其规格应为2米×1米；如在水上，行道两侧可用1平方米的轻塑料浮标作为标记。

（6）起点塔台：起点有发令塔台，设于起航线外30~50米处行道中心线的延长线上。

（7）终点线不设置浮标，终点线两侧5米处设置大浮标，并插上红旗。或于航道外侧约30米处设置终点塔台。

（8）教练车船：平行河道的岸边有教练用自行车道，骑速与赛艇同步，便于教练观察选手的动作。教练船跟在赛艇约50米处观察选手的动作。

（9）浮动码头：上下水码头四个，每个长30米，宽6米。码头平面高

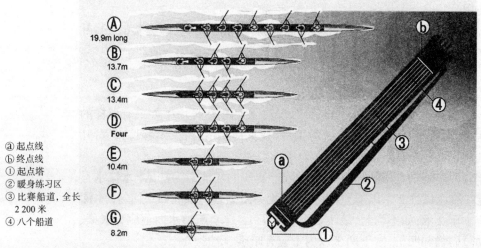

ⓐ 起点线
ⓑ 终点线
① 起点塔
② 暖身练习区
③ 比赛船道，全长 2 200 米
④ 八个船道

赛艇场地与艇类型（改绘来源：www.sonsrowing.co.uk）

于水面约 15 厘米。码头要力求平稳，一边上、下水时，另一边不要有太大的起伏。浮动码头方便选手上下船艇，或搬运船艇上下岸。

（10）斜坡码头：岸边浆砌砖石或木板条，坡度为 1：8，便于选手上下船艇，或搬运船艇上下岸。

（11）拖板车与车道：艇库和码头之间需要简易车道，便于搬运船艇。

3.12 风帆船（Sailing）

一、帆船活动特性

帆船运动（Sailing）为普遍的户外运动游憩项目，主要活动地点在大河、大湖区或海上。帆船运动员借由自然风力作用于船帆，驾驶帆船向前移动，顺风、逆风、侧风都可前行，是以技巧为主、体能为辅的运动游憩项目。

古代东西方帆船各有特色与优点。13世纪以后综合改进，形成近代帆船，开创大

帆船运动（图片来源：永续社）

航海时代。小型帆船运动在 1900 年以后的奥运会中被列为重要比赛项目,至今运动游憩帆船逐渐普及,而且技术、材料、规范上均有显著的进展。

二、帆船形体分类

帆船大致可分为 3 类:龙骨艇(Keel)、稳向板帆艇与多体艇。除了小平底船,大部分的船都有龙骨,即纵贯船底的脊梁骨,能够切水前进,又能平衡重心抵抗侧浪。

第 1 种龙骨帆艇,又称稳定舵艇,在船龙骨中央位置下方加上铁铅块伸入水中,使大帆船更为稳定。龙骨帆艇稳定性好,帆力强,但是体大不灵活,只能在深水中行驶。奥运会项目中的暴风雨型、索林型、星级、鹰铃级等均属此类。

第 2 种稳向板帆艇,需要轻快的小帆船,不加铁铅砣,改为一个中央舵板(Centerboard),如同鱼的腹鳍,轻快灵活,可在浅水中行驶,单人或双人操作。奥运会项目

龙骨帆艇

多体帆艇

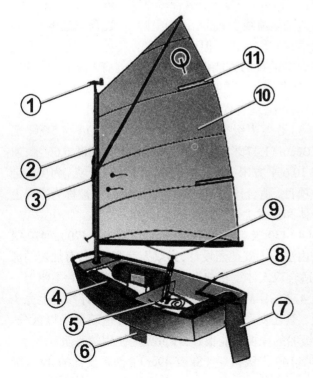

①风向标;②桅杆;③斜撑;④充气浮袋;⑤脚蹬带;⑥稳向板;⑦尾舵;⑧舵杆;⑨横杆;⑩帆布;⑪小帆骨

乐观型帆船
(改绘自:www.daliansailing.com)

中的飞行荷兰人型、芬兰人型、470型、星型、托纳多型等均属此类,也较为普及。

第3种多体帆艇,就是把2或3艘小帆艇并联固定(如同赤壁之战中的曹操战船),船十分稳定,不颠簸。奥运比赛也有混合诺卡拉(Nacra)17级、龙卷风级(Tornado)双体帆船项目。

三、常见小型帆船样式

(1) OP乐观型帆船(Optimist):此型船专为青少年设计,为平头平船底,帆面积较小,帆顶斜切去掉一块,很容易辨识。OP帆船,船长2.3米,船宽1.14米,桅杆高2.33米,横杆1.9米,船重35千克,船帆面积为3.6平方米,航行时的最大特点是稳定,适合体重较轻的青少年学习。许多运动比赛中,选手年龄规定为8~15岁。

(2) 镭射型帆船(Laser):大多由一人操作,为奥运标准比赛船型之一。Laser帆船只有一个三角帆,一根直桅,一根横桅杆,船长4.2米,船宽1.37米,船重59千克,船帆面积7.06平方米,适合体重73~86千克的操帆手。船身造型呈流线型,船底剖面呈圆弧状,所以速度高、转向灵活是它的特点。但也因为它的灵巧,在强风中必须要有熟练的技巧方能保持稳定。另外有Laser Radial船型,船体与激光(镭射)型完全相同,只是桅杆上部较短,帆面积较小,适合青少年及女子帆船运动员。

(3) 芬兰人级帆船(Finn):船长(LOA)4.5米,船宽(Beam)1.47米,吃水深0.85米,主桅高度6.66米,帆面积10.6平方米(只有主帆),船重107千克,为奥运会主力项目,适合体重超过60千克的选手,被称为世界上在身体和技术上要求最高的单人艇。

(4) 470级帆船(Two Person Dinghy-470):470级帆船由法国人安德烈设计,为双人竞赛帆船,有加速的球帆,适合双人体重相加在110~140千克的人。主帆上一般有470的字样。470级帆船在男女的设计参数上完全一致,只在女子470的主帆顶部用红色菱形予以区分。470级船的操控性能很好,在世界上使用较普遍。

(5) 49人级帆船(Skiff-49er):创新设计的49人级

镭射级帆船

芬兰人级帆船

470级帆船,有主帆、前帆、球帆(改绘自:www.buzzle.com)

高速帆船，由双人操控，最高航速可达 25 节（46 公里/小时），具有超大的帆面积，也有加速的球帆。船体两舷各有一个伸出来的侧支架，可以让两位操帆手身体伸出更远，获得更大的压舷力矩。女子 49 人 FX 级是在男子 49er 的基础上改进的，船体大小一样，只缩短桅杆，减小主帆面积，更适合女性的体重与力道，适合体重相加为 120 千克左右的船员。

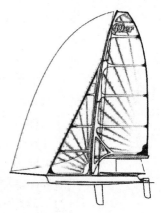

四、帆船运动与比赛介绍

帆船运动员首先要具有至少中上的游泳水平，落水后能够自救、待援，而且必须有良好的耐力和体力去适应长时间海上风浪的颠簸。国际帆船比赛，经常在强风中进行，风速 10~12 米/秒，在比赛中既要保持航向和一定的船速，又要不翻船，这就需要操帆手尽最大的努力去压舷，保持船的平衡。另外，操帆手还要掌握周围的环境、水的流向、流速和气流、升力变化，适时调整船帆以适应这些变化，将风力转为高效能的伯努利效应。

49 人级帆船（作者自绘）

当前一些帆船运动盛行的地区，对船、船帆和索具有较多的研究。国际帆船比赛规定，参加比赛的运动员可以自带船和帆，只要经过测量委员会按级别规定丈量比赛装备，合格者均可参加比赛。因此，随着科学技术的不断发展，船、帆、索具等的不断改进，帆船运动还将有新的发展。

风帆会动的原因是：风帆受风力吹动，加上伯努利效应（Bernoulli's principle）使空气流经一个弧形帆面，类似机翼的弧面，产生一个向前及向上的提升力，因此帆船顺风前进。

帆船逆风前进是因为风会随着帆的角度而改变，在此时帆会受浮升力的影响，同时又受向前力和侧向力的影响，这时中央板就发生作用，当选手踩下去时，可以抵消侧向力，帆船就会往向前的方向移动。但是完全顺风或完全逆风时，伯努利效应会消失，帆船速度就会慢下来，所以帆船与风向的角度最好在大约 23~158° 之间。

船舵是在船尾一侧水中的可移动板，可以操控它改变船身方向。船身方向发生改变，风的方位也会改变，帆也会改变角度，可能会从船身右方转到左方，驾驶者需低下头闪过帆杆，换边坐，确保帆要在人头前面。

船面对风有三种类型：顺风、逆风、横风。顺风是风从船尾后方来，此时帆与船身的夹角大概呈 90°。逆风是风从船头前方来，帆会变 0°，此时船会无法航行而定住，运动员要操控船舵改横风航行。横风是风从船的侧边来，此时船要呈"之"字航行，船身与帆角度为 45°。帆转向有顺风转、逆风转和横风转。顺风转是因为顺风而使帆转向,逆风转是因为逆风而使帆转向,横风转是因为横风而使帆转向,转向是为了改变航行方向。

帆船的360°旋转,是迎风偏转、迎风转向、顺风偏转和顺风转向技术的组合,只要按照各项转动技术的要求,把四项技术按顺时针或逆时针方向连接即可。在迎风航程和顺风航程中,旋转的方向是有区别的。

在迎风航程中做360°旋转时,应采用先迎风偏转,而不是顺风偏转。在迎风航程中,帆船都是尽力地向上风行驶,减少帆船向下风行驶。在迎风航程中需要做360°旋转时,选择的第一个技术是迎风偏转,是因为通过迎风偏转和迎风转向后的船速会明显地减慢,因此做顺风偏转时的旋转速度慢,旋转的轨迹短,向下风行驶的距离也就短,而且顺风换舷后的迎风偏转可以加快船速,使帆船可以尽快达到迎风最佳速度。另外,船在完成旋转后,可以继续执行原来的航向计划。

五、帆船的构造

(1)龙骨(Keel):纵贯帆船底的脊梁骨,能使帆船切水前进,又能平衡重心抵抗侧浪的倾斜。龙骨型帆船特指船重心位置有个加强平衡的铁铅砣的帆船。

(2)中央板(Centerboard):帆船底的中央正下方有一个可收放调控水流舵的舵板,又称稳向板。

(3)船壳(Hull):帆船以主龙骨、旁龙骨、船首柱、船尾柱、肋骨为框架。船壳即为包覆帆船的外壳,横向断面有V字形、圆弧形与平底形,以适应不同的水深及稳定、速度需求。新式轻型船艇的船壳常采用玻璃纤维材料一体成型。

(4)船舵(Rudder):一种是固定舵,具有钢性舵柄的固定式舵叶;另一种是提升式舵,具有分离式的舵柄。固定舵主要用于龙骨艇,稳向板艇和平底艇通常来用提升式舵。

(5)风帆(Canvas):采用质轻的高强度人造纤维织物制成,耐候性良好,在湿润盐分环境中有抗撕裂性能。帆面积越大,受风越强,越难操控。运动游憩帆船,大多有主帆(Main Sail),有些会加上前帆(Jib)(或副帆)、球帆,加快船速。三角帆上没有桅杆的侧缘,为了撑展维持良好的帆形,有数根插入到帆中的扁枝条,称为帆骨(Battens)。在顺风(风从船后来)的情况下,可以升起面积大且软的球帆,兜住更多的风,加速行驶。

(6)主桅(Main Mast):风帆必须依附于桅杆上才能张开受风,桅杆

Ch.3 水域运动旅游 (Water Recreation)

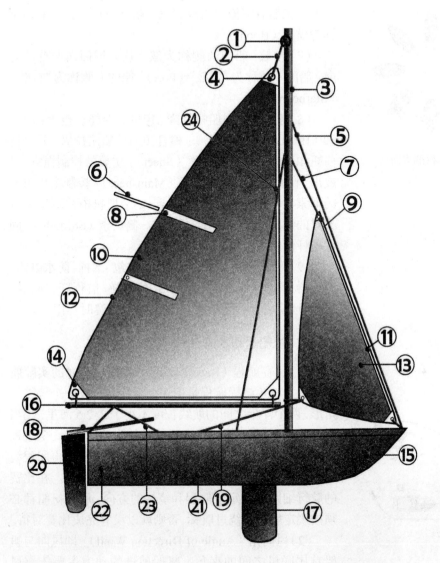

① 桅杆顶 Mast top
② 主升帆索 Main halyard
③ 主桅杆 Mast
④ 主帆顶 Main head
⑤ 前帆索 Forestay halyard
⑥ 帆骨 Battern
⑦ 前升帆索 Jibhalyard
⑧ 帆骨袋 Battern pocket
⑨ 前帆顶 Jib head
⑩ 主帆布 Main luff
⑪ 前帆前缘 Jib leech
⑫ 主帆后缘 Main leech
⑬ 前帆布 Jibluff
⑭ 主帆后角 Main clew
⑮ 船首 Bow
⑯ 横桅杆 Boom
⑰ 稳向板 Center board
⑱ 船舵杆 Rudder post
⑲ 前帆索 Jib sheet
⑳ 船舵 Rudder
㉑ 船壳 Hull
㉒ 船尾 Stern
㉓ 主帆索 Mainsheet
㉔ 横桅索 Shroud

470 帆船构造图（改绘自：knotalotsailing.wordpress.com）

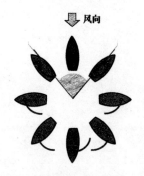

配合风向调整帆的方向

大都用硬质圆木或金属制成。轻小型帆艇只有单桅,更大型的帆船有双桅双帆或三帆。帆下方展张帆布的横竿称为横桅(Boom)。

(7)船舷:船的两侧称为舷。从船尾面向船首的方向,船的左侧称为"左舷"(Port),船的右侧称为"右舷"(Starboard)。

(8)索具:控制船帆升降、定位的船绳。包含:前支索(Headstay、Forestay):桅杆顶向前船舶拉撑,并可将前帆扣上的钢索。控帆索(Sheet):主要的控制绳索,可放出、收紧和固定。主帆索(Mainsheet):控制主帆角度的绳索。帆桁下拉索(Boomvang):把帆桁往下拉紧或支撑的索具,以防帆桁向上举起。侧支索(Shrouds):固定桅杆侧向的拉索。

(9)附属配件:如,救生圈、急救包、水桶、防水电筒、灭火器、帮浦、锚具、海图GPS、信号弹、航行灯、通讯器材、望远镜、备用引擎、桨(预防漂流,比赛时不用)等。

六、帆船运动术语

(1)比赛航程(Race Range):帆船比赛时的实际航行路程。三角绕标航程是用3个浮标布置成一个等腰三角形,两个浮标之间的航线长度不小于2~2.5海里,相当于3.7~4.7公里,其直线比赛航程约为28公里。全航程的竞赛次序是起航后绕1、2、3号标志(航标),再回程绕1、3航标到达终点。缩短航程的竞赛没有回程。在比赛的航行细则中规定了航程和绕标的方向,所有帆船都必须按规定航行和绕过航标,否则就以没有完成比赛对待。

(2)风向角(Angle of Direction Wind):即风向与帆船首尾联机之间的夹角。帆船前进的动力主要依靠风力,风帆手必须正确掌握风向角,才能充分地利用风力来驾驶帆船。各种不同的风向角根据度数不同可分为:顶风的风向角在0~30°之间;前迎风的风向角在30~60°之间;后迎风的风向角在60~80°之间;横风的风向角在80~100°之间;顺风的风向角在100~170°之间;尾风的风向角在170~180°之间。

(3)舷受风:帆船航行的方向取决于艇体中央纵垂

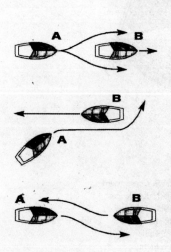

同向,后船须留空间超船
T字,左舷船绕经过后方
对向,各自往右舷侧避让

面与风向间的夹角,或取决于帆船的方位。当风从船的左侧吹来,主帆位于右舷,这时的帆船就是左舷受风(Port Tack)。当风从船的右侧吹来,主帆位于左舷,这时的帆船就是右舷受风(Star Board Tack)。

(4)吃水深度(Draft, Draught):由于船体底部形状不一,各部分吃水深度也不相同。在船体前垂线处的吃水,称为"前吃水";船体后垂线处的吃水,称为"后吃水";船体长的中点垂线处称为"平均吃水"。

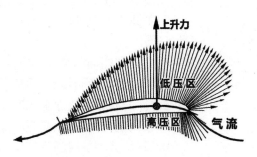

伯努利效应气流推动前进

(5)压舷(Gunnel Suppr):帆船驶航时,为了充分利用帆面积和强风取得更大的帆动力,要保持帆船的平稳航行,减少横倾,操帆手会将体重压到风舷的另一侧,称为压舷。有时为了降低船的重心,进一步增加抗横倾力矩,尽可能使操帆手身体探出船外更远的距离,甚至将身体悬挂在舷外。悬挂压舷需要借助吊索、把手、吊索背带、坐垫、挂环、挂钩等工具,换帆手才不会掉落水中。但是顺风行驶时,船身大多是水平前进的,不需要压舷。

(6)迎风折驶(Come About):在驾驶帆船前进时,如果遇到顶风(正逆风)无法驶帆行进时,必须采用Z字形曲折航行,称为迎风折驶。

(7)抢航(Raise Start):未等起航信号发生就偷跑,即为抢航。抢航者必须回到起航线后重新起航。

(8)搁浅(Run a Ground):帆船因掌握方向不当而误入浅滩,或因控制不好被风吹在河床浅处或海滩边,失去了浮力,无法航行。

七、帆船水域安全守则

(1)下水前应检视船壳、帆、桅、舵、索具、罗盘、导航、通讯、安全配备等,是否齐备无损。

(2)操帆手必须熟悉水域环境情况,熟知航道与帆船的可活动区域和不可活动区域。

(3)与快速动力船只保持安全距离,时刻注意邻近水面情况。

(4)两船航行方向靠近,有碰撞的可能时,应立即用罗盘检查航向,准备避让。

(5)两船航向邻近时,迎风船要避让背风船;两船同进入一个航道方向时,左舷侧（Port Tack）的船要道给右舷侧（Starboard Tack）的船。

（6）如果左舷侧（Port Tack）的船无法判别其他船只的意图,应该减速准备避让。

（7）打算超船的船只应该定向、定速行驶,让被超越者清楚地看见。

（8）帆船遇到渔船作业时要避让；遇到公务船、工程作业船时要避让。有些吃水深的船舶需要深水航道,吃水浅的轻型帆船应予避让。

（9）夜间航行时,帆船应开启红色、绿色的侧灯及白色的尾灯。

（10）帆船必须随时注意其他船的灯号、信号、声响,避让钓鱼、拖船、清淤、潜水等活动。

（11）避让不仅是航海礼仪、安全保障,也是法律规定,疏忽、未遵守规则而发生意外者,要赔偿损失。

（12）尽可能数船结伴同行,万一发生漂流,能够互相支持照应。

（13）在海上突然遭遇强风大浪,船只翻覆,很容易造成运动伤害,可以让身体落水离开船只,然后再游近帆船重新起帆。

（14）如果体力衰竭,或是帆船损坏,在海上漂流,除非沉船意外,否则不可轻易离开帆船,应在海上静待救援。

八、帆船场域规划与管理

帆船正式比赛要求在开阔的海面上进行,距海岸应有0.5~2公里,奥运会的帆船比赛通常采用奥林匹克梯形航线和迎、尾风航线。

起航线由起点船上的标志旗杆与其左侧船或浮标的标志旗杆之间的虚拟线构成。终点船、标志旗杆与其左侧船或浮标的标志旗杆之间的虚拟联机为终点线,其宽度一般为50~60米,以便裁判员能清楚地观察每条帆船（板）通过终点的情况。

但是帆船运动爱好者,大部分不为了比赛,只为了出海或在大湖上巡航赏景,满足他们的生活乐趣。或者结合钓鱼、潜水、风筝滑水、孤岛探险、野外露营等其他休闲运动项目。

发展帆船运动游憩需要政府或旅游主管机关协助。

（1）小型帆船（5人以下）场域适宜条件：

水深>1.5米,水底无尖锐岩礁（避免割撞船壳）。

行驶水道宽度>100米。

风速<10米/秒,水流速<1米/秒。

浪高<1.5米,无卷浪。

（2）游憩港湾设施：可与动力游艇合用,但不宜与渔船港湾混用,至少要划设专用航道或专用码头区。泊靠码头区应有汽车可通达道路,以

Ch.3 水域运动旅游 (Water Recreation)

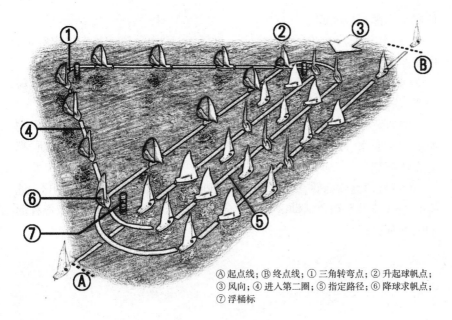

Ⓐ 起点线；Ⓑ 终点线；① 三角转弯点；② 升起球帆点；③ 风向；④ 进入第二圈；⑤ 指定路径；⑥ 降球求帆点；⑦ 浮桶标

帆船比赛场（来源：www.bildwoerterbuch.com 韦伯视觉在线辞典）

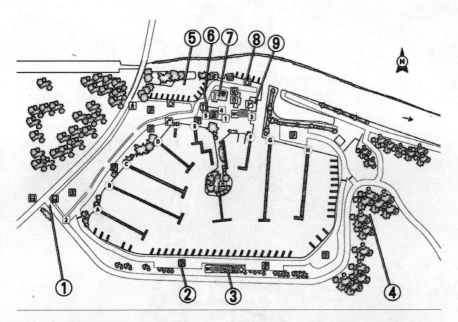

① 主入口,公车站；② 停车场；③ 浴厕,加水,洗衣；④ 野餐休闲绿地；⑤ 会员专属码头；⑥ 餐饮,休憩,行政；⑦ 服务,购物；⑧ 加油,冰水；⑨ 维修,垃圾收集

英国 Sawley Marina 帆船码头案例

便船上物品可以装卸。

（3）陆上艇库：码头区附近宜有帆艇库，借由轨道或吊车进出存取，由帆船所有者租借储放。帆船体量较大，一般不易搬运或存放于家中。

（4）出海保安检查及登记：帆船离开海岸，人、货物、意外碰撞、气象海况、联系通信等都需要安全管理，因此应比照渔船进行检查及登记。

（5）服务及补给：部分帆船有动力引擎，需要燃油；出海较长时间的帆船也需要水、冰块等补给，废机油及垃圾收集、教育训练、餐厅、厕所，都应整体规划。

（6）近海区常有许多渔民作业、珊瑚礁生态保护区、军事管制区、危险暗礁区或潜水钓鱼活动区。对比应有明确标示，分区协调，保障各种活动的顺利进行。

丹麦帆船中心

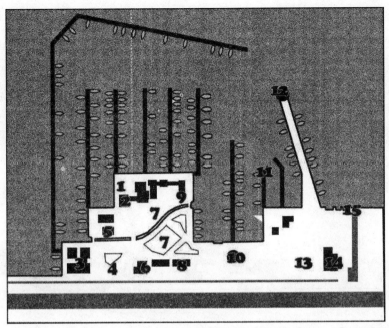

1. 游客服务中心
2. 餐饮、盥洗、超市
3. 旅馆住宿
4. 主要出入口、景观地标
5. 行政、租借车船
6. 快餐、简餐餐厅
7. 来宾停车场
8. 渔具、运动器材购物区
9. 餐馆、盥洗、洗衣
10. 会员俱乐部
11. 水上飞机泊靠
12. 加油、淡水、冰块
13. 露天陆地泊船、展售
14. 维修、船艇库
15. 船上岸起重机

希腊爱奥尼亚岛帆船码头案例

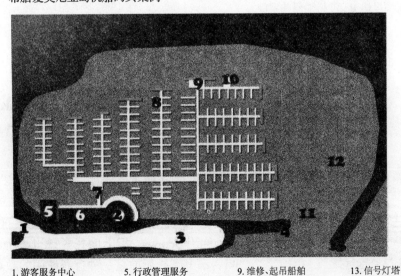

1. 游客服务中心
2. 餐饮、盥洗、超市
3. 停车场
4. 出海检查点
5. 行政管理服务
6. 旅馆、住宿
7. 浮动码头跨桥
8. 不同规格的帆船分区
9. 维修、起吊船舶
10. 加油、淡水、冰块
11. 港湾出入航道
12. 船舶避让回转区
13. 信号灯塔

加拿大维多利亚 Oak 帆船码头案例

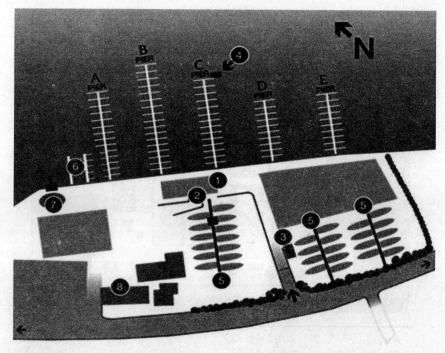

① 餐饮,盥洗,超市
② 洗衣,垃圾收集
③ 服务,咨询
④ 加油,冰水
⑤ 露天泊船,展售
⑥ 特殊船舶靠
⑦ 维修,起吊,仓库
⑧ 旅馆,住宿

佛罗里达 Berth 帆船码头案例

3.13 水上摩托艇（Jet Ski）

一、水上摩托艇活动特性

水上摩托艇（香港称"水上电单车"），英文为 Water Craft、PWC、Water scooter 或 Jet Ski。但是潜水用的手持摩托旋桨推进器也称为 Scooter，雪上摩托雪橇也称为 Jet Ski。水上摩托艇原是一种近海使用的救难、巡查交通工具，也就是在水上跑的摩托车，以喷射水流作为动力。目前水上摩托艇为热门的海滨娱乐项目。

水上摩托艇（图片来源：永续社）

驾驭水上摩托艇并不难学,但是大部分地区要求驾驶者必须要有熟练的技巧或相关证照。相关旅游项目从业者在海滨招揽游客,大多数都是将游客附载在后座(1~2人),体验快艇冲浪的乐趣。该项活动娱乐成分多,运动成分少,目前水上摩托艇运动竞赛也还不多,比赛规则也尚未成熟。

湖泊上也可以发展水上摩托艇活动,但是中小型湖泊风浪小,受到水深、浮力的影响,速度大多不快,所以不像海上摩托艇那样流行。

水上摩托艇喷水推进的原理如同消防软管受到反作用力(相当于推进力)喷水的原理。把喷水装置安装在船尾部,水由船底部吸入,通过喷水装置的喷嘴,喷向船尾后方的气流中,利用其喷力(反作用力等于推进力)推动船舶前进,速度可达30节(55公里/小时)以上。相比于螺旋桨船,水上摩托艇阻力更小、噪音更小、震动更小、搭乘更舒适、平稳。

二、水上摩托艇设备需求

(1)水上摩托艇外形、操控方式及速度与陆上的摩托车相似,长约3米,宽约0.7米,下半部分类似于小游艇,以引擎吸水喷出强力水流为动力。驾驶员跨坐骑乘于水上摩托艇最前侧,操控类似陆上摩托车的左右把手以控制前进方向与转弯。水上摩托艇的后座比陆上摩托车长,可附载体验1~2位游客。

(2)不同厂家生产的水上摩托艇的引擎汽缸不同,较常见的为800~1 300毫升。

(3)水上摩托艇很大又很重,需要汽车拖送,但是它的浮力设计很好,即使失去动力仍然不会翻覆,会漂流在水面上。

(4)水上摩托艇上主要配备有:手把油门加速器(燃油控制阀)、船舱内排水口、转向喷水口、倒车水闸、启动/熄火按钮、底板护罩、艇内浮力板、油箱、置物箱等。仪表板可以显示汽油机油量表、速度、引擎温度、指北针等。

(5)为了满足环保的要求,水上摩托艇厂家对摩托艇进行了多种改进,包括增加使用四冲程发动机,采用缸内直喷的设计,并使用三元催化器等降低水质与空气污染。

三、摩托艇安全准则

(1)水上摩托艇活动常见的伤害包含船只或礁岩碰撞、落水被船尾水柱冲击等。

(2)水上摩托艇所有的成员都必须穿戴安全帽与救生衣背心,防止落水或头部受到碰撞。

（3）附载在摩托艇后侧的游客若没有抓牢落水,可能会被强力喷水柱冲击受伤,所以必须有防护措施。

（4）水上摩托艇速度较快,而且转向灵活,应该主动回避较大型动力船舶、渔船、无动力活动者。

（5）骑乘水上摩托艇应携带无线电通讯装置,当摩托艇搁浅或失去动力时,能利用通讯设备求救。

（6）摩托艇在急转弯时容易翻覆或将人甩离艇体,因此可将开关绳系在手腕上,当身体被甩离艇体时,摩托艇会自动关机,不至于伤人。

（7）两艇高速对驶时,与陆地开车靠右行驶一样,应该靠右避让。

（8）摩托艇是靠喷射水流来推动其前进并控制方向的,所以艇即将靠岸的时候,应该慢慢减速,而不是一下子关机。如果熄火,方向就不能控制,惯性会使摩托艇直冲岸边。

（9）启动或回航时都必须低速行驶,避免造成机器损坏。摩托艇的最小吃水深度为 0.6 米,进出航道时应避免触礁。

（10）在驾驶过程中不能离开海岸太远,否则外海遇险,难以通讯获得救援。

（11）有些摩托艇必须依靠钥匙启动,所以钥匙必须套在右手上,避免摩托艇在高速行驶时,钥匙滑落。

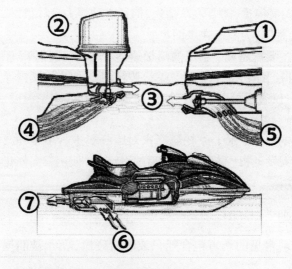

① 摩托艇由内部喷射前进
② 汽机艇由外部螺旋桨推进
③ 喷流出水口
④ 汽机艇进水口
⑤ 摩托艇进水口
⑥ 摩托艇进水口
⑦ 摩托艇喷流出水口

摩托艇与汽机艇发动构造区别（作者自绘）

水上摩托艇（有多种规格，可附载人员 1~3 人）

四、场地规划与管理

（1）水上摩托艇场域条件：

水深 >1.5 米，水底无尖锐岩礁。

行驶水道宽度 >100 米。

风速 <10 米/秒，水流速 <1 米/秒。

浪高 <1.5 米，无卷浪。

（2）湖域、海域都可以发展水上摩托艇活动，国外大多数的海滨游憩区都可见到水上摩托车活动。

（3）水上摩托艇速度快，冲撞力强，喷射水流也很强，对于海滨旅游冲浪、游泳、潜水、帆船、钓鱼等项目都造成威胁。虽然水上摩托艇广受年轻游客喜爱，海滨风景区管理单位仍需要对其加强管理。

（4）水上摩托艇的噪音、震动波对水中动植物的影响很大，甚至会折断珊瑚枝、礁岩，崩坏水岸护坡，因此要规范水上摩托车的活动范围，可与动力游艇设置在同一区，以明显的浮球标示界线。

（5）水上摩托车，需要拖车架与沙滩吉普车运送到水域，因此必须规划路径动线，以免切割或干扰其他活动。

（6）水域旅游主管单位，除了订立规则进行安全、场域、证照等规范管理外，还可要求水上摩托车同好社团或营利单位组成运动协会，自定义详规、互相监督、培训技能、举办比赛、向上反映该项活动发展的需求。

（7）水上摩托车耗油量不像游艇那么多，通常不需要为水上摩托车特设码头加油站。

（8）钓鱼活动或水域养殖活动，最怕水上摩托车干扰，鱼会被吓走，钓鱼线也很容易缠绕，因此要分别划设活动范围。

3.14　其他水域项目（Others）

其他水域运动游憩项目也很多，包含游泳、跳水、水上芭蕾舞、水球、水下曲棍球、浅浪滑水、划龙舟、竹筏、橡皮筏、水上喷流等。

形式多样的水上运动（图片来源：永续社）

3.14.1　水上飞行板（Flyboard）

自从钢铁侠电影风行后，许多水域游憩区也开始流行水上钢铁人。体验者站立在有脚套的踏板上，踏板底部连接一个大水管，将强力水流冲上踏板，使人与踏板腾空飞行，让玩家体验到脱离地心引力的快感。

水上飞行板最高可以飞到 30 米，能潜水到 8 米深，还可以做出许多花式动作。

水上飞行板运动（图片来源：永续社）

3.14.2　划龙舟

划龙舟比赛是中国与东亚各国传统及普遍的运动游憩项目，但是多只在端午节前后举行，相当可惜。龙舟轻盈，船身大多以木材或玻璃纤维制作，并加上龙形外观彩绘，大型龙舟不含头尾长约 11.3 米，宽 1.5 米，可乘坐 23 人，小型龙舟不含头尾长约 9 米，宽 1.4 米左右，可乘坐 15 人。龙舟内鼓手在前、舵手在后，桨手数量则按龙舟竞赛规则而定。至于竞赛使用的桨、尾舵、鼓等都有规定的长度和重量。

按中国（大陆）龙舟协会竞赛规则要求，小型龙舟长度：12 米，船身长度：9.6 米，龙舟中舱最宽处宽度：96 厘米。龙舟重量：不设统一标准，只要求同一比赛中最重龙舟与最轻龙舟的差距不能超过 5 千克。

龙舟的活动场地与比赛形式与赛艇（西式划船）类似，但是运动技巧、船体设计的科技和标准，目前仍未形成成熟共识。近年来西方国家也发展龙舟，造型设计为西方火龙或取消鼓手。

我国台湾宜兰冬山河龙舟赛

新西兰奥克兰龙舟赛

3.14.3　游艇（Yacht）

游艇是成熟的运动游憩项目，活动于平静大海、内陆大湖泊、大江河等水域，从游艇活动可以延伸至海钓、赏鲸、拖曳滑板、潜水等多项运动。但是游艇外观、结构、发动机都没有统一规范，也很难形成竞技比赛。有些游艇使用风帆为推动力，但是大多安装机械动力。游艇的长度从10米至34米不等，可容纳5至15人在船上活动；超过34米者称为巨型游艇或超级游艇。游艇本身价格与同等汽缸引擎汽车相当，但是码头泊靠、存放艇库、维修、保险、执照等费用很高。

建造游艇的材料需具有较好的机械性能与安全性能。常用的艇体材料为夹层结构材料（巴沙轻木或泡沫芯材），能保证游艇结构坚固结实，而且外形美观、性能优良。外层面板大多采用玻璃钢（由玻璃纤维与树脂合成的复合材料）。我国台湾、意大利是建造优质、豪华游艇的主要地区。

游艇泊靠区不宜与渔船混用，开展游艇活动应规划建设游艇码头，并且防范台风及东北季风的艇库、上下水岸拖拉轨道、油料及物品补给、停车场、岸上休憩建筑物、出海保安通讯管理等，都应配置于游艇码头周边。

① 船首栏杆
② 船艏甲板
③ 内船舱
④ 空桥驾驶座
⑤ 外座舱
⑥ 后甲板（船机上方）
⑦ 游泳跳水平台
⑧ 拖曳绳索

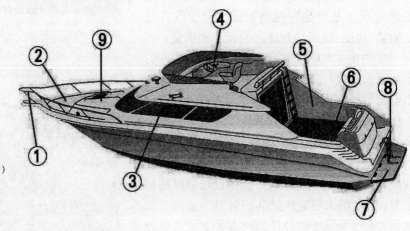

汽机游艇构造说明（作者自绘）

3.14.4 香蕉船（Water Skiing）

香蕉船与拖曳橡皮筏类似，都是用水上摩托艇或动力小艇拖动，游客可以体验到冲浪的快感。许多大水域风景旅游区都有香蕉船项目。香蕉船或橡皮筏上可搭乘 5~8 人，不需要安全帽，但是严格要求穿着救生衣。

虽然香蕉船与拖曳橡皮筏都很大众化，不需要学习入门课程或运动技巧，但香蕉船仍有落海漂流、挂钩刺伤或紫外线晒伤等伤害意外，所以参与者的自身防护与从业者的管理仍然很重要。

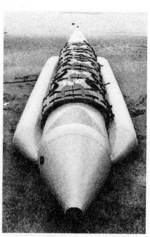

海上拖曳橡皮筏有多种样式（图片来源：reader.roodo.com/kentw1 122/archives/3 550 993.html）

3.14.5 游泳（Swimming）

游泳是一种靠四肢及身体活动在水中前进的运动技能。游泳运动主要分为四种泳式，包括自由式、蛙式、蝶式及背泳（仰式）。游泳也是一种需要全身肢体都活动的运动，体力消耗最多，最适宜瘦身健美，并且可增强肺活量。室内、户外、湖、塘、河、海，只要是干净的水体都能进行游泳活动。

一般内陆水域不鼓励游泳活动。水库为了保护水源水质不允许开展游泳活动；河川上游、野溪水质清澈，最吸引人前来游泳，但是缺乏人员监管，河底暗流、漩涡难以预测，安全是重大问题。况且，戏水与游泳很难区分,溪流深潭的跳水活动也很难约束。

　　海滨沙滩浴场是较理想的活动环境,可以提供多样化的沙滩及近海域活动,旅游服务设施与管理都可妥善规划配置。但是少年常私自结伴到野外免费的溪流、埤塘、水库或无人监管的海滨游泳,每年都有许多意外发生。因此主管机关应主动提供、改善游泳环境。

　　(1)调查及公布内陆或海岸适合游泳的水域水体(水质、水深、水流),提供信息。

　　(2)清除危险礁岩,改善水岸可达条件。

　　(3)装设监视器,加强救生、通报设施的建设。

　　(4)鼓励当地救生员义工协助监看。

　　(5)调查游泳、戏水潜在危险水域,提供信息,设置障碍,阻止进入。

　　游泳主要的装备包含:游泳衣裤、颜色鲜艳的游泳帽(必备)、游泳防水眼镜、耳塞、游泳圈等。

　　户外游泳场域适合条件:

　　(1)水质干净清澈,要求:

　　大肠杆菌指数 1 000PPM/100 ml 以下。

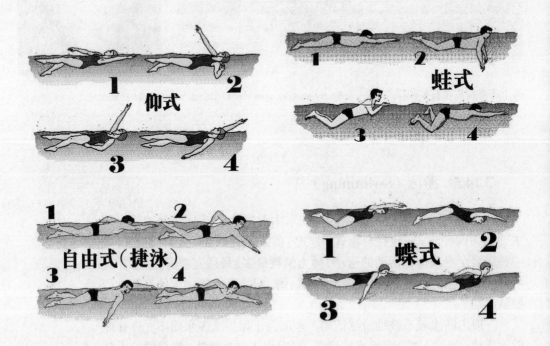

游泳姿势分解(图片来源：Estilos de natación - Wikipedia, la enciclopedia libre)

溶氧量（CO）2PPM 以上。
PH 酸碱值 6.5~8.5。
透明度 30 厘米以上。
（2）流速缓慢稳定，自净能力良好。
（3）水底平缓。
无尖锐礁石、蔓藤草或漩涡暗流。
坡度 2%~7%，砂地底质。
水深 1~2 米为宜。
（4）水岸有腹地，可提供休憩、游憩等活动。
（5）可提供服务设施：
救生、广播及监视设施。
更衣、浴厕、置物橱柜。
遮阳、遮雨、避风设施。
活动草地或沙滩。
水深安全线、陆域安全围篱。

Ch.4 空域运动旅游 (Sky Recreation)

一、空域环境的条件与资源

空中的环境介质只有空气和气流。但是想飞上天又是人类最大的梦想，于是人类想尽方法利用空气、气流与机械，发展空域运动项目。在科技还不发达的从前，只有蒲公英、纸飞机、竹蜻蜓、孔明灯、风筝等少数对象可以飞上天。曾经多少梦想家用装翅膀、绑火箭、跳高塔、弹橡皮筋等方式想要飞天，但都没成功。

直到近代，科学知识让我们了解到比空气轻的、密度小的可以升上天；撑开的软布伞，可以兜住更多的空气；仿造鸟翼的断面可以引导上升的气流；甚至使用机械旋转人为制造气流。因此有了飞行伞、降落伞、滑翔翼、热气球、拖曳伞等的发展。

其实高空弹跳（蹦极）、高空滑索、跳伞塔也有类似空域运动的性质，但是还是脱离不了陆地设施，都使用绳线来抛、系、滑，唯有下列项目才真正让人类离开地面：

降落伞、飞行伞、拖曳伞、三角滑翔翼、热气球，都需要借助空气和气流。

轻航机、遥控飞机、机动滑翔翼，都需要借助空气、气流与动力机械。

二、空域项目场域的安全管理

空域运动游憩的发展潜力很大，可以创造很多吸引人的游憩体。但是空域旅游迄今仍有许多发展障碍，未来仍需更多的努力以克服障碍，才会有更好的发展。

（一）地面空间障碍

利用滑翔升空的机具都需要跑道，滑翔三角翼、拖曳伞的起降也都需要足够的地面或水面空间。降落伞、飞行伞、热气球降落时，电塔、高楼、电线、大树都是威胁，地面上必须有足够的净空区域。比如滑翔三角翼与

Ch.4 空域运动旅游 (Sky Recreation)

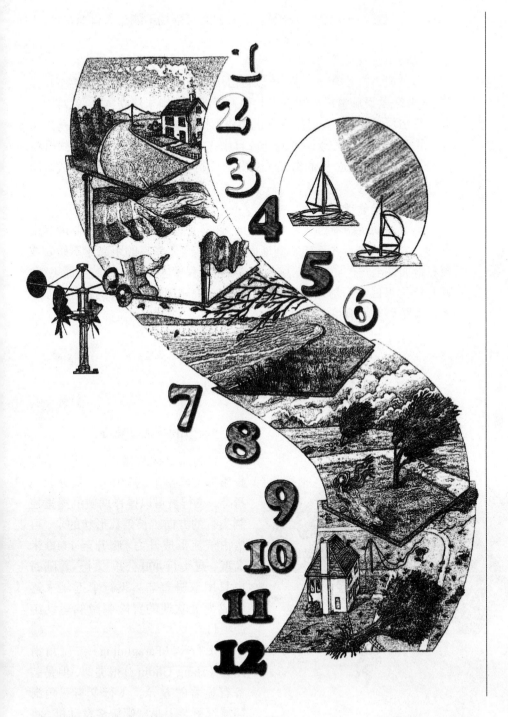

蒲福风级表(适合空域运动旅游项目,仅限于3至5级)
(图片参考:DK 视觉百科全书)

飞行伞可以在许多山头上找到起飞场，但是降落场不能是人口稠密区、工厂区、养殖鱼塭、私人土地、树林区。

（二）敏感设施障碍

人员或飞行器升空之后，可以自由飞翔所拘束，但是也对敏感军事设施、重要公共设施造成威胁。因此相关管理规范尚未建立之前，就难以开放飞行空域，比如常有遥控直升机操作不慎，撞上高层建筑物，掉落进水库；也因此迄今热气球还不能开放自由飞行，仍只能以系留的方式升空体验；能滑翔数百公里的滑翔三角翼与飞行伞也仍只能在小海湾或海岸小区块里飞行。

（三）法规管理障碍

空域运动游憩项目才刚开始发展，许多管理法规、监理证照制度尚未完善。多高的飞行才不威胁到地面设施的安全，多高的距离才不妨碍或侵犯地面住宅户的私密性，怎样的技术熟练程度才可以操控航空器飞行，哪些单位可以专门培训空域运动技能，空中碰撞发生意外的责任归属？和损害赔偿等均有待逐步讨论。

4.1　飞行伞（Paragliding）

一、飞行伞活动特性

飞行伞又称滑翔伞，飞行员系挂长条形的降落伞，从山头往低处起飞滑翔，飞行员可以操作两侧的绳索控制飞行的方向。长条翼形状的伞，可借由气流形成升力，爬升至 4 000 米高度，或飞行 400 公里以上，着陆时也只用双脚着陆。飞行伞近年来逐渐成为受欢迎的冒险刺激的运动游憩项目。

飞行伞（Paragliding）与三角滑翔翼（Hang Gliding）很类似，但是装备有显著的差异。飞行伞与三角滑翔翼都可装上小型螺旋桨发动机，将其加速推动到更远的位置，也可避免

飞行伞运动（图片来源：永续社）

空中紊流的干扰。

飞行伞本身没有动力,但当夹有气囊的伞衣充满空气,显出椭圆长条外形后,可结合空气动力飞行。一般降落伞在下坠时只能产生阻力,没有上升力,也没有滑翔力。但是飞行伞的构造与帆船类似,也是借助于"伯努利定律",利用空气动力与流体力学的原理,达到滑翔与滞空的目的。由于飞行翼气囊伞衣的上层与下层长度不一样,当有前进速度时,空气流经飞行翼的上下表面,在不同长度的翼面会产生不同的压力差,压力大的一面会往压力小的一面推挤。

从飞行伞前方过来的空气流经过伞布上层凸面时,因距离长,流速较快,压力变小;流经下层凹面时,因距离短,流速较慢,压力变大,因此产生下方的空气将翼面往上托起的上升浮力,再加上热气流、地形气流的作用,可以飞行很长的距离。目前飞行伞已有跨越300公里、滞空24小时的纪录。

飞行伞(滑翔伞)的翼篷采用航空工程学"冲压空气翼型"的设计,翼篷为并排单元的两层织物,如同充气的并排气胞翼的横截面具有典型的泪滴翼型形状,使前方流入的空气不断膨胀、充气保持横排的形状与方向。更新的飞行伞设计,前缘的进气孔可以关闭,内部肋孔允许空气往左右翼尖均匀地自由填充流动,增进飞行的稳定杆与安全性。滑翔伞翼均采用高性能的聚酯或尼龙织物材料制作。

二、飞行伞装备需求

飞行伞(滑翔伞)整套装备分为三大件:伞翼、座袋、救生降落伞(副伞)。附加装备通常为:飞行仪(Variometer)、无线对讲机、GPS 设备。全部装备约重 16 千克。

(1)伞翼(Wing)

飞行伞的伞翼形状与伞兵降落伞有很大不同,飞行伞翼展弦比(长宽比)通常 7:1 以上,而飞机跳伞使用的方伞展弦比(长宽比)在 4:1 左右。伞兵降落伞采用透气材料和弹力伞绳,但是飞行伞制作材料采用抗紫外线不透气轻质纺织物,伞绳使用不可拉伸的刚性绳索。伞绳分为四组方便手拉操控。翼面分为上下两层,2 层翼面之间由横膈膜分割为数十个连通的气室,气室前段开口用于伞翼进气填饱。由于气流设计,飞行伞每下降 1 米便可以前进 9 米的距离。

飞行伞的伞翼展开面积通常有 20~35 平方米,横跨长度约 8~12 米,重 3~7 千克。加上仪器仪表、背带包、头盔等总重大约为 16 千克。

整个伞翼通常折叠成大袋子,然后随着线束在一个大的背包里收

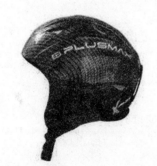
飞行伞头盔

飞行伞手套

飞行伞护目镜

起来。

有些伞比较大,串联起来可以携带飞行员和一名乘客。

(2)吊绳主提索

飞行员左右手各有一组控制绳,它的作用是使飞行员能够控制方向(定向)转弯。

(3)座袋(Harness、座鞍)

织布做的软座椅,是飞行员乘坐的地方,通常采用抗磨抗拉伸织物制造。吊带通过2个悬挂钩与伞绳的末端相连。座袋悬挂钩的高低影响飞行员的乘坐重心,高位置的悬挂钩安定性好,对飞行员重心移动不敏感,操控起来比较费力,适合初级或休闲飞行员。但是对于熟练的越野、特技表演飞行员,低悬挂位置吊带更易于操控。

(4)救生降落伞(备用伞)

保护装备非常重要,救生降落伞(备用伞)能够保障飞行者的安全。救生降落伞的结构与主滑翔伞不同,大多呈正圆形,伞顶开有导气口,下落速度约为5~6米/秒。救生降落伞具有很强的抗扰动能力但没有滑翔功能。当主伞发生塌陷无法充气或进入其他飞行员不可控状态时,飞行员应该立刻抛出救生降落伞,寻找空旷草地着陆。

(5)飞行仪(Variometer)

作用是测量大气压力与飞行高度、风速。先进的飞行仪已经做成了电子表的形式,可以帮助飞行员检测上升或下沉气流,以声音或数据提示。

飞行仪

（6）无线对讲机（Radio）

飞行场域大多空旷，可能接收不到手机讯号。飞行距离比较远时，需要使用无线电对讲机，与地面通讯，报告所在位置及预备降落的时间、地点。空中也要随时接收天气变化状况，提前准备应变。

（7）GPS 全球定位系统

全球定位系统可以记录飞行轨迹，也可提供飞行者坐标讯息。持续自动发出的讯号，也有助于地面伙伴找寻飞行者的位置。

（8）个人穿戴装备，包括：套带、安全帽、手套、鞋、飞行服、护目镜等。

飞行服：最好准备飞行伞运动专用的飞行服，可以保护身体，使身体暴露在外的部分尽可能少。

套带：套带是用来连接飞行伞和飞行员的，是在伞下的一条带子，因为它直接关系到飞行员的安全，所以必须依照自己的体重慎重选择。

安全帽：安全帽是在起飞和着陆时预防碰撞的装备，选用质轻坚固的安全帽即可，自行车用的头盔也可以使用。为了能清晰地听到空中的风声和周围的声音以及地面人员的引导，安全帽的耳朵部分一定要开孔。

鞋子：鞋的选择应以质轻坚固为原则（避免附有挂钩），在有坡度的斜坡上宜穿着较易吸收冲击力且预防挫伤的鞋。

手套：手在拉扯伞绳时受力较大，应佩戴手套，但不要使用有挂钩的手套。

护目镜（太阳眼镜）：在参加滑翔伞运动最初的学习阶段可不用护目镜，但佩戴隐形眼镜的人应戴护目镜。

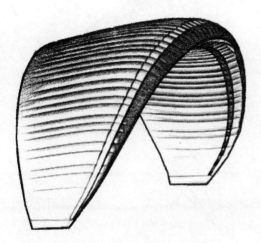

张开的飞行伞（两侧尖翼的是运动旅游飞行伞，两侧方翼的是军事定点跳伞）

飞行座鞍

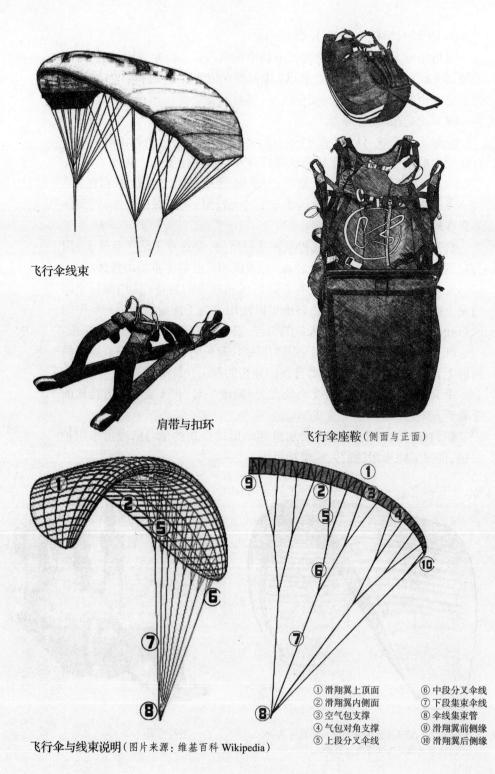

飞行伞线束

肩带与扣环

飞行伞座鞍（侧面与正面）

① 滑翔翼上顶面　⑥ 中段分叉伞线
② 滑翔翼内侧面　⑦ 下段集束伞线
③ 空气包支撑　　⑧ 伞线集束管
④ 气包对角支撑　⑨ 滑翔翼前侧缘
⑤ 上段分叉伞线　⑩ 滑翔翼后侧缘

飞行伞与线束说明（图片来源：维基百科 Wikipedia）

三、飞行伞基本技能

（1）起飞

起飞大多需要一个山头小平台，飞行伞的起飞需要宽 10 米、长 15 米的助跑跑道，略微下倾，坡度为 15 度左右的迎风面山坡。起飞需正对风向（大多为下坡上升的气流），飞行员控制伞翼充气到头顶后即开始加速起飞。通常当伞翼的风速达到 6 米/秒左右时会将人带离地面。

（2）空中转向

飞行伞可以自由转向。飞行员左右手各有一组控制绳，它的作用是使飞行员能够控制方向（定向）转弯，操作非常容易，但是动作必须温和，太过猛烈的拉绳或放绳，都会造成失控。在飞行中要进行左转，只要将左边的控制绳轻轻地往下拉，转至需要的方向再轻轻放回；右边转同理。

（3）空中爬升

滑翔伞自身没有动力，必须依靠气流外力进行爬升。晴天时，飞行员可以观察手表飞行仪寻找附近的热气流，甚至可以爬升到云层的高度（约 2 000~4 000 米）。在风力较强的天气下可依靠山形形成的地形气流，飞行在陡坡峭壁边缘。但依靠地形气流飞行的高度有限，不会高出山顶太多。

（4）空中滑行

一般飞行伞在空中滑翔的速度大约在 35~40 公里/小时左右，除非使用刹车减速，否则不受风的影响（滑行速度不会变），此速度称为空速。

（5）空中减速

飞行伞在飞行中，将控制绳拉至耳朵下方位置，此时伞的尾缘下垂约 2~4 寸（1 寸≈3.33 厘米），此种情况下滑翔比为最佳，飞得最远最稳。若想迅速降低飞行速度，需将控制绳再往下拉至胸部位置，伞翼两端尾缘下垂更多，此时阻力更多，减速更多，但是应谨慎使用，尤其是距离地面 30~50 米时应避免使用，因为控制绳拉下太多会造成伞翼气囊失压而失速，危险性很高。

（6）空中正常下降

如果没有强风或失速等情况，滑翔伞会以 1~1.5 米/秒的速度平顺下滑。飞行员有很充裕的时间牵引方向，寻找最合适的降落地点。

（7）空中紧急下降方法

①大耳朵下降法（Big-ears）

用双手抓住最外侧的 A 组伞绳然后往下拉，减少有效翼面面积，达到加大下降速率的结果。大耳朵下降法抓拉伞绳后可达到每秒 4~6 米/

秒的下沉率,但是进行这个操作后无法再使用刹车,转弯必须靠重心移动来完成。而且,进行这个操作必须先解除加速器的作用,否则将引起失速,十分危险。放松 A 组伞绳,飞行伞就会停止往下沉降。

②B 组失速速降法（B Stall）

双手抓住 B 组伞绳,同时用力拉到胸前使伞面变形减速,这样可以获得较大的下沉率（大约 6~10 米/秒）。这种减速方法与完全失速（Full Stall）的状态不同,是可以人为控制的。当不再往下沉降时,只要将 B 组伞绳完全放开即可。但是放开 B 组伞绳后,飞行伞还来不及完全张开,不会立即开始滑翔,因此过早的刹车线操作会导致滑翔伞完全失速。

③螺旋俯冲急降法（Spiral Dive）

螺旋俯冲下降法沉降速率最快,几乎是直线下降,可达到 14~25 米/秒的下沉率。飞行员拉紧单侧的刹车缆线,让伞翼的一侧直接指向地面,达到预定高度时,再松手放开刹车缆线。操作螺旋俯冲下降,飞行员必须具备熟练的技术,强大的重力加速度可能导致飞行员出现眩晕的情况,十分危险。

（8）着陆（Landing）

飞行伞着陆比降落伞轻柔简单。飞行伞离地约 15 米时,飞行员必须面对风向,将左右控制绳拉到肩部高度缓降。离地约 15 米时,飞行员必须将左右控制绳拉到腰部以下才能轻松着陆。如果遇到乱流,可以采用五点着陆法：两脚并拢,膝盖并紧,准备滚翻,利用身体肌肉较为发达的部位先接触地面,当冲力逐渐消失时,可安全着陆。

（9）乱流的处置方法

当地形复杂或遇上大树、山头、高耸建筑设施时,会产生乱流;当天气阴晴冷热突变、风切、对流旺盛时,也会产生乱流。飞行员应缓慢将控制绳拉至胸部上方位置,温和缓慢地减速,并且离开大树、山头、高耸建筑设施。

（10）使用救生备用伞

当机立断,伸手抓住备用降落伞拉环,用力将伞从套袋中拉出。如果备用降落伞未张开,则要伞绳重新用力外抛,如果伞包仍未开,需用力抖动伞绳将伞抖开。备用降落伞张开后,需逐渐将飞行伞收回,让备用伞面朝上垂直下降。

保持（圆形）降落伞平稳下降,直到安全着陆。降落伞距离地面约 10 米时,准备做落地护身翻滚动作。

着陆后如备用降落伞遭强风拖曳,需用刀子将伞绳割断,脱离降落伞。

四、飞行伞的安全准则

（一）起飞阶段

（1）不可单独起飞，必须有同伴协助，检查安全措施，确认相关环境信息。

（2）起伞前务必彻底检查腿带、腰带、交叉带已确实系紧。

（3）起飞前谨慎观察风速、风向，气流不稳时不可起飞。

（4）初、中级飞行需气流稳定，风速在12公里/小时以下。

（5）高级飞行需气流稳定，风速在16公里/小时以下。

（6）顺风、强风状态时，不可起飞。

（7）强风侧风角度≥30度，弱风侧风角度≥45度时，不可起飞。

（二）飞行阶段

（1）空中飞行时速度保持和缓，新手尽量往开阔、人少的空域飞行，降落目标为开阔、树少的空地。

（2）转弯变换飞行方向前，需观察确认周围环境安全，并牢记先后避让的规则。

（3）遇到大面积快速上升气流时应尽快回避，避免被吸入云层或雷雨区。

（4）遇到雷雨天气，应尽快结束飞行。

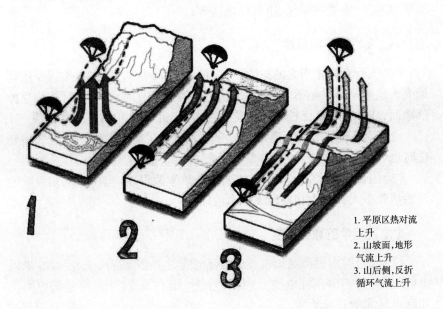

1. 平原区热对流上升
2. 山坡面，地形气流上升
3. 山后侧，反折循环气流上升

飞行伞的气流应用（图片来源：adventure.howstuffworks.com/paragliding3）

（三）降落阶段

（1）距离地面100米前应做好降落准备，与降落场保持45°角（滑降比1∶1）。

（2）进场降落时，应顶风降落，并远离高压电线和障碍物。

（3）两飞行员同时进行接近着陆时，后者需避让减速，滞空等待。

五、飞行伞空中行为规范

同一个空域中可能有多种飞行器同时活动，应依以下准则礼让：

（1）速度快的要让速度慢的；有动力的要让无动力的。

（2）同方向时，高度高的要让低的；同方向又同高度时，右边的先行。

（3）迎面两方向相遇时各向右转。

（4）超越对方飞行器时应从右前方超越，并且保持10米以上的间距。

（5）进入热气流盘旋时，以先进入气流者优先（作为盘旋主方向），后来者跟随配合同一方向。

（6）正在热气流中心盘旋的飞行员优先；或下方的飞行者优先。

（7）利用山脊气流盘旋时，最靠近山脊的飞行员优先；或右手边为山脊的飞行员优先（右侧靠山壁者可直行）。

（8）利用山脊气流盘旋时，在山脊边即需回转，避免强风影响。

（9）不要到当地航空管制部门指定的空域范围之外飞行，以免误闯军事敏感区、安全敏感区、边境管理区等。

六、飞行伞的危险性

（1）飞行伞有相当大的危险性，应该逐步学习熟悉操作。飞行伞运动最大的危险是高空坠落，当伞翼形状不能迅速恢复时，飞行员可能快速掉落地面，或开始非自己控制的螺旋俯冲（Spiral Dive），坠落速度极快。

（2）起飞或降落时距离地面过于接近，或在空中发生突然的气候变化时也可能发生事故。

（3）因此，飞行伞运动需要依循训练教学课程逐阶学习，从初级阶段开始培养个人判断力和操控飞行伞的能力。

七、飞行伞的意外应变

（1）飞行时应远离高压电线，遇有电线时务必保持高于电线30米以上的距离；一旦降落在电线上，保持静止，耐心等待救援，务必等电力公司断电后才能开展救援。

（2）如感觉眩晕，深呼吸缓和眩晕及焦虑；在盘旋或乱流中飞行时应避免头部移动过快,将视线保持在远距离的地平线外,并尽量直线飞行。

（3）降落地以草地为最佳,稻田鱼塭其次,应远离高楼、电塔与大树。

（4）万一必须迫降树林时,选择草丛或小树林较为安全；迫降到大树林时选择降落在树梢为最佳,并于降落后耐心等待救援,避免自己攀降摔落受伤。

（5）从树的侧面降落时,为避免遭枝丫刺伤,必须于降落前拉刹车减缓伞前进的速度,并可借以将伞衣挂在树枝上避免掉落地面。

（6）可能降落湖面和水潭时,降落前尽可能将腿带、胸带解开,如来不及解开,则将刹车拉到底让伞在身体后方倒下,以免伞翼布料与绳索盖住或缠住自己,增加逃生的困难。

（7）可能降落于海中或大河时,尽量靠近岸边,并且采顺风降落,避免被伞盖住或缠住身体而发生危险。

（8）海面降落后应先解开套袋,再抓住伞缘将伞收回,以免海水充满伞体,必要时放弃伞体。

（9）迫降于河流或小溪时,应采取面向上游的方式迫降,让伞翼布料与绳索飘落于下游,解开绳带后逃离水面。

（10）在山脊上方遇到强风无法前进时,可在山顶上选择合适地点迫降；若已飞越山顶,则可选择顺风飞行,但避免飞入下压区,等远离强风带后找寻迫降点。

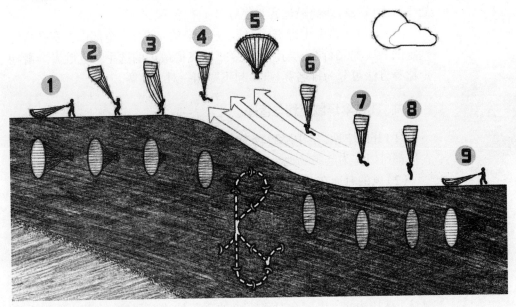

飞行伞初学者的9道步骤

（11）强风着陆后在地面遇上强风，身体遭拖曳时，两手应紧抓单一操纵绳持续向内收，直到抓到伞体，破坏伞形就可减弱拖曳力道。

八、飞行伞竞赛知识

（1）滞空时间赛：从起飞场到降落场之间，计算运动员在空中停留的时间，以时间最长者为优胜。

（2）定点着陆赛：为了测试着陆时的精确度，在着陆场设置了一个目标点。着陆时要以安全的方式降落，如果有危险的情况，依情况扣分，而分数以最接近中心点者为最高分。

（3）定时赛：事先设定好从起飞地点到降落地点的滞空时间，以成绩最接近设定时间范围者为优胜。

（4）折返赛：起飞之后在按照事先设计好的数个标竿定点之间弯曲飞行，最后回到起飞区附近的降落区。通常以完成这个路线所用时间最少者为优胜。

（5）距离标竿赛：起飞之后，在某一方向设定数个标竿，飞越远近不同的标竿之后，返回降落场降落。以在最短的时间飞越最远的标竿的参赛者为优胜者。

（6）目标赛：起飞后向预定的目标飞行，以最早到达的参赛者为优胜者。在这途中必须要设立数个标志竿。

（7）指定路线的自由飞行赛：指定飞行方向，沿此方向尽可能地向远处飞行。以飞行距离最远者为优胜者。

（8）开放式自由飞行赛：路线、方向未预先设定，全部由参赛者自行判定的长距离飞行赛。与时间无关，以飞得最远的选手为优胜者。滑翔伞比赛方法可分为排名赛、自由起飞赛和一对一比赛。

九、飞行伞场域规划与管理

（1）开阔空地，空中障碍较少（高压电线少）、坡度超过6:1、迎风的斜坡都可以作为起飞场地。

（2）风的时速在25~32公里/小时之间，飞行员只要从山坡上往下跑就可以起飞。

（3）在没有山坡的平地，可以使用重型汽车、绞盘或轻型飞机拖曳起飞。

（4）海湾、河处出口、山地与平原边缘，都是极好的上升气流飞行场。

（5）飞行伞降落场地的选择标准因飞行员的飞行技能高低而异，树林、高压电塔、房屋会对飞行伞的降落构成障碍物，鱼塭、稻田也不合适作为降落场。

（6）如果环境许可、风速稳定，有经验的飞行员应当能够在20米×20米、没有障碍物的平坦场地上安全降落。

（7）比较理想的学习滑翔翼与飞行伞起飞场，不需太大，250平方米的山上平台即已足够，面向下坡的一侧必须开阔，没有大树。

（8）可飞行的空域最好能达到20平方公里（乱流少、没有航空管制或高塔、高楼、火力电厂等障碍物）。

（9）面向大海或面向大平原的单面山坡的地形最合适作起飞场，因为这样的地形容易形成迎向山坡面的稳定气流。

（10）比较理想的降落场地约为1公顷以上的山脚沙滩或草地。高度差300~500米。但是两者的平面距离宜考虑滑降比的距离（三角滑翔翼滑降比1∶15；飞行伞滑降比1∶10），即海拔高差500米的起飞场，三角滑翔翼必须距离起飞场6公里，飞行伞必须距离起飞场4公里远。

（11）比较熟练的飞行员能够利用气流，飞越百余公里以上，当然就不再受到距离的限制，可以自行选择合适的沙滩或草地降落。

4.2　滑翔三角翼（Hang gliding）

一、滑翔翼活动特性

滑翔三角翼，又称悬挂式滑翔翼，是一种轻型、无动力的超迷你滑翔机，是很吸引人的运动游憩项目。滑翔翼与飞行伞类似，但是使用的是大风筝三角翼（Delta plane），翼的构架以铝合金或碳纤维构成，三角翼面覆盖密实的人造纤维布料，飞行能力强于轻软布料的飞行伞，但是成本费用也高于飞行伞。

滑翔三角翼（悬挂式滑翔），飞行员一般悬挂在翼体下方俯瞰式飞行，利用身体的重心移动来操纵飞行方向。起飞时在小山头上慢跑5~8米起飞，起飞后可以将身体塞入一个织布袋（茧袋），下降时再脱离茧袋。新一代的滑翔三角

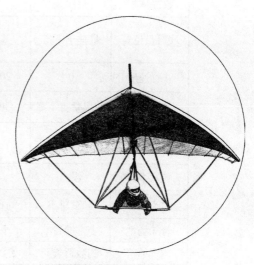

滑翔翼运动（图片来源：永续社）

翼能够持续翱翔数小时，爬升到1 000米以上的高空，飞越数百公里的距离，如同超轻型的滑翔机。

滑翔三角翼大多没有机械动力，也有少部分在飞行员后方装置了大风扇，更利于辅助推进，控制方向。

滑翔三角翼的飞行速度较快，且较为稳定，不怕乱流或是不稳定的热上升气流的影响，最高时速可达120公里/小时，而飞行伞最快只能飞到50~70公里/小时；滑翔翼每上升1 000米的滑翔比为13∶1；飞行伞的滑翔比只能达到8∶1；滑翔三角翼起飞时不需要太多的助跑距离，更不需要像飞行伞一样要辛苦地奔跑抖伞，将伞面完全撑开，因此滑翔三角翼起飞点可在较陡峭的高山或悬崖边，乘上升气流即可顺利起飞，但是当面积庞大的滑翔翼要降落时，需要较宽广的平地才能达到降落的角度；而且滑翔三角翼适合长途飞行，400公里远都不是问题。

降落伞、飞行伞、滑翔三角翼、滑翔机比较表

项目	降落伞 Parachute	飞行伞 Paraglider	滑翔三角翼 Hang Glider	滑翔机 Glider Plane
主要功能	高空落地	短距离飞翔	短距离飞行	长距离飞行
伞翼形状	圆形伞	长椭圆伞	三角风筝翼	两侧长机翼
结构	单层轻织布及伞绳	双层轻织布及伞绳	弹性收合，铝合金框架	刚性固定金属框架，有机舱
收存体积	背包袋	背包袋	汽车顶架上	拖车，大仓库
飞行员位置	悬挂于下方	软布座鞍	趴在茧袋中	防撞安全座椅
飞行速度	0	20~50 km/h	30~60 km/h	250 km/h
飞行距离	随风垂直下降	300公里内	数百公里	数千公里
滑翔比（下降比）	0	10∶1	15∶1	30∶1（休闲机）
转弯半径	没有	小	大	很大
起飞场地	高空跳伞	高丘空地起飞	高丘地起飞	需要跑道起飞
着陆场地	小空地着陆	小空地着陆	大空地滑落	需要跑道降落
购置单价	约数百美元	约1 500美元	约3千美元	1万美元以上

二、滑翔翼设备需求

滑翔三角翼的主要设备为三角翼（包含铝合金三角架、覆盖翼布、滑轮、趴卧茧袋），附加装备为：飞行仪（Variometer）、无线对讲机、GPS设备、救生降落伞、安全头盔。

（1）三角翼：翼长数米至十余米，有些翼做成对称后掠型，也有些会加上尾翼三角翼。大多有一个纵向主梁，悬挂飞行者的身体。覆盖翼布：由轻量坚韧的聚酯纤维织成，所有配备约30千克，可耐强风或不良天气。

①铝合金三角架：4支坚硬质轻的方铝合金空管（TCF）。

②铝尼龙翼布和钢索：铝合金空管底部横杆由线束操控、平衡、转弯、升降。

③滑轮与趴卧茧袋：大多数起降都借助双脚，小滑轮的作用不大。趴卧茧袋，连接在飞行装上，起飞后可将双腿伸入袋中，收起拉链，包覆飞行员两臂以下的身体，更耐长途飞行。但是起飞时与降落时必须脱开茧袋，才好行动。

（2）飞行仪（Variometer）

用来测量大气压力与飞行高度、风速，先进的飞行仪已经做成了电子表形式，可以帮助飞行员检测上升或下沉气流并用声音或数据提示。

（3）GPS卫星定位仪、无线对讲机、飞行罗盘。

（4）个人穿戴：飞行头盔、保护脚踝的飞行鞋、防寒用的飞行衣、手套及太阳眼镜。

螺旋桨与驾驶座正面

加设螺旋桨与驾驶座

前后位置教练飞行

无座位的俯卧茧袋

有座位的驾驶座仪表

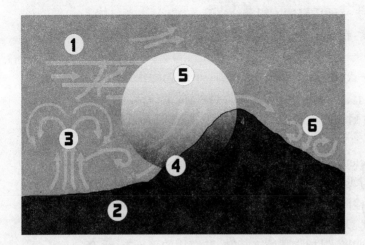

滑翔翼构造图解
①高空冷空气层；②大地反射阳光热能；③平原区热对流（上升）；④山坡面上升气流；⑤气流循环旺盛区（多云雨）；⑥山后侧（山谷）气流循回

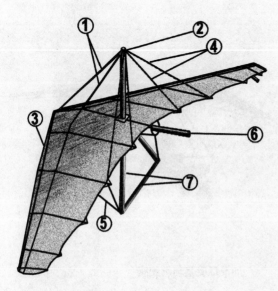

滑翔翼构造图解（作者自绘）
① 前翼升降操控缆索
② 中央垂直主桅
③ 机翼前缘
④ 后翼缘升降操控缆索
⑤ 操控连接绳索
⑥ 纵向中轴横梁
⑦ 手握三角支撑架

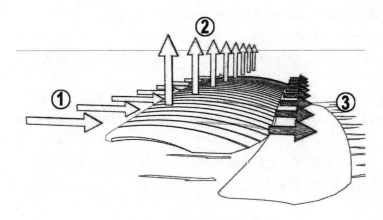

伯努利效应图解（图片来源：维基百科 Wikipedia）
①飞行伞（滑翔翼、飞机、帆船）前方气流
②凸出圆弧面,距离增加 压力增强,浮力上升
③上下侧气流会合成后方气流

三、滑翔翼行动准则

技术再熟练的飞行者都需要同伴协助，起飞前应检查装备、安全措施，确认天气条件。

（1）小跑起飞：飞行者穿戴好装备后，两手握持张开的三角滑翔翼，等待逆风，但是与前一个起飞者要保持3分钟以上的时间间隔，然后在缓斜坡上小跑（5至10步），随风起飞。

（2）飞行操控：在空中飞行平稳后，确认环境情况正常，穿上卧趴茧袋，以身体重心（左右摆动）及手握横杆，操控三角滑翔翼的方向，顺应气流滑翔。

飞行中必须随时辨识地貌地标，留意飞行仪（气流、风速、高度）的提醒，并与地面支持人员保持无线电通讯畅通。

（3）降落前准备：优先寻找既定的降落场，否则要寻找人少的沙滩、草地。脱开卧趴茧袋，让双脚自由准备降落。

（4）降落于柔软沙地或草地，可以用双脚慢跑缓冲落地，也可以采用卧趴姿势，让滑翔三角翼缓着陆。

四、滑翔翼规划与管理

滑翔三角翼需要开阔的飞行场域，高差数百米的山头就很合适，口袋型的海湾山凹更容易形成逆风的风场。欧洲较完善的飞行场域规划，均设置了起飞场（山头）与降落场（草地或沙滩）。

（一）起飞场

（1）居高临下的大小山头均适合规划为滑翔翼起飞场，坡度宜超过

45°,海拔高差宜超过 300 米,才能获取比较高的飞行空域。

（2）必须规划汽车通达道路（三角翼需要汽车载运），预留数百平方米的空地,规划停车场、教练场、盥洗、更衣、通讯、服务、三角翼组装及停放等设施。

（3）规划混凝土或硬铺面防滑（横条刻纹）助跑道,约 3 米宽,9 米长,向下斜坡约 30 度,为滑翔翼提供起飞助跑。助跑道上两侧各 10 米不得有障碍物。

（4）一个起飞场不宜有太多个助跑道,工作人员必须关注与协助各个助跑道的滑翔翼安全顺利起飞。

（二）降落场

（1）沙滩与软草地最为合适,但地面开阔面积必须超过（40×40）平方米,40° 斜角上空也尽量避免电线杆、高楼等障碍物,可以悬挂鲜艳旗帜、气球等协助运动员在空中辨识降落场。

（2）降落方向宜回避逆风或顺风,要平行海岸线方向,或平行山脚线方向。

（3）小型眺望台以无线电通讯,为飞行者提供风速风向信息,协助飞行者降落,并协调先后次序。

（4）地面降落场必须能让汽车通达,便于回收拆解三角翼等设备。

（5）地面降落场可提供盥洗、更衣等服务设施。

4.3　热气球（Hot Air Ballon）

一、热气球活动特性

热气球源自中国古代的孔明灯,经蒙古人传至欧洲,18 世纪法国人孟戈菲兄弟重新改造成为可以载人的热气球。热气球原来是慢速度航空器,现在变成休闲运动游憩项目。它配备有用来填充气体的袋状物,当充入气体的密度小于其周围环境的气体密度,且由此压力差产生的静浮力大于气球本身与其搭载物的重量时,气球就可浮升。

热气球早先装载氢气或氦气,现在普遍采用瓦斯炉烧热空气法,当往下开口的大气球充满热

热气球升空（图片来源：永续社）

空气后便能上升,热气球顶部有活动开口,借由绳索释放出部分热空气后,便能下降。热气球最高能上升到3万米以上高空,最远能跨越太平洋、大西洋。

热气球可分为密封充气热气球和加热热气球两类,二者原理相同,即"使气囊内的气体密度小于气囊外的空气密度,借此产生浮力;当浮力大于热气球及负载的物体两者合起来的总重量时,热气球就可以向上飞行"。当气囊内的空气温度渐渐降低时,气囊内气体的密度就渐渐变大,浮力渐渐变小,若浮力渐渐小于热气球及其上负载物的总重量时,滞留于空中的热气球便会因所受的向下重力渐渐大于向上的浮力而缓缓降落。

缓慢进入雷雨气旋区
快速脱离雷雨气旋区

旅游休闲用的热气球大多是气囊加热热气球,必须把握清晨4至8点时段,趁大地或山谷还遍布冷空气时,加热气囊内的空气,使热气球上升。太阳升起以后环境空气温度太高,刮风、打雷、大雨、紊流多不好操控,夜晚看不见周围和地面均不适合开展热气球活动。热气球不是好的飞行器,因为它只随气流、随风移动,很难操控方向,但是旅游休闲目的的热气球能提供最愉快有趣的飞行体验。

热气球慢起慢落,一个吊篮可以装乘旅客3~4人,加上有经验的飞行员,可以保证热气球飞行的安全性,但是飞行过程中要回避雷雨、高压电塔及军事设施区。有些较谨慎的地区仅开放系留球,也就是用长长的绳索系住,如放风筝般,不允许热气球失去控制到处乱跑,起飞与降落都在一个大草地上。

国际航空联合会的气球理事会(CIA)根据填充的气体不同,把气球分成四类:

AA型。填充轻气体(氢、氦气),气囊不密闭,没有加热装置。

AX型。气囊中填充一般空气,气囊不密闭,加热升降,称为热气球,用于休闲运动游憩。

AM型。填充轻气体(氢、氦气),气囊密闭,加热升降,称为罗吉尔(Rozière)气球,可以节省燃料,长期滞空中。

AS型。填充轻气体(氢、氦气),气囊密闭,不加热,

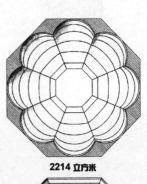

2214 立方米

2570 立方米

有无裙摆的热气球容积比较

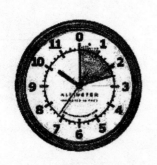

压力表

柳枝篮、支撑铝架、沙包

柳枝篮（乘员 2~3 人）

只调节充气量控制升降，用于科学研究。

二、热气球设备需求

（1）气囊（Envelope）：热气球主体为气囊，在气囊下方通常悬挂吊篮。气囊是用轻柔坚韧的织布（尼龙布或聚酯纤维布）制成。

标准热气球的体积分为几个等级：7号球，容积为 2 000~2 400 立方米；8号球，容积为 2 400~3 000 立方米；9号球，容积 3 000~4 000 立方米；10号球，容积为 4 000~6 000 立方米；非圆球体，就是缝制成熊猫、卡通等特殊形状的热气球，大多参考 7 号或 8 号的容积。

最常见的运动游憩热气球（AX型 7号不密闭气囊），直径约 16 米，一般填充空气 2 144 立方米，热气球加热后空气总重量会由 2 765 千克减少至数百千克，可以装载吊篮、瓦斯桶、燃烧器、器材及 4 个成人。

（2）吊篮（Basket）：大多由藤条编织而成，质轻坚韧，着陆时能起到缓和冲击的作用。吊篮长宽约为 1.4 米×1.1 米。吊篮四角放置 4 个热气球专用液化气瓶，含计量器，吊篮内还装有温度表、高度表、升降表等飞行仪表。

（3）飞行仪表（Variometer）：显示大气压力、海拔高度、风速、升降速度、球囊温度计、GPS 坐标等。

（4）无线对讲机（Radio）：飞行场域大多空旷，可能接收不到手机讯号。飞行距离比较远时，需要使用无线电对讲机与地面通讯，报告所在位置及预备降落的时间、地点。空中也要随时接收天气变化状况，提前准备应变。

（5）燃烧器（Burner）：燃烧器是热气球的心脏，通常用比一般家庭用煤气炉大 150 倍的能量燃烧瓦斯气。点火燃烧器有强风吹不灭的设计。

（6）燃料钢桶（Fuel tanks）：热气球常用的燃料是液化瓦斯气，气瓶固定在吊篮内。一只热气球能载运 4 个钢桶共 80 公升的液体燃料。点火燃烧时，火焰有 2~3 米高，并发出巨大的燃烧声响。

Ch.4 空域运动旅游 (Sky Recreation)

起飞前加热充气最需谨慎

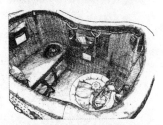

瓦斯桶有不同的装设方法

三、热气球行动准则

（1）飞行时间：早晨太阳刚刚升起时或太阳下山前1~2个小时，是热气球的最佳起飞时间，因为环境温度低，风速、气流也比较稳定。大风、大雾天气都不利于热气球的飞行。

（2）风速小于6米/秒（5级风以下），能见度大于1.5公里，而且飞行空域没有下雨，上升气流少，才适合自由飞行。

（3）飞行持续时间：运动游憩的热气球大约能持续飞行两个小时，但是当日的气温、风速、吊篮重量、乘客重量也影响飞行的持续时间。

（4）起降场地：需要1公顷以上的开阔空地（包含摊开球皮作业及观众空间），周围无铁塔、电线及高大建筑物。如有许多组热气球则需要一个很大的高台草地、沙滩或运动场。

燃烧器（空气加热）

（5）基地起飞：热气球起飞需要有多个人的团队共同完成地面上的许多工作。先是将球囊在地面上铺展开，然后用缆绳将球囊与另一端的吊篮系结在一起，用一个小的鼓风机，将空气吹入球囊，使气球逐渐地膨胀，当球囊完全撑开后，大瓦斯炉开始点火。热火加热球囊内的空气，使热气囊逐渐升到吊篮的上方位置，热气球就可以准备起飞了。人员进出吊篮时必须注意升力与重量的平衡。

（6）空中升降：热气球的上升动力就是燃烧器，随风而行，无法控制不了方向。但是有经验的操控员可以根据气流、风速，加减燃烧火力、开闭球顶的气阀门，控制升降，并且借由不同的风层引导气球的方向。燃烧火力加大，热气球气囊内的热气温度升高时，气球的浮力变大，就开始上升；燃烧火力减小，气囊内的空气温度降低，气球的浮力变小，小于设备与人员的总重量，气球就开始下降。热气球最大下降速度为6米/秒，最大上升速度为5米/秒。

（7）空中避让：多组热气球或飞行器在同一个空域中时，必须保持安全距离（40~80米），否则会纠缠、着火或出现其他危险。飞行伞需避让速度慢的热气球，高度在上的热气球要先上升或移开，避让下方的飞行伞或热气球。

（8）下降着陆：当天气不良或燃料快用完时，就必须准备下降着陆。系留热气球有一根绳缆系着，可以拉回原起飞的场地。没有绳缆拴系的自由飞行热气球，必须靠操控员的判断，缓慢降落到草地、沙滩上，不得已可降落牧场、农田中，最坏情况就是降落在大树、电线杆等物体上，必须等待救援。

（9）操控员：热气球随风而行，但是还是需要熟练的驾驭人员，由于风在不同的高度有不同的方向和速度，飞行员必须读取飞行仪表，操控热气球到适当的高度与方向。

（10）防火及应变：即使熄火，热气球也不会急剧下降，但是热气球必须预防操作不慎气囊着火，所以乘员宜穿着纯棉质长袖，预防气囊着火直接黏附在身上。如果降落时卡在树顶或电缆电塔上，要静待救援。为预防落入水面，吊篮内也须准备救生衣。

四、热气球场地规划与管理

由于热气球的材质与安全措施的改善，近年来获得了很好的发展。热气球操作简单，对起飞、着陆场地的要求不高，目前已发展成为一项时尚、健康的户外旅游运动。

（1）起飞场：举办一个小规模的热气球活动，最好能有5组以上的热气球参与，每组热气球起飞的安全间隔需要15分钟。体验乘员、操控飞行员、地面支持工作人员、观众至少百余人，约需1万平方米的空地（大草坪），必须有小卡车通达道路（载运吊篮、气囊与人员），成员更衣、厕所等设施。

（2）降落场：系留热气球有绳索可以收回，所以起飞场就是降落场。

Ch.4 空域运动旅游 (Sky Recreation)

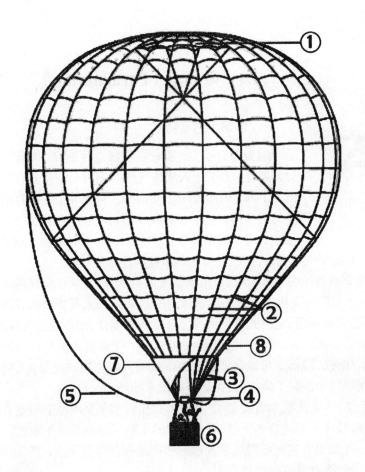

① 球顶气阀调节排气　④ 燃烧器　⑦ (燃烧)防风屏蔽
② 气球外皮裙摆　　　⑤ 排气阀操控缆绳　⑧ 下侧圆罩圈(固定开口)
③ 悬吊绳索　　　　　⑥ 柳枝篮(内含瓦斯桶)

热气球构造图解(作者自绘)

自由飞行的热气球，必须由操控飞行员自行寻找降落场，如乡间道路、广场、草地、收割后的稻田、牧场、沙滩等。

(3) 热气球与飞行伞、滑翔翼活动场域和时间段宜分开，避免互相干扰。

降落伞运动（图片来源：永续社）

4.4　降落伞（Parachuting）

一、降落伞活动特性

因为万有引力，所有东西都会往下掉，而且有重力加速度，为了让人从热气球或飞机上缓慢并且安全地往下降，因而发明了降落伞。降落伞，是主要由透气的柔性纺织物缝制成的大布伞，在空气阻力下，可缓冲下降坠落的速度。大多数跳伞者从海拔1 000米至3 000米高度往下跳，过低或过高的跳伞危险性都比较高。

当跳伞者离地约800米时，可借助空气的运动，拉开伞包使降落伞充气展开（也可以由飞机上连接的绳索强制拉开伞包），人及货物都可以获得减速、稳定的降落，也因此跳伞员身上都带着高度计，用声音提醒拉伞。降落伞伞盖面积很大，可以产生很大的空气阻力，下落的人或物体通过绳索与伞盖相连。降落伞可以保证在空中下落的人或物体的安全，人们也可以利用降落伞控制下降方向，保证降落地点准确。

一个70千克的跳伞者需要42平方米面积的伞布来缓冲下坠重力加速度，半球型比平面的伞布稳定，更大面积的伞布可能会导致不稳定。伞顶的开口可以调节气流帮助跳伞者稳定精确地前往降落地点，借助伞布周边的拉绳，跳伞者可以控制方向。

熟练的跳伞者可以精准地选择草地定点降落，常见的伤害为悬挂于树顶，或被大树枝干划伤。使用圆形降落伞的跳伞者，由于着陆坠落速度快，每秒约7米，必须学习"五点着陆"：双脚着地瞬间，立刻扭动膝盖令小腿肌肉触地，再由大腿、臀部顺势而上，最后背部滚翻，将冲力化解。否则如果所有冲力都集中到脚踝，很可能导致脱臼或骨折。使用长椭圆形伞或长矩形伞的运动游憩者，虽然伞的面积小得多，但是由于气囊升力大，又可控制下降速率，因此降落时往往可以直接两脚站立着地，不会受伤。但是矩形伞的伞衣结构比较复杂，开伞速度较慢，从拉伞到完全张伞，通常要耗掉近333米的高度，因此需要飞到更高的高度降落，也要求跳伞者掌握更多熟练的技巧。

跳伞者并非一跳下飞机就张开降落伞，由于飞机快速前进的惯性，跳伞者不仅往下坠（重力加速度），并且往前坠（惯性冲力减缓），因此要到离地一定高度时才拉开主降落伞，万一主伞没有张开再拉开副伞，在落地之前，借由伞布的空气阻力与透气减速安全降落，发生伤亡意外的可能性仅有15万分之一。跳伞的体验令人着迷，逐渐发展成运动游憩项目"天空潜跳"（Skydiving），也增加了许多技能。例如直升机、滑翔机、螺旋桨、热气球、悬崖高山顶的跳伞体验各不相同，甚至有人发展出定点跳伞、特技跳伞、造型跳伞、高空跳伞（7 000米以上）、夜间跳伞、水上降落、空中花式表演、跳伞加下坡滑雪等特殊跳伞游憩项目。

当主降落伞出现故障而必须被抛弃时，跳伞者可使用备用的安全伞。但是备用降落伞的打包部署方式与主伞不同，设计上更保守并且安全可靠度更高，但是舒适度不如主伞。

跳伞塔是训练跳伞用的塔形建筑物，跳伞塔由塔身、钢臂和机械悬挂设备三部分组成，高度一般为30~85米，利用建筑物上的钢臂和牵引装置，把跳伞员连同已撑开的降落伞悬吊至空中，然后通过脱离装置使其自由下降，模拟跳伞的坠落体验。

低空跳伞属于极限运动中的项目，其危险性比高空跳伞还要高。低空跳伞，英文名称为"BASE jump"，BASE由高楼（Building）、高塔（Antennae）、大桥（Span or Bridge）和悬崖（Earth）这四个英文前缀字母组成，而它们就是适合开展这项运动的四种固定地点。低空跳伞一般在高楼、悬崖、高塔、桥梁等固定物上起跳，由于距离有限，打开伞包的时间只有5秒钟，很难在空中调整姿势和动作，因此只有具备了丰富的高空跳伞经验的人才能进行低空跳伞，但也不能保证万无一失。通常要有约100次高空跳伞的经历，还要有一个富有低空跳伞经验的人在旁指导，确保他们掌握了安全跳伞所必需的技术才能进行低空跳伞活动。

飞行头盔

二、降落伞活动配备

（1）圆形主降落伞：是一个直径10米的正圆形，略成立体半圆球状，顶部有一个排气孔。因为半球形伞盖形状完全对称，所以如果没有外在因素或强风的影响，它就会垂直下坠，每秒约7米。因此圆形伞在空中仅具有

①飞行高度；②控制变速；③地面时速；④飞行方向；⑤滑降比（水平与垂直移动距离）

GPS飞行手表说明

高空跳伞有头盔、对讲通讯设备、连身跳伞衣

限的操纵能力，跳伞者可以拉扯伞索，调整自己的滑行方向，以降低在空中碰撞他人，或是落入不利地形的几率。但整体而言，降落的位置、距离不能有太大改变。

（2）长方形主降落伞：大多用于运动游憩目的的降落伞活动，形状为长矩形，很多是冲压翼伞，左右对称，有7~9个气囊，有比较大的滑翔距离。跳伞者有比较大的操纵幅度，可以拉扯伞索，调整自己的滑行方向，甚至迎着气流，进行较长距离的滑翔。

（3）副伞（安全伞）：当主伞发生故障时使用。通常使用冲压翼伞，可以迅速打开，更大的导航伞可以增加与空气的接触面积。

（4）安全头盔、护膝、护肘。

（5）高度表、通信器、GPS定位仪。

（6）个人装备包、运动摄影机。

（7）现代低空跳伞者采用较小的冲压翼伞，冲压翼伞是方形的，这样打开降落伞后跳伞者可以更好地控制方向和速度。低空跳伞一般都在1 000米以下，因此，跳伞者必须快速打开降落伞。这种降落伞有7个气囊，改进的滑动器，可以减小打开降落伞时突然的拉力。

三、降落伞行动准则

（1）所有的降落伞必须定时打开，检查伞绳、伞布、

紧急降落伞包

大型降落伞包

一般轻便降落伞包

Ch.4 空域运动旅游 (Sky Recreation)

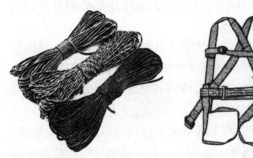
降落伞专用绳

轻便降落伞束带

一般连身跳伞衣

跳伞空中聚合组合图案

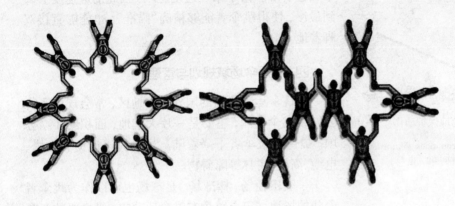
空中连携图案组合

跳伞塔（训练及娱乐用）

避免伤害的落地保护动作

（图片来源：commons.wikimedia.org/Parachute_landing_fall）

伞包、安全扣环等，无论是否使用过都必须打开检查后，重新折叠包裹。

（2）一般来说，跳伞者只需要一周或30小时课程的培训即可参加初级1 000米高度跳伞。但是所有人跳伞前仍需由教练或另一名熟练跳伞员协助检查所有的装备、安全扣环。

（3）当空中两个降落伞太过接近可能会发生危险，比如伞绳线纠缠，或其中一个伞顶充气形状被破坏而急坠，因此跳伞者都要保持安全距离。

（4）当空中两个降落伞太过接近时，下方伞看不见上方伞，位于上方的降落伞必须主动快速离开。

（5）如果高度够高，两个降落伞纠缠导致危险，应考虑迅速割断主伞，使用副伞。

（6）不慎降落于树上或电线杆上时，尽可能用无线电联系，静待救援，避免自行脱困，摔落受伤。

（7）强风、雷雨与乱流可能威胁到跳伞者的安全，尤其是炎热的天气，热气流盘旋于地面，可能使跳伞者的降落失去控制。当风速超过7米/秒时，应停止跳伞。

（8）尘暴、云雾过厚、能见度不足时，应停止跳伞，部分地区规定禁止穿过云层的跳伞。

（9）长矩形的运动伞进场降落，与飞机降落类似，采取"三边进场"的方法："第一边"是顺风飞入着陆区，随即转向90度进入第二边，然后再转90度进入第三边着陆。由于第三边是逆风，因此前进速度会降到最慢，使得跳伞者能够精确"瞄准"，也能够直接双脚着地。

四、降落伞场域规划与管理

在跳伞运动热门的国外一些地区，常会规划飞行公园或跳伞公园，主要是一片大草地，面积约3~7公顷，提供给跳伞者下降着陆。场地周边避免有电塔、电缆、高楼、树林等障碍物。

一般田径场、棒球场、足球场也可以作为跳伞者着陆的场地。定点跳伞在跳伞运动中，是主要的竞赛

Ch.4 空域运动旅游 (Sky Recreation)

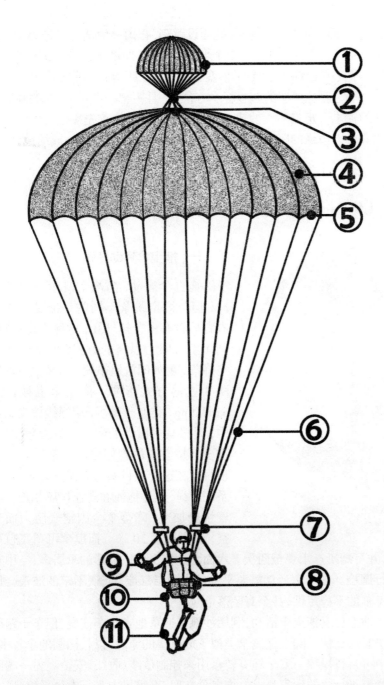

① 备用救生副伞　④ 主伞盖　　　⑦ 主伞集线束　⑩ 跳伞连身衣服
② 副伞集线束　　⑤ 主伞缘　　　⑧ 鞍带　　　　⑪ 跳伞用鞋
③ 伞顶调节气流开口　⑥ 主伞绳　　⑨ 手握操控拉环

降落伞图解（作者自绘）

项目。定点跳伞训练或比赛时，地面设跳靶，靶内一般铺有半径为10~15米的圆形沙盘，沙盘中央处有1个半径5厘米、厚度不大于0.5厘米的色彩鲜艳的靶心（也称中心点）。沙盘的边缘，东西南北4个方向上铺设宽1米、长5米、颜色鲜明的布板标示方位，并且距靶心半径25米的圆周要有明显的标志。定点跳伞的成绩是指运动员的躯体首先接触地面的那一点至靶心最近边缘的距离。距离越近，成绩越好。踩中靶心成绩最好。

4.5　拖曳伞（Parasailing）

拖曳伞运动（图片来源：永续社）

一、拖曳伞活动特性

拖曳伞运动，与高空跳伞的原理相同，但与高空跳伞不同的是拖曳伞在伞衣背后设有多个排气孔，两侧有稳定翼，利用空气阻力以拖的方式，使拖曳伞升空降落，就如同放风筝般，与高空跳伞以跳为主的方式不同。拖曳伞也被称为parakiting，类似于风筝，用绳线放飞到空中，是极具刺激性的海上运动游憩项目，许多环境空旷的度假旅游区都设有这个项目。在这个项目参与者需穿好降落伞，系好拖绳，通过拖绳和高速快艇相连。随着快艇加速，降落伞会因空气阻力而升空，最高可达20米。拖曳伞可单飞也可双飞，并可蜻蜓点水一至两次。水面上的拖曳伞以圆形的伞居多，空中难以自行调控。拖曳伞活动需要平静的水域与气流，起伏不定的波浪会增加拖曳伞的不稳定性，甚至有坠落危险。

陆地上也有拖曳伞活动，利用沙滩车或草地吉普车拖曳，但车子跑得没有快艇那么快。陆上拖曳伞类似于放风筝的原理，以长椭圆的伞较多，在空中可自行操控。安全绳有转盘用来控制放线、收线，安全绳另一端固定在背着飞行伞的玩家身上。拖曳伞在四、五级风中飞行中最平稳，风太强则会乱飞有安全疑虑。陆上拖曳飞行伞体验活动需要至少宽100米、长200米的平坦软质沙土地面。

二、拖曳伞设备需求

（1）拖曳伞：主要组成部分有伞布、伞绳和伞线等，主要由纺织材料制成，采用双层或三层织物的厚型带，要求结构密实、韧性及弹性要高、柔软、伸长均匀。

（2）背带系统：包扎肩、腰、腿部的安全扣环系统。

（3）机动拖曳设备：水上伞主要靠动力快艇、摩托艇拖曳；陆上需要越野车拖曳，至少 90 马力的引擎动力。

（4）拖曳绳索：高韧度的绳索，能承受 3 500 磅以上的拉力。长度 <30 米。

（5）安全头盔：当风速过大或气流紊乱失速时，要预防头部受到碰撞。

（6）水上救生衣：防止溺水伤害。

三、拖曳伞行动准则

（1）穿着安全背带系统应由有经验的人员协助检查。

（2）拖曳船艇及车辆必须事先妥善检查，驾驶时缓慢加速及定速

拖曳伞有多个透气开孔，圆伞不能自主决定方向，拖曳伞快艇应避开海滩活动区与珊瑚礁岩区

行驶。

（3）应避开礁岩、游泳、潜水、钓鱼或其他活动拥挤的水域。

（4）风速太大、波浪太大或风向不稳定时，应停止拖曳伞活动。

四、拖曳伞场域规划与管理

（1）拖曳伞场域适宜条件

水深 >1.5 米，水底无尖锐岩礁（避免割撞船壳）；陆域车辆道路需连续平坦无障碍。

行驶水道宽度 >150 米，长度 >400 米。

风速 2~5 米/秒最佳。

坠落场为水面、沙地或草地。

（2）许多开阔场域的游憩区气流稳定的海滨区都会有拖曳伞活动，主管机关可邀从业者制定安全管理规范，定期检查管理。

（3）拖曳伞使用车辆或机械动力船舶拖动，应回避海滩活动者、近海游泳者。

（4）交通运输船舶与作业渔船优先使用航道，拖曳伞活动应回避已被使用的航道。

（5）拖曳伞活动应回避已公告的自然保护区，并保持一定距离。

（6）拖曳伞活动与冲浪、风帆板、水上摩托艇、潜水、海钓等活动冲突时，应由相关单位协调分区或分时使用。

（7）拖曳伞活动仍难避免意外伤害（绳索割伤、掉落淹溺、撞击等），从业者应准备紧急救护方案。

4.6 其他空域项目

4.6.1 遥控飞机（Remote Model Aircraft）

遥控飞机、遥控车、遥控船是新兴且流行的户外运动游憩项目，以无线电波遥控器操控飞机、车、船行动模型。遥控飞机的动力有马达、小型引擎、无动力的遥控滑翔机、多轴的直升机等。有些遥控飞机使用以木精、汽油为燃料的动力引擎，近年来则主要使用

充电池为动力。许多种遥控飞机能携带录像设备与电子仪器,鸟瞰拍摄地景,有环保监测、工程测量、资源调查等用途。

遥控飞机机体大小有限,飞行的距离与高度、续航力、抗风性都受到限制。但是遥控飞机操控不易,真正专业的爱好者所使用的遥控飞机,各种装备都是十分复杂的,例如可控制升降舵、方向舵、副翼、马达或引擎等。随着GPS定位与电子科技进展,遥控飞机操作的灵活性与稳定性有了很大提升,今后将有很大的发展潜力。

（一）种类

遥控模型包含遥控定翼飞机（滑翔机、喷射机、水上飞机）、遥控旋翼飞机（单轴直升机、4轴或8轴直升机）、遥控跑车、遥控越野车、遥控

四轴遥控模型直升机

双层螺旋桨直升机

定翼遥控滑翔机

遥控模型越野车

遥控模型飞机服务区（方便现场调校装备）

遥控模型船

船等。

传统的遥控飞机由汽油内燃机发动,使用航空汽油与无线电操控,维修成本高;新型的遥控飞机使用充电锂电池、GPS定位及WIFI操控,重量与成本都降低很多,操作也更为稳定,噪音也更少。

某些无机械动力无人滑翔机可以长时间滞空,但是必须对地形、气流、天气有更多掌控,而且能够长距离遥控信号也十分重要。

遥控喷射机使用微型涡轮机或涵管到风扇驱动,以玻璃纤维或碳纤维制作机身,支架使用轻质木料或铝合金,燃烧丙烷或航空轻质汽油,由电磁阀启动燃烧,时速可达320公里。

遥控螺旋桨飞机,可使用微型内燃机,也可使用充电锂电池驱动。遥控螺旋桨飞机外观非常多样,是最普及的遥控种类。

(二) 环境影响

遥控飞机需要跑道,遥控车船需要场地,但是噪音都很大,对于一般旅游活动有很大的干扰,可考虑区隔规划。遥控飞机的摄影、失控、摔落也常造成邻近住家、设施的隐私与安全威胁,因此应有主管机关拟定管理规范,并划设专门活动区。

(三) 场地规划

遥控定翼飞机大多为无线电遥控,需要平整硬铺面的跑道(约400米长,40米宽),跑道前后与两侧50米草地净空。遥控直升机不需要跑道,但也必须留设50米半径的起飞降落草地。远离人口稠密区及无线电台、高层住宅。同好团体常会在假日举办交流会,需要在单侧边设置观众区并准备数十组桌椅(间隔5米),供遥控飞机所有人现场维修及调校设备。

轻航机飞行(图片来源:永续社)

4.6.2　轻航机(Motor Glider)

轻航机指微小型航空器,比悬挂式三角滑翔翼更大,有开放式或封闭式座舱,可以载1~2人飞行,包含无动力的小型滑翔机,或后侧附加推进风扇的微型滑翔机。

根据民航法的相关规定,超轻航机必须符合下列规定:具动力机型可以载人,且其最大起飞净载重<180千克,燃油载量<19公升。并且最大起飞重量的平飞速度不得超过88公里/小时。无动力滑翔(关

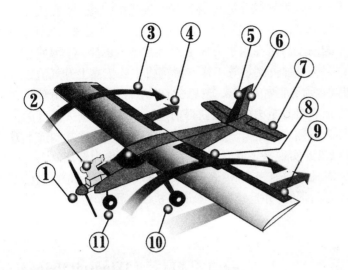

①机鼻螺旋桨
②气象及速度侦测器
③上方气流（伯努利效应上升浮力）
④下侧气流
⑤尾舵（固定）
⑥方向舵（可左右摆动）
⑦水平稳定翼
⑧主襟翼（调节气流升降）
⑨副翼（副襟翼）
⑩起降的左右机轮
⑪起降的前机轮
⑫驾驶舱

螺旋桨滑翔机构造图解
（图片来源：elendore.weebly.com/project-2-trimester）

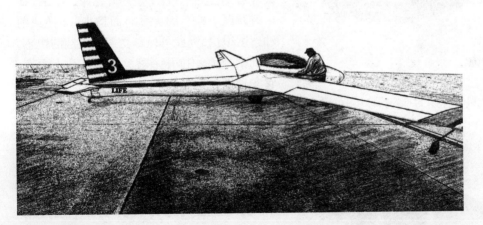

无动力滑翔机

动力失速）速度不得超过 38 公里／小时，是只用作休闲娱乐的飞机，操作者需具有民航局授权的社团核发的操作证。

　　轻型滑翔机的结构与飞机基本相似，包含机翼、水平安定面、垂直安定面、副翼、扰流板、升降舵、方向舵和起落架。起落架通常只有两个主轮，有时两侧机翼翼尖处还各有一个小轮，以便于在地面停放。滑翔机的一个显著特点就是具有较大展弦比的机翼和光滑细长的机身，滑翔机比一般固定翼飞机要大很多，因此具备了很强的滞空能力，在无风条件下，滑翔机每下降1米的高度就可在水平方向上滑翔数十米的距离，因此很适合做运动游憩、摄影、调查、测量等工作。滑翔机主要依靠上升气流进行持续飞行，否则就必须靠牺牲高度来维持飞行。在无风情况下，滑翔机在下滑飞行过程中依靠自身重力的分量获得前进动力，这种损失高度的无动力下滑飞行称为滑翔。有上升气流，使用最位后扇叶推进并制造上升气流，滑翔机可以借此实现平飞或升高，这种飞行方式称为翱翔。

轻航机至少需具备空速表、高度表、升降速度表、侧滑仪和磁罗盘，驾驶轻航机必须经专门训练，并且建立技术认证执照许可制度。

飞鼠装运动（图片来源：永续社）

4.6.3 飞鼠装（Wingsuit flying）

飞鼠装跳伞（Wingsuit flying）是近年来发展的极限运动项目，是将身体四肢连接成大片可充气的伞布，不使用降落伞，从山顶往山谷跳跃飞翔。因为伞布面积小，下坠或前冲速度很快，因此可以享受迎风飞翔的快感，直到落地前才拉开降落伞。从外观上而言，它实现了人们想要运用身体飞行的愿望，在羽翼的设计上，脚部之间以及手臂下方都连接着翅膜。飞鼠装的种类大致可以归类为鸟翼人型与飞鼠型两种。

由于飞鼠装类似滑翔物体，可以达到1∶2.5的滑翔比（每下降1米可前进2.5米），下坠速度约达40公里/小时，前冲速度达到40公里/小时。肢体与头部配合气流的调控可以影响飞翔的角度方向。

由于飞鼠装跳伞危险度极高，技术尚未成熟，伤亡事故多，许多地区禁止飞鼠装跳伞项目，或者严格要求飞鼠装跳伞者必须有500次以上熟练的跳伞技能，才可尝试。

一般低空飞鼠装

Ch.4 空域运动旅游 (Sky Recreation) 293

高空飞鼠装须加氧气瓶

运动旅游规划与管理 (Planning & Management)

5.1 游憩资源调查（Resources Survey）

一、调查的主题：资源、限制、可及性、市场性

环境调查，就是"相地"、"选址"，了解某块基地适合发展哪些运动游憩项目，或是某个运动游憩项目最适合发展的位置。无论是环境资源规划或游憩活动规划，规划之前必须先有调查，根据调查的信息，进行最妥善的利用与安排。调查的主题有资源（潜力）、限制、可达性与市场性。

（一）资源（Resources）

户外运动游憩，鼓励游客往乡村去，往山林田野去，往海滨水域去，往高山森林去。自然美景中风、水、林、空间，都是具有潜力的好资源；并且可以借助自然力（风、河流、波浪、坡度、高差、浮力、重力、摩擦力）和一些有质量足够的介质（水、土、冰、雪、砂、草、岩石）发展特定的游憩项目。有些环境资源十分优良，可以直接发展运动游憩活动；有些资源条件还需要改良，例如增加道路、安全设施或服务设施，改良的可行性与改良所需要经费都需要一并调查衡量。

不同的规划标的，有不同的调查项目与范围。如果是海域类型，就必须聚焦于气象、水文、海流、海岸地貌、海底礁岩与生物分布、沿岸居民、土地使用、既有产业、敏感保护区、自然灾害、交通可达性、既有的相关计划、民意……适当地搜集有用的资料。比如降雨量关系到水资源够不够用，能否支撑游客量的增长，或各个季节的使用需求。东北季风与日照天数关系到适宜旅游活动的天数，风速与风向稳定度关系到飞行伞、滑翔伞、风帆板等项目的能否开展。资源调查必须要关心的是：资源的特性、空间区位、资源出现的时间点、资源的规模（面积、长度、天数、稳定度）、资源的数量、资源的品级（价值、稀有性、独特性）。

（二）限制（Limits）

在调查资料的同时，我们也要关心环境中的限制条件，避免在开发资源的时候，伤害到资源的可持续性，例如生态、地景、文化、生产、居住、灾害等敏感区块。有些游憩区潜伏着滑坡地质灾害，或是位于高灾害风险的溪流出山口、洪泛区，有些游憩区开发干扰了重要动植物的栖息地，设施伤害了优美的天然地景，开发破坏了高生产力农田、水域，或影响了既有居民的生活安宁，占用了公共设施等，因此应列举相关的负面条件，寻找应对的方法。有些高度敏感的区块，有政府法规保护，一定要回避的；有些一般敏感区块，能通过建设一些配套措施减轻或补偿环境的冲击，通过规划另外的进出动线回避，或者规划使用的时间或空间回避。

通常我们使用许多主题信息地图叠图分析，透明纸或计算机 CAD 都可以做。比如将交通图、土地使用分图、泥石流潜势灾害位置图、生态保护区及敏感区分布图、原住民保留区图等叠合，了解环境限制条件。有些主题图政府部门就可提供，但是大部分还需要规划者自行去踏勘与记录。

（三）可达性（Accessibility）

交通便利是发展游憩的基本条件，45 分钟内可及的都市周边河滨、绿地，可提供日常的运动游憩；两小时内可及的乡野、丘陵、海滨、溪流、湖塘，可在假日当天往返；高山森林等特别吸引人的运动游憩资源，大多离都市较远，需要安排食宿，花费更多的旅游支出。因此游憩活动的开展与可达性密切相关。

著名优良的运动游憩景点，距离再远也能吸引热情的游客；不是特别优良的景点，如若交通不便，就很难吸引到游客。尤其是海湾沙滩，可以容纳数万人聚集活动，在举办歌唱演艺或大型比赛活动时，通常导致人流瞬间集结或瞬间散场，此时，大众运输及接驳班车是最好疏散人潮的旅游工具；但是某些游憩项目显然属于小众的嗜好，必须运送个人器材到游憩区，比如模型遥控飞机、风帆板、独木舟、三角滑翔翼等。因此除了公路，游憩区内还需要有车辆引道。

可达性不仅关系到游憩者个人及器材能否到达，还包含服务资源能否到达。比如深山里或孤岛上的游憩据点，食宿用品的补给、水电通讯等公共设施的建设，甚至垃圾外运、紧急救护都很困难。

(四)市场性(Marketability)

许多运动游憩项目都有特定的爱好群体,比如热衷自行车运动的人很多,但是他们不一定也热衷钓鱼或飞行伞。因此无论是政府部门或民间投资,发展运动游憩项目,必须仔细评估这个区块的资源,优良到怎样的程度,交通便利性如何,未来经营的可持续性如何,能吸引到多远、多大范围的特定爱好者,投入多少的经费改善设施,能否达到经济效益等。

运动游憩也有群聚性,比如沙滩海岸吸引了大量的水域运动游憩游客,许多民间投资也选择草原发展骑马射箭、卡丁车、漆弹、射击等单一项目来经营,只要有数公顷的土地,就可以发展一个游憩项目,也都能找到游客来源。这是在旅游市场的大饼中,利用主题差异、资源互补,分享游客的假期、旅游支出,并创造利益的有效做法。

然而政府部门发展的数千公顷风景区,或民间投资的近百公顷度假游憩区,最好能形塑主题,兼容发展许多种类的游憩项目。能否吸引游客前来开展游憩活动进行消费,从而达到经济效益,直接关联到该运动游憩区的可持续经营发展。

二、调查的目标与范围

就调查必须有针对性,环境及市场信息很多,铺天盖地,堆积如山,无法利用等于没有,因此必须过滤筛选有用的信息。

(1) 针对特定的空间范围

就一个海湾、山区、村镇的陆域、水域、空域而言,必须要有范围和具体的边界,否则无法规划和安排利用。所以调查与规划之初,必先要确立空间范围,并且确立规划目标。

(2) 针对特定的环境条件

风、水、土、石、人、景、自然力、动植物、地形、历史、产业等,都是游憩资源。即使荒凉没有居民、空旷平坦没风景的地方,也可以成立资源,可以主办噪音大的摇滚演唱会,规划为赛车场或者遥控飞机游憩场。所以调查资源特性并利用资源特性,就是规划的目的。

(3) 针对特定的使用者

在进行给特定运动游憩项目使用的空间与资源规划,应考虑该区域可供多少人使用。哪些人来使用,其年龄层、经济收入层、兴趣族群、消费能力、食、宿、交通等服务需求是什么。针对他们的需求过滤有用的信息。比如,针对卡丁车活动,要了解其爱好人数、目前经营业者、竞争情况、市场需求、噪音的影响、场地与设备、购置与维修、比赛形式、观众席、加油料区、安全防护与应变等。如果规划一个卡丁车运动场,应考虑空间面积、配套服务设施、设备损坏消耗率、经营成本、投资报酬率等。

(1) 阅读各种地图与环境讯息

尤其是通过卫星影像图或航照图，阅读地文、水文、人文信息，了解相关的地形、地貌、城乡聚落、交通港湾等。在计算机屏幕上旋转不同角度、高度与视角，全面掌握网络和文献中的数据、现场勘察与访谈得来的数据，全方位了解规划区的空间特性与邻近环境特性。

(2) 绘制景观同质区

根据卫星影像图区绘制景观同质区，将类同的土地划成同一分区，如：山地森林、水体及周边、城镇聚落、农田、鱼塭、工业区、荒漠、草原、湿地、新市镇、墓地、海滨、砂礁等。并且要了解我们的规划区范围，涵盖了哪些土地使用类型，并了解景观质量。

(3) 套叠各种地图

使用 CAD、GIS 或 Photoshop 软件，套叠各种地图。比如行政区图、卫星影像图、地形图、交通线、矿产资源图、温泉分布图、古迹分布图、潜势泥石流图、潜势地质灾害图、水质水量保护区图、保安林图、保护区图、原住民保留区图、环保设施图等。并且了解规划区范围内涵盖了哪些敏感区块。

(4) 将环境敏感区标示出来

如：水库上游、水源地、地质灾害敏感区、野生动物栖地、湿地、森林、少数民族聚落区、重要农渔业生产区、矿区、国防、飞航管制区等。需要了解在规划区范围内，哪些活动要回避，哪些土地不能使用，哪些设施不能设置，哪些区域要保留缓冲区块。

(5) 将运动游憩资源与关联设施标示出来

如：优良的自然景观区、开阔的空间区、稳定的气流区、稳定的海流区、水质水量良好河段、优质沙滩区、邻近的特殊产业区、人文资源、农林渔场、地标、交通转运点、旅馆餐厅、交通路线、小区聚落等。要了解规划区周边，有哪些好的资源和设施可以利用。

(6) 制作规划基本图

可以利用计算机绘图软件（Photoshop 或 AutoCAD）在同一个档案上绘制许多不同图层，将来可以输出不同主题图面（基地范围、交通动线、水域、树林、建筑物现况、优良资源等）。同一张图面上信息不能太多，否则没法阅读主题，图面标题、指北标识、比例尺标、图例，也不能忽略。

5.2 游憩区空间规划（Recreation Area Planning）

一、土地使用怎样分区配置？

运动旅游场域规划就是环境空间规划，将环境资源做最妥善的利用。比如，配合海湾地形与潮浪方向规划冲浪板、风筝板、风帆板等运动场域，陆域安排准备、淋浴、搬运、保管、餐饮、休憩、教学、安全救护、环保卫生等设施，满足使用者的需求。活动规划就是行为秩序规划，将运动旅游者的活动与场域空间结合，并与季节气象、节假日、游客量结合。场域规划与活动规划，看似是两种性质，其实是一体的两面，场域空间依据活动的需求而规划，活动行为依据场域的条件而适当调整。

"规划（Planning）"可用在许多方面，其共通精神都是：我们有怎样的资源、条件，如何对其做最适当的安排，获得最好的成果。"规划"是动态的过程，做成了就是"计划（Plan）"，然后按"计划"行事。当然，计划经常赶不上环境变化、市场变化，因此，"计划"必须定期检讨、修正，应因情势变化，再进行补充，直到这一轮目标达成。许多计划是以4年或5年为一个轮回，到期之前又要准备进行新一轮的"规划"程序。

运动旅游场域规划，类属于土地资源规划的一种，或者是风景旅游区规划的一部分，又或是民间投资所研拟的休闲农场规划、度假区游乐区规划、卡丁车跑马场规划等。其中包含：

（1）土地如何配置？
（2）如何分流与约束游客活动？
（3）外部与内部的交通动线如何衔接？
（4）服务设施与服务人员如何运作？
（5）环保、保安与公用设施如何配置？
（6）如何分期分区次第开发？
（7）怎样配合季节、节假日举办活动？
（8）怎样提高开发的效益与服务质量？
（9）如何树立环保、睦邻形象？

土地使用分区（Zoning）计划，是根据土地的适宜性配置各个分区的属性，对空间资源做最适当的布置与最好的利用，达到有序的、可持续的目的。比如一块海湾沙滩区，如何相地（调查地貌环境条件）、依势（截长补短）、顺天（配合天气条件）、应人（满足用户需求）配置，将陆域、海域、空域的活动都划分区块，指定使用标的与使用的强度，都是需要重点考虑的分区的原则如下：

（1）环境安全优先。回避潜在灾害区块，保留安全疏散通道与空间。

（2）珍贵资源永续利用。避免破坏最敏感的生态、景观资源，避免建设设施。

（3）大众与慢速度项目优先。沙滩水滨带、开阔活动区块，应分配给大众化程度最高的项目、慢速移动的项目、低环境干扰的项目（游泳、浮潜、沙滩活动、露营、慢跑）等。

（4）快速度移动的项目其次。如冲浪、滑水、风筝板、风浪板、机动船等，依其使用者的多寡、环境条件的适宜性分配空间。

（5）小众与环境冲击高的项目再其次。钓鱼、遥控飞机、卡丁车等项目应安排到较外围的区域。

（6）不需要的都还给自然（不使用）。只要必要的功能得到满足，游憩区内尽量减少人为设施，尽量减少动线的切割，使自然景观、野生动植物与使用者同在，实现可持续经营。

二、活动使用如何分众与排序？

（一）活动系统建构

许多种游憩活动集中时，必然会产生互相干扰。飞行伞、滑翔翼降落时需要没有拥挤围观的人群；冲浪、滑水活动不能伤害到游泳、戏水者；自行车与慢跑者速率不同，应避免相互干扰；沙滩车、机动车船、服务送货卡车都会影响到游玩的游客。活动空间范围分隔、进出动线分隔、使用时间分隔、详细明显的标示、劝导、警示等，都是可行的方法；而现场人员监看、疏导、制止、裁罚是最后的手段。先对硬件、软件等进行规划才是根本之道。

因此我们需要建构一个活动系统模型，例如游客从哪里进？在哪里停车？在哪里休息？在哪里更衣、冲洗、暖身、下水？在哪里参加初学课程？在哪里租用、存置、搬运运动器材？下雨了，躲到哪里？晴天了，散到哪里？系统里有一些较嘈杂、较拥挤辐辏的节点，也有些人较少、较安静的区域，这些机能有重叠、有互动、有冲突，因此将活动系统模型图形化与量化，并与土地使用分区图结合，因此可以掌握各个区块的活动强度，检讨分区图是否合理,哪里是可能的冲突节点。

(二)活动行为分类

户外游憩活动依据消极 V.S. 积极、静态 V.S. 动态、被动 V.S. 主动的不同尺度,可以分为下列七大类:

(1)消极性休憩活动

主要动机:放松身心,消耗很少的体能。该类活动对环境资源特性的要求较不严格。它包括的活动有:树林或海滩散步、日光浴、水滨或树荫休憩等。

(2)消极性主题观察活动

主要动机:欣赏风景、观察特定生态、地貌、人文景观,以步行、自行车或静水手划艇等方式慢速移动,在自然环境下进行。

该类活动的目的在于欣赏自然环境的风貌,进而获得精神上的满足,而非获取实质纪念品。它包括的活动有:赏鸟、健行、钓鱼、休闲自行车等。

(3)积极性风景资源享用性活动

主要动机:欣赏风景、有兴趣主题,中度消耗体能,在自然环境下进行,也就是本书所定义的大部分运动旅游项目。活动的目标,不仅是获得环境体验、精神上的愉悦,更要能达到燃烧体脂、锻炼体能的功效,求取身心的平衡舒畅。它包含的活动有:登山、溯溪、攀岩、滑雪、滑草、高尔夫球、游泳、潜水、骑马、划船、橡皮艇泛舟、森林拓展、风帆板、风帆船、拖曳伞、飞行伞、热气球等。

(4)社交性活动

主要动机:取得社交活动机会,进行多人或团体之间的互动。这类活动强调人与人的接触和互动,故对社会环境特性的要求较高。它包括的活动有:团体露营、原野定向、马拉松活动、多人赛艇、划龙舟、拔河、漆弹对抗、飞盘高尔夫等。

(5)获取性活动

主要动机:获取收获猎物或奖赏。该类活动将自然环境游憩活动转化为竞赛,因此需要更专业的运动旅游技能训练与器材。譬如人工激流的划艇竞赛、赛艇、射击、花式溜冰、马术等竞赛,即使是平常的活动也需以正式比赛的要求进行严格训练。

(6)积极表现性活动

主要动机:表现技能具竞赛性,可满足自我成就感,可归类于极限运动,在自然环境或人为设施下皆可进行。该类活动常会与其他游憩活动发生干扰,多为激烈运动,譬如卡丁车、冰雪攀登、滑轮板、滑水、滑雪单板等。

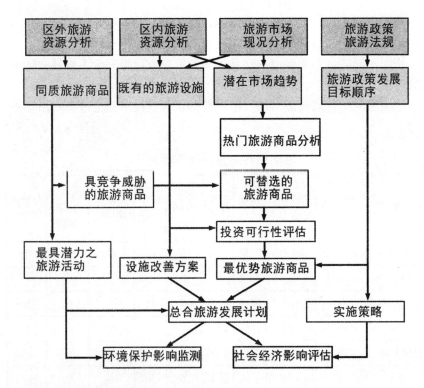

旅游与户外休憩规划系统（加拿大）
Tourism and Outdoor Recreation Planning System; TORPS

（7）创造性活动

主要动机：表现技艺、创意，与自然发生关联，但是个人表演性很强。譬如自组的模型遥控飞机、花式跳伞、花式溜冰、飞鼠装跳伞、跑酷、挑战运动纪录等。

（三）活动兼容性分析

活动兼容性分析必须先找出兼容性的因子，如环境条件、设施、运动速度、强度等，这样有助于找出其共同点与相斥点。

（1）评估因子

活动所需的环境条件（活动场域）：水域、高山、森林、平原、雪地等。
使用的主要设施：借助自然力、摩擦力、机械化程度；交通可达性。
使用的次要设施及资源：服务设施数量、服务设施舒适度。
活动的社会属性：积极性、消极性、获取性、参与团体等。

（2）将各项活动的各种属性数据记载于数据表中。

（3）依据活动属性数据表中记载的数据进行各要项的评估。

使用相同的自然资源或主要设施,社会属性不同→活动不兼容。

使用相同的自然资源或主要设施,社会属性相同→活动兼容。

使用不同的自然资源、设施,且次要的资源或设施完全不重复→活动无关。

使用不同的自然资源、设施,但次要的资源或设施完全冲突→活动不兼容。

活动相容适宜性矩阵举例

运动旅游	活动场域	借助运动动力	运动速度	设施需求	使用空间容量	环境干扰	大众化程度	空间共用可能	归纳优先层级
冲浪	近海域	水力	很快	少	中	中	中	低	中
水域风筝板	近海域	风+水力	很快	中	中	中	中	中	中
船拖滑水	近海域	机+水力	很快	很多	多	高	低	低	较后
风帆板	近海域	风+水力	快	中	多	中	中	高	中
船拖曳伞	近海域	机+风力	很快	很多	多	很高	低	低	较后
香蕉船	近海域	机+水力	很快	很多	多	很高	中	低	较后
露营	树林域	人体力	慢	多	中	高	高	低	中
野餐	树林域	人体力	慢	少	少	低	很高	中	优先
自行车	硬铺面	人体力	中	中	少	中	高	中	中
直排轮	硬铺面	人体力	中	中	少	中	中	低	中
滑轮板	硬铺面	人体力	中	中	少	中	中	低	中
卡丁车	专门场	机动力	很快	很多	多	很高	低	很低	最后
漆弹游戏	专门场	人体力	中	很多	多	高	低	很低	最后
森林拓展	树林域	人体力	慢	很多	中	中	中	很低	中
手划船	浅水域	人体力	中	中	少	低	中	高	中
遥控飞机	空+陆域	机动力	很快	多	多	很高	很低	很低	最后
飞行伞	空+陆域	风力	快	中	中	中	低	中	中
滑翔三角翼	空+陆域	风力	快	中	中	中	低	中	中
滑草	草地域	重力	中	中	中	中	中	很低	中

运动旅游	活动场域	借助运动动力	运动速度	设施需求	使用空间容量	环境干扰	大众化程度	空间共用可能	归纳优先层级
沙滩车	沙滩域	机动力	快	很多	多	高	中	低	最后
陆域风筝板	空＋陆域	风力	很快	多	多	高	中	低	较后
水上摩托艇	近海域	机动力	很快	很多	多	很高	中	低	最后
高尔夫球	专门场	人体力	中	很多	很多	很高	很低	很低	最后
沙滩演唱会	沙滩域	人体力	慢	很多	少	高	很高	高	最优先

三、交通动线如何衔接？

土地（空间）使用分区有指定的活动强度与属性，而且在活动系统中有其定位。土地使用分区在一般规划草图中以泡泡图表达。大、中、小不同的泡泡，分别代表露营区、沙滩活动区、餐饮区、服务管理区等不同的功能分区，就如同人体身上心、肺、胃、肠等不同的器官。器官需要管路输送物质、养分，游憩区也需要动线连接、交换不同的机能。

粗线加两端箭头代表主要干线、轴线或循环；半粗线、细线代表次要动线或人员物品流动比较少的动线或支线；出入口、主要转换点、端点是活动节点，需要特别关注。

主要干线连接到停车场、卸货点、接驳转运点的主要车道；或者是引导游客进出园区的宽大步道、广场，需要很多景观植栽与设施。次要干线是将游客分流到不同活动区的道路，譬如通往露营野餐区沙滩活动区、船艇码头区等的道路，视需要铺设宽窄、软硬不同的路面。专门供给服务人员运送物品、器材、垃圾的动线以及专供自行车、园区散步的动线可使用特别的颜色与线型表达。如此一来，我们就能知道哪些地方是辐射点、关键节点，哪些地方是干扰冲突点，可能会造成拥塞，哪些分区需要调整位置。所以动线至少要分为以下数种：

（1）主要干线（车、货），有进、有出、有停车、卸货点。
（2）主要动线（人、步行），有景观点、广场、交通工具转运点。
（3）次要动线（人、步行），分流游客到各个使用功能区。
（4）服务动线（人、车、物品）。
（5）自行车动线。

(6)散步赏景联络小径。

(7)紧急疏散或消防动线。

> 我们再整体梳理一下目前的草图:
> - 游客从区外的公路开车过来,怎么进入园区?进入到园区后在哪里停车?
> - 卸下营帐或冲浪板等个人器材后怎么走?
> - 大众运输到哪里接驳?是否在下雨、烈日的条件下都可以走最短、最舒适的步道?
> - 游客进入不同的分区,到哪里做游憩准备(更衣、冲洗、暖身、储物、租借)?
> - 游客玩累了,到哪里休憩、交谊、就餐、使用厕所?
> - 咨询、售票、服务、救护、广播的服务点设置在哪里?
> - 货物器材搬运、垃圾收集、演唱会场地布置的动线为何?
> - 哪些路径使用率高,需要比较宽敞的道路,比较好的铺面?
> - 哪些路径使用率低,只需要比较窄的道路,简单透水的铺面?
> - 动线应尽量简洁,容易依循,不能过多、复杂,且应尽量减少硬件铺面。多一条动线就多切割了自然栖地,减少几分景观生态自然美感。

四、计量化与图形化

规划不能只有想法,模糊的概念必须具体化,变成具体可行的计划。计量化,就是将游客量、交通量、活动量、设施量、物流量、成本与支出量、需求量、供应量等,尽可能精确地推测出来。图形化就是将先前阶段的构想概念(Concept)具体地表达出来。

(一)计量化

就规划、计划而言,计量是个关键。本游憩区最高可容纳多少游客,可吸引到多少游客,其中有多少人是来游泳的,多少人是来露营的,多少是人来玩冲浪板、风浪板的,不可不调查。游客来得太多,会导致服务质量下降,冲突、抱怨频频,影响游憩区声誉,以后不来了;游客来得太少,会导致设施空置,服务人员闲置,不敷开发与经营成本。

规划者必须尽可能从市场调查、模拟邻近的案例、专项运动项目同好人口、将来还可能有多少竞争者瓜分游客源等方面,推测预估本游憩区能够吸引多少游客。有了假设的理想数据,才能推测停车场、餐厅、厕所需要多大的面积;儿童游戏区需要设多大;有没有森林拓展设施需求?冲洗淋浴设施设置多少够用又不浪费?主要道路、次要道路设多宽?平日与假日必须准备多少服务人力？全年可以营收多少钱？支出成本为多少？

从运动旅游资源供给面的层面来看，在不危及一个区域环境质量的前提下，该区域所能容忍的成长是有限的。一个游憩区的游客承载力主要受生活水平及外界能量或资源供给量两个因素的影响。譬如，用于宣传的中近景风景图片，土地面积大约1~2公顷，最多不会出现20个人，因为人数太多会降低游客的旅游体验。海水浴场沙滩是比较宽广又没有生态冲击忧虑的游憩区，可以容纳的游客量最多，比如50公顷的沙滩，夏天假日可能涌入数万人。

如果在沙滩上晒日光浴、玩沙、休憩，当100平方米超过10个人时，就能很明显地感觉到拥挤了；在海水里游泳前进时，10米之内有人，就需要回避。但是若是演唱会，每个人虽只拥有1.5平方米但仍然觉得舒适。这是因为活动目的不同，心理的承载量也会不同。冲浪、风帆板、风筝板，速度移动快，为避免碰撞，需要更大的活动空间（10~15倍船板距离），资源设施的承载量比较低；水上摩托艇、快艇拖曳滑水或拖曳伞速度更快，需要更大的活动空间（20~25倍船身距离）。

大多数露营区是周边有树林可以挡风的空地，露营活动当以家庭为单位活动时，每100平方米容纳4~7人比较合适；以学校团体为单位活动，还可以容纳更多。但是100平方米仅指营位区，还有通道、停车位、盥洗、炊事、器材、服务等设施也需要空间，所以家庭型露营区每200平方米容纳4~7人最为合适。因此，承载力并非固定，而是一种动态的观念，会随运动旅游者的速度、运动专业的需求、资源使用方式等人为因素而改变。

在山地森林类型的游憩资源中，游客只能在森林步道中行走，或在沿溪步道中行走，因此必须以步道长度、宽度来计量，每100米长（宽1.5米）不能超过40人。并且自然景观型的游憩资源，每100平方米开辟两条步道或加宽步道至3米宽，就会感觉自然度明显下降（超过20%的人为设施，就显著破坏了自然风貌），因此步道不宜加宽，以免破坏自然环境和美感。

有关游憩承载量的论述很多，包含：（1）生态承载量（Ecological carrying capacity），指一个生态景观游憩区，人为活动践踏、排污、设施开发等干扰量，超过环境自然修复平衡的限度。（2）实质承载量（Physical carrying capacity），指一个游憩区在其经营管理目标下，其实质环境所能容许利用的数量与特性预估，超过该利用限度，则实质资源的改变会使使用者心理上无法容忍接受。（3）设施承载量（Facility carrying capacity），因游憩区内或各项设施的活动受到空间或服务性能的限制，例如停车场、游艇码头的承载量，到达路线或地形条件等限制，致使其容许利用量低于生态与实质承载量或社会承载量。（4）社会承载量（Social carrying capacity），指一地区在其经营管理目标下，为使游客满足程度维持在最低限度以上所能容许利用的数量；超过该利用限度，则游客的满足程度会降低至无法接受的程度。

  过多的理论探讨可能扰乱我们的思考，反而难以适从。我们可以针对该项目运动旅游者从事快速移动时所需的前后缓冲空间，来推估环境设施的容纳量。游憩区最大的容纳量即是旺季白天的瞬间容许量，特殊节庆、连续节日可能会超量至1.5倍（一年中天数不超过20日），淡季非假日可能只有1~3成的量，如此即能推估假设全年的游客量。设施规划不能以平时游客量为标准，也不能以连续节日的最大的容纳量为标准，设置过多的硬件设施，破坏了自然景观，也浪费资源。因此可以采取弹性的规划，譬如完善的停车场可以满足普通节日的使用量，也预留一些草地铺设透水碎石，在尖峰假日可提供弹性应急停车，平时不使用时，可作为很好的野餐区或游戏场。

  远离都市的风景区，必须独立进行环保卫生的管理，因此环境承载量是一个严峻的课题。山地型的自然风景游憩区距离都市通常很远，弯弯曲曲的单线公路动辄30公里，垃圾、污水难以接运到人口稠密区，通常要全部自行就地处理。即使每位游客到不在游憩区住宿，每天就需要140公升的干净用水与排污水量，产生0.45千克的垃圾。如果游客过夜住宿及用餐，每天就需要250公升干净用水与排污水量，产生1.1千克的垃圾。游憩区每日1 000人的游客量，如50%留下来吃饭、住宿，排放的垃圾污水量就可能超过河川与环境的自净和消解能力。5 000人/日以下的游客量可以使用简易掩埋与简易污水处理的方式净化后排入自然水体。超过5 000人/日的游客量就需要兴建小型焚化炉或小型污水处理厂，设施费用就变得很高，而且在旅游淡季闲置，十分不经济。在温泉风景区，80%的游客都要留下来洗浴、吃饭，如100%留下来住宿，排放的垃圾与污水量会更多。所以温泉、露营型的游憩区对游客承载量，必须妥慎规划与管理，因此游客预估是运动旅游区规划的关键。

（二）图形化

  图形化就是将概念提取出来规划为具体的配置。泡泡图比较粗略，动线串联比较杂乱，需要对各个环节进行逐一检查，以确定其能否正常运作（Work）。以一个海滨游憩区为例，将量与配置整合考虑，可绘制成图，举例如下：

  （1）空间分区使用图。包含陆域、水域、运动旅游、休憩交谊、餐宿服务、交通、设备、水电等。

（2）地形景观改造图。包含整地、排水、挡土、水岸、造景、阻隔、绿化植栽、公共空间、广场、轴线、节点等。

（3）环境保护规划图。包含水资源取得净化储存、污水收集处理排放、垃圾收集处理清运、噪音防治、空气污染防治、紧急救护疏散、灾害敏感回避、生态保育措施、水滨带保护等。

（4）交通系统规划图。包含汽车道、送货道、景观林荫道、自行车道、步道、各种车辆船舶停车场、区内交通、运动车船、公车站、码头等。（长宽、面积、数量）

（5）建筑设施规划图。包括餐饮区、商店区、服务区、管理区、设备区、宿舍区等。（量体、楼层、构造）

（6）游憩设施规划图。包含沙滩域、树林域、草地域、浅水域、深水域等开展各种运动旅游项目的场地、等候准备区、教学区、休息区、弹性拨用区、设备器材存放区、机械游乐设施区、水游乐设施区等。

（7）服务设施规划图。包含餐厅、厨房、住宿、淋浴、更衣、购物、租用、储藏、输送、设备、清洁、集污、医护、通讯、网络、广播、水电、照明、监视系统、收费系统、贩卖机、变电站、加压站、路标指引等。

每一个项目都要考虑到供给与需求的数量，譬如露营的营位、供水、供电、排污、动线、盥洗位、炊事位、租借器材数量、食材燃料数量、无线网络、人车动线等。

五、问题、对策与方案

每个游憩区规划都有它的问题，并且问题不一定有共通性。园区内有敏感栖息地怎么办？大众运输不足怎么办？紧邻小区干扰大怎么办？腹地太小怎么办？服务人力不足怎么办？附近同构型高竞争的游憩区多怎么办？因为法规限制建筑物不能盖高楼怎么办？初期资金不足怎么办？市场规模太小怎么办？规划者将大大小小的问题都列出来，特别是弱势与威胁方面，每一个问题都要寻求对策及解决方案。

发展潜力与限制评估（SWOT）分析是规划者常用的工具，并且可以延伸出 SO（优势创造策略）、WO（劣势改善策略）、ST（暂缓推展策略）、WT（策略劣势避免等策略）。通过 SWOT 分析能提出数种可行方案，并可以邀请开发业主、规划团队、当地居民代表、专项运动者、利益相关者进行交流商讨，选择较有利、较可行的方案。虽然问题不一定能完全解决，但是研选方案有助于游憩区劣势的改善。

问题有轻重缓急，有些非改善不可，有些不影响全局，但仍需尽力改善。研拟对应策略也应考虑能否及时改善，有效改善并且以最小的代价改善。对于每一个问题必须探讨其背景成因，对本规划的影响、威胁以及其实践性。而且对策可能有数个，应研讨哪些对策最有效，可以长期、根本地改善不利的情境。

研拟方案必须设想具体的事项：(a)改善的可行性，如外部的障碍、内部的障碍、法令的障碍等；(b)能否有效改善，是否可以将改善的效果指标量化？(c)改善的成本，预估时间、人力、经费；(d)替选方案，如果甲方案施行困难，那么乙方案的可行性、改善量化指标、成本、时间如何？

政府部门推动运动旅游的规划，建设步道、自行车道、露营区、运动船舶码头等设施，在风景区中规划多种运动项目，都需讲求投资效益。民间投资运动旅游区，更要讲求市场竞争力与成本效益（投资、利润、利息、折旧、生命周期）。因此先确定该计划对经济体系中每一份子的影响，并换算为总效益与总成本求出净效益。若净效益为正，则表示该环境管理计划值得推动，反之则否，此评估过程即是成本效益分析（Cost-benefit Analysis）。如果方案无法通过，则需放弃原有规划、计划或再重新检查对策与方案步骤。

5.3 游憩区经营管理（Recreation Management）

一、定义与目标

经营管理（Management）在西方概念中，就是将既有的资源、设施、人员组织起来，依据拟定的目标策略、计划、方案去执行，求取最佳的效果。但是在中文的概念中，常把它当做经营（Running）与管理（Management）。经营是为了获取利益、顾客满意、建立声誉等；管理为了管控质量、降低成本、提高效率。

无论是政府部门还是民间投资发展运动旅游，建设运动旅游场域，举办运动旅游活动，都需要经营管理，而经营或管理都需要以下的条件：

(1)有一个决策核心

一个人容易偏听偏见，一群人才能汇集共识，但是必须有授权的核心来作决策，然后众力执行。

（2）有一个分工组织

譬如办理一个马拉松活动或举办一场龙舟竞赛，场地、报名、广播、后勤补给、医护安全、交通、宣传等，事务繁多，必须多人协力，分组执行。而且各个分组还需要有一个具备经验、可信赖的领导人作为核心，对外协调、对内分工。

（3）有明确的目标与计划

目标：赚钱第一、公益第一、环境维护第一、顾客满意第一，都可以作为一个明确的目标。

目标有成长性的目标、稳定性的目标、竞争性的目标。目标也有总体目标、阶段性的目标。目标必须能切合实际，有适当的难易度，能够勉力达成，能结合经营理念，能定性定量地去检验。

有了明确的目标才能拟定执行计划，计划可以汇集众人意见，共同商议拟定，然后依计划分工授权执行。

（4）有明确的工作准则

SOP标准作业程序，也可就是建立管理制度。遇到下雨，户外不能活动；尖峰假日，游客量突增，停车场不够；水质受到污染，部分运动项目不能进行；设施不足，服务质量下降，顾客抱怨等，情况都不能在事态发生后临时想办法，必须事先有明确的工作准则，每一个分组甚至每一个组员都能自动去执行，并且往组织上层通报。

（5）开放、协调、授权

对于政府部门而言，在管理国家公园、森林区、海滨区或风景区等环境资源时，必须适量地开放资源，鼓励民间投资运动旅游项目，或鼓励运动同好社团利用资源发展运动旅游项目。但毕竟游憩资源有限，所以必须有公约管理，协调各方利益；管理部门也必须经过法律的授权、行政机关的授权，有效行使权力。

管理的目的：

更有序（避免资源滥用、避免竞用矛盾、依据先来后到的原则）。

更有效益（环境利益优先、公众利益优先、规划实现最优价值）。

更持久经营（可持续优先、最低度损害方案）。

更公平正义（尊重既有环境、尊重既有居民、扶持弱势社群、提供公平分配的机会）。

二、经营管理的范围

(一) 保护管理

生态资源的保护：仅准许对于生物多样性可容忍的改变破坏，回避敏感栖地、补偿。

景观资源的保护：仅准许对于美丽风景可容忍的改变破坏，以及对于土地使用可容忍的增加、使用强度与设施体量。

人文资源的保护：文物维护与修复，非物质遗产的传承，历史记忆的记录与保存。

社会生活的保护：尊重原居民的权益、减少资源竞用、生活干扰矛盾。

生产经济的保护：减轻对原产业的冲击、减少资源竞用，扶助弱势社群，繁荣地区产业。

(二) 利用管理

土地空间利用：功能目的分区、使用强度分级、分期分区开发、开发总量管制等。

运动旅游资源利用：资源开发、资源分配、机会分配、公平排序。

开发总量管制：游客承载量、环境条件改变限度、扩张限制。

(三) 行为管理

游客行为管理：破坏地景资源、破坏生物资源；制造垃圾污染、干扰他人使用；滥用服务设施、影响治安风气；影响居民社群、伤害宗教风俗等行为需进行惩处。

环境资源滥用：盗采生物资源、盗采地景资源、破坏服务设施、制造环境污染、非法营业摊贩、景区空间占用。

公共秩序维持：行为引导、劝诱说服、缓和冲突、罚则处分、强制隔离。

(四) 服务管理

交易质量保障：旅游行业自律、公平交易监督、游客满意度评比。

可信赖的检查：旅馆安全检查、餐饮卫生检查、交通安全检查、旅游商品检验。

信息与解说：完善旅游信息、完善地图与路标、完善多种媒体解说资源、提供导览与领队服务。

公共设施：低碳接驳交通，可靠与必要的水、电、网，垃圾污水收集，环境维护。

(五) 安全管理

游憩安全保障：野地安全、运动安全、地形安全、游乐设施安全。

公共安全保障：无障碍设施、卫生保健设施、防灾消防设施、消弭争端调解、防止暴力偷窃。

紧急灾害保障：天气灾害应变、人为灾害应变、承载超负荷应变、疏散与救援SOP、可避免的风险、成本及损失最小化。

三、经营管理的策略

（一）增加供给

运动旅游资源和设施拥挤和冲突问题相当常见，通常是因不同群体必须在同　时间、同　空间、共享同　资源时所发生。运动旅游资源和设施可以通过时间或空间的调整增加供给，提供更多游憩机会。

增加游憩利用时间：开放时间的提前或延后、尖峰利用的游客转移至离峰时段、提高利用率。增加夜间照明设备延长使用时间、鼓励离峰时段的活动、调整游客参访行程以增加流动率。

增加游憩利用空间：增加新的利用空间或是增加现有地点的使用率。当游憩区空间足够时，可以增加设施，甚至开发新的游憩据点；另外，开发新的入口来疏散排队人潮亦是一种增加供给的做法。

（二）提高资源耐用性

当游憩资源的供给量无法增加时，提高资源耐用性是另一个有效方式。借由改变或增强资源特质，不但有助于强化资源对游憩冲击的抵抗力，同时，强化游憩资源可使设施使用的寿命延长。

强化游憩区资源：使用原生材料与人工强固法。使用原生材料或物种，可与游憩区当地特性相配合，降低其损耗率；部分游客使用率较高或是容易损坏的地区，则可借由人工强固法，以人工材料强化当地资源，减少因使用频繁所带来的损害。

增置或改进游憩设施：通过密集的维护工作或是设施的改善，使设施使用的寿命延长，相对增加供给量。

（三）抑制需求

当运动旅游资源使用对于环境与社会的冲击过大时，抑制需求是一种可以维护运动旅游资源的策略，通过对资源使用的管制以舒缓游憩使用对资源的冲击。抑制需求的策略由于可能影响某些游客的权益，因此通常是在游憩活动本身已经妨碍游憩区正常营运、对资源造成不良影响或危害到大众安全时才会实行。抑制需求能相对提高服务质量与顾客满意度。

使用者数量限缩：通过限制游客人数，辅以预约、抽签或排队制度的配合，对运动旅游区进行使用者数量限制。例如：进行总量管制、限制可进入该游憩区的总人数或停留天数。

时间限缩：配合游憩区的特性，于某些时段限制游憩区的使用。例如：限制使用的季节、在特殊气候状况下限制使用、在动物繁殖季节禁止钓鱼活动或激烈扰动水体的运动项目等。

空间限缩：为了避免资源遭受破坏或为便于管理，强制限定游客进入某些地区。例如：划定生态保护区，限定经营管理单位许可方得进入；限制游客车辆在指定道路或地区行驶。

资格限缩：要求使用者具备必要的证照或技术，以获得进入某运动旅游区的资格。譬如：限定登山队伍需配有登山向导人员；特殊海域潜水活动规定需有PADI潜水专业证照方得进行。

（四）减低使用所产生的冲击

减少游憩使用对环境与社会冲击的核心，是降低现有运动旅游对资源和环境所产生的冲击。依照游憩者群体的特质、彼此之间的兼容性以及游憩资源的承受能力，来修正游憩使用的形态。

改变游客使用形式或种类：对环境冲击性较大或不适合在该环境活动的游憩活动加以限制或要求改变。限制游客在森林游乐区内砍伐林木、生火烤肉等活动；禁止游客电鱼或网鱼，鼓励游客钓鱼。

分散游客使用：分配游客游憩使用的时间与空间。倡导游客在离峰时间使用，以分散尖峰与旺季游客；增加游憩据点的出入口，以避免游客短时间内聚集于入口处造成拥挤；以分区使用的方式区隔不同类型活动的使用。

集中游客使用：通过将大部分的游憩活动集中在部分土地的方式，将环境冲击局限于资源具有高度兼容性及耐用性的地区，进行小部分集约管理。

四、运动旅游冲突与管理

（一）冲突的定义与分类

在游憩资源与机会有限的前提之下，多种类型的游憩活动者共同使用同一区域时，可能因个人文化价值观、目标相异或使用人数太多等原因，产生游憩冲突。

游憩冲突不但容易降低游憩者的满意程度，降低游憩体验的质量，甚至可能发生安全上的问题。

要同时考虑游憩者的安全与产生冲突时的感受，并且保护自然资源，妥善规划游憩活动的安全条件及管理措施。

（1）活动形态干扰

特定游憩活动对个人具有意义，并且使该游憩者对于此活动产生依附感。个人对于游憩活动的投入与接受度不同，活动对该游憩者所产生的意义也有差异。每个人从事某项运动旅游活动，一定有其想要达成的目标，但很可能受到其他游憩者或其他团体行为的影响。

例如上班族到山上露营，希望可以获得不同于都市的宁静，以放松心情；而另一群青少年则是希望通过露营的活动活络气氛。两个群体从事露营这项游憩活动时，所希望达成的目标不同，可能对彼此存在干扰。再比如，初学冲浪者不敢离海岸太远，而熟练者快速冲撞的过程中会威胁到浮潜、游泳者的安全，产生冲突干扰。

(2) 资源特性干扰

游憩资源特性对于游憩者或使用者而言，可能具有特殊的意义，进而产生与该资源相关的价值观或使用标准。当其他共享同一资源的游憩者与自身对资源的行为标准或价值观不同时，对于较重视或依赖该资源的游憩者，很可能形成干扰。

(3) 经验习惯干扰

当游客专注于某一特定体验时，通常对于从事游憩活动的方式有特定期待或要求，而因此可能被其他不同专注度的游憩者干扰。比如：部分登山健行者源自对自然环境的喜爱，但某些从事相同活动的游憩者却可能只是借此活动来锻炼身体，因而在登山健行时可能较不注重环境，而产生不利于自然环境的行为，从而产生干扰和矛盾。

常见的四种经验习惯模式包含：对活动的专注程度、对实体环境的专注程度、对社会环境的专注程度、对地点特性的期待。

(4) 运动目标干扰

① 活动直接接触干扰

指的是游憩者两者之间有实际的接触。例如：浮潜者与水上摩托车骑乘者，在进行活动同时会产生互相干扰的情况。因为水上摩托车行进速度过快，使得水变混浊，失去了水下原有的观赏景致，对浮潜者产生干扰。另外浮潜者速度很慢，也挡住水上摩托车骑乘者行进的去路。因此此类干扰是由人际间的直接接触产生的。

② 间接接触干扰

两种运动旅游行为未有实际接触，而是在价值观上无法认同其他游憩者的行为，是一种社会价值观上的干扰。

浮潜者虽然没有与水上摩托车有直接接触，但是心理上就觉得水上摩托车骑乘者总是横冲直撞、不注重他人感受，此时所发生的即为价值观上的干扰。

(二)冲突性质与调适

冲突不仅可能发生在不同活动游憩者之间,亦可能发生在同一活动游憩者之间、游憩者与管理者之间,或是游憩者与其他共同使用资源却从事非游憩活动者之间。当游憩者无法认同管理者所制定的规则或施行的策略时,两者之间可能产生冲突。例如:管理者出于安全考虑,制定缩小水上摩托车行进范围的规定;若缺乏适当的劝说与配套措施,很容易激发水上摩托车使用者的抵触情绪。

游憩者与其他共同使用资源,却从事非游憩活动者之间也可能产生冲突,因两者虽使用同一场所,但在使用目的上却全然相异。例如:当地靠海为生的渔民可能因游憩者频繁的水上活动,而无法继续原有的渔业活动,捕鱼的居民也会干扰到游憩者的情绪及活动的进行,使两者之间出现冲突。

当游憩冲突确实已经发生时,游憩者可能会调节自身的行为和活动,来缓和所期待的体验无法顺利达成的不满。比如,选择到其他的地方去玩,或是对于冲突发生的情况加以心理合理化等,利用这些行为来降低心中不满,以维持较佳的体验。

当游憩者无法有效调适这种不满时,满意度或体验的质量可能就会因游憩冲突的发生而降低,这是游憩者与管理者最不愿发生的情况。

管理单位不应被动地等待游憩者自身对游憩冲突进行调适,而是应积极地拟定管理策略来降低游憩冲突产生的可能性。

(1)外群体冲突干扰

外群体游憩冲突指的是从事不同游憩项目的游憩者之间产生的冲突,比如浮潜者与水上摩托车骑乘者之间、快艇与独木舟之间、滑雪者与雪地摩托车之间、登山健行者与登山自行车骑乘者之间,都容易发生外群体游憩冲突。外群体游憩冲突最常发生在动力活动与非动力活动之间,且两者之间多有冲突和不对称现象。以浮潜者与水上摩托车为例,水上摩托车的速度快,所需空间大,水上摩托车骑乘者所追求的是驾驭及驰骋的速度感;而浮潜通常在海面漂浮,移动速度慢,需要较平静的海水环境,追求的是欣赏美丽的海底景观。两者如此悬殊的体验特别容易造成游憩冲突的产生,并且是"不对称的冲突",即浮潜者可能觉得受到水上摩托车很大的干扰,但水上摩托车骑乘者却不会受到浮潜者的影响。

(2)内群体冲突干扰

内群体游憩冲突指的是从事同一种游憩活动的游憩者之间产生的冲突。冲突原因通常来自游憩者本身的个别差异。因为即使从事同样的游憩活动,仍可能因为游憩者之间的经验、技巧、生活形态差别,而造成内群体游憩冲突的产生。以登山健行者为例，有部分人希望活动带来训练体能的效果，有部分人则喜欢悠闲地欣赏风景，有部分人则是为了社交聚会而来。登山健行经验丰富与没有经验的游憩者，在速度上差异很大，若没有在有限宽度没有步道上的礼让，很有可能造成冲突。

（三）游憩冲突的管理策略

（1）分区分群使用策略

将不同类型的游憩活动所使用的空间或时间区分开来，避免不同类型活动在同一时间地点有所接触。同一条路径上有散步的人、骑自行车的人，以及溜直排轮的人，容易打扰彼此，产生游憩冲突，如果将路径分隔一分为三，分别为散步、自行车和直排轮使用，即可减少三者因接触而产生的冲突。

将不同区块的水域规划给不同的活动使用，或是将同一区块做进一步区隔，比如水域游憩区隔为动力式与非动力式水上活动区。

分区使用策略对于生态的维护也很大帮助，配合资源轮替使用的概念，可使同一区域的资源可以有空当做环境或生态上的修复，而不会时时受到干扰。

（2）分时分群使用策略

将游憩活动的活动范围或活动时间区隔开来也是有效地避免冲突的策略。以时间来区分，将时间区分为平时或假日、上午或下午等，分别给不同类型的活动游憩者使用。

要有效实行分区使用策略，但又要能维持一定质量的游憩体验。

管理者事先搜集完备信息，了解当地游憩者特质及游憩使用形态，避免因分区使用策略造成游憩上的限制。

（3）教育劝导策略（间接式管理策略）

教育劝导的目的在于降低干扰的来源，提高冲突者彼此的容忍度。

帮助游憩者建立基本的礼仪、行为与对其他游憩者的尊重，以降低干扰其他游憩者的可能性。例如：教导游憩者尽量避开游憩者众多的据点，在行进途中若遇到其他游憩者，尽量给予礼让。

帮助游憩者转变观念，通过了解其他游憩活动的特性，将心比心，提高游憩者对他人行为的同理心或容忍度。

（4）取大舍小策略（舍弃小众项目或对于可持续利用较不利的项目）

例如，近海域或浅水域空间有限，如规划多种不同运动旅游项目，会导致冲突点增加。可舍弃参与者少的风筝板或滑水板，或者多留空间给威胁性较小、参与者较多的SUP立桨板，可以降低冲突。

再如，都市周边的河滨高滩地，多种运动旅游项目都争相在此开展。

①安全水域游泳区；②沙滩活动区；③草地项目区一；④草地项目区二；⑤游船舶航班码头；⑥风帆板SUP下水区；⑦内陆游泳池；⑧停车场与浴厕设施；⑨餐厅商店区；⑩森林项目活动区；⑪风筝板活动区；⑫冲浪板风帆板活动区

小型滨海游憩区规划（图片来源：www.saratoga.com/）

Ch.5 运动旅游规划与管理 (Planning & Management)

①主要入口;②停车场,船艇下水轨道;③游客服务中心;④环境教育中心;⑤划艇、风帆板等水域运动码头;⑥水库管理维护区;⑦水库大坝;⑧自行车、骑马等租借区;⑨亲子活动及草地活动区;⑩露营区、滑草运动区;⑪飞盘定向活动区;⑫越野定向活动;⑬森林拓展区、生态观察区、自行车道、湖步道;⑭保育湿地,赏鸟区;⑮动线休憩节点,解说信息点;⑯生物跨越通道

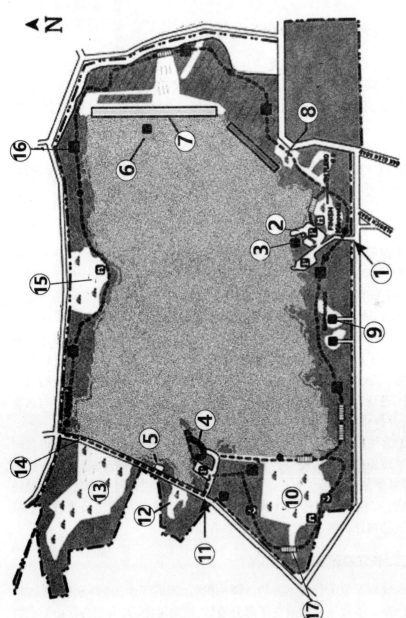

Manasquan 水库旅游区配置图 (图片来源:Manasquan Reservoir)

可将噪音量较大、冲突风险性较高的遥控飞机,安排到较偏远的河滨段专区,将较近的河滨段保留给飞盘、自行车、直排轮等项目,使大多数的使用者满意。

5.4 相关案例(Case Study)

一个风景旅游区可能是一片山区或一个大海湾,可容纳许多运动旅游项目发展,政府公共部门宜进行全盘的资源可持续利用规划,民营投资可选择个别项目发展。如果在偏远的原野地区单一地发展个别项目,交通、食宿、服务及环保等设施,成本非常高,也很难吸引到游客。因此应该配合环境特性使多种活动项目互相搭配,协调活动的兼容性,建设服务及环保设施才能发挥经济效用。以下介绍数个风景旅游区发展运动项目,可作为参考。

一、新泽西州 Manasquan 水库旅游区

水库收集临近丘陵地的雨水,净化后为附近小区提供饮用水源。水库面积接近 5 平方公里,最大水深达 7 米,水域中保留了很大的湿地沼泽区,用来保育野生动物。水库周边 8 公里长的步道是美国东部历史步道的一部分,湖滨的许多处长椅都有铜牌铭刻,纪念杰出历史人物。

许多水库为了保护水质,常会拒绝游客接近,但是这个水库在水域和陆域规划了许多运动旅游项目,也设置了生态保护区、赏鸟区、环境教育中心等,通过完善的管理保护水源水质,也通过运动旅游提供环境教育,与居民进行良性的互动。环境中心收藏并展示本区域的淡水鱼类与水生植物,并提供解说服务。

游客可以携带他们自己的船艇,并可以使用公共湖滨码头,也可以向管理单位租船。景区提供钓鱼、骑马、步行、自行车、露营、船、皮艇、独木舟、森林体能拓展等设施。游客中心一楼提供解说材料及渔具、饮料等便利商店,二楼有多媒体大厅及户外观景平台。水库指定部分水域与水岸为野生动物保护区,不允许开展游憩活动。

二、长江沙洲岛运动旅游区

本规划区位于长江下游的沙洲冲积岛,四周环水,地势低平,景观特色不凸显。本规划利用改造了部分地形,挖渠堆山,人为创造背山面水的景观,并用森林创造天际线衬托度假酒店等建筑物。

本规划先将基地（全岛）分为三个地块：旅游、农业、渔业。由后两者维持生产，也借由农渔产业参与活动发展乡村旅游主题，如动物农场、鱼塘垂钓、产业观光、湿地赏鸟等。

旅游地块，先依塑造的人工景观布设动线，分割出许多个 7~10 公顷的地块，布置草地、沙地、森林、花园、水瀑激流等不同环境介质，获取运动旅游的发展条件，提供射箭、跑马、自行车、环岛慢跑、高尔夫球、卡丁车、露营、森林拓展、滑草、滑沙、滑板、赏鸟、钓鱼等陆域游憩项目；也挖掘了一些水道、岛内湖，布置皮划艇、独木舟、SUP 立桨板、水游乐园等水域游憩项目。大草地与卡丁车场也可以作为热气球场地与轻航机跑道。住宿餐饮方面为游客提供精致的度假酒店，也为青少年提供经济实惠的消费选择。

全区规划考虑到对外交通的客、货运码头，并且衔接岛内循环的道路系统，以巡回小巴班车串联岛上交通。配合区内的地势高低、排水渠道方向布置排水系统及各区污水收集、水电干管等公共设施。

全区可容纳游客人数为 3 000 人/尖峰假日，可满足游客对住宿（1 100 人）与餐饮的多样化需求。

三、陆域运动主题旅游区配置参考

该类型旅游区的主要经济收益都来自餐饮与住宿，如果环境不是特别敏感，开阔空地多，可以适当改造，打造不同年龄层、不同消费均可选择的综合性旅游区，配置多样化设施，可以争取较多的客源。

多样化项目也意味着需要更多的维护人力，马、羊等动物饲养需要专门技术人才，机械设施也必须定期检查与维护。

山地受季节影响很大，可以考虑在不同季节开展不同的活动，弹性拨用场地。平时开展运动游憩的草地也可在尖峰节日时拨用为停车场。

四、河滨运动旅游区配置参考

该类型的旅游区通常面积规模不大，距离城镇聚落不远，主要在接近水体的出入口或是河滨草地开展旅游游憩活动。尤其是在河滨高坡草地活动，具有舒适的微气候环境能取得生动的视觉景观体验。但是规划河滨绿地宜注意下列事项：

（1）保护水滨带野生植物多样性。水滨带是许多水、陆域物种接触交流、繁衍、觅食的敏感带，宜尽量减少人为干扰与硬件设施。

（2）方便维护管理工作。可能产生污染的野餐、贩卖店、厕所等宜设置在邻近道路处，便于收集与转运。

步道与自行车道某些路段合用，某些路段分开，给慢跑者更安全的幽静环境

沙滩活动区必须经常维护清洁，确保裸足活动的安全环境

水库虽然没有大风浪，仍要求所有的船钓者必须穿着救生衣背心

停车场附近设置船艇上下水岸的硬铺面斜坡或拖船轨道

游客中心提供解说咨询、休憩、观景、餐饮、浴厕、用品卖店、救护等服务

游客中心周边设置小船码头、船艇拖拉轨道与停车场

（3）圈绕空间场域。利用地形、植物或建物，围绕活动草地，定义空间。将不同类型活动行为分隔，避免相互干扰。

（4）连通船艇通路。划艇、独木舟、SUP立桨板等需要在水面与停车场之间设置道路。

海域运动游憩区最重要的是规划水域分区，避免活动冲突。将最大众化的沙滩活动、游泳等安排在最近便的区块，将机动性高、干扰性大的活动安排在较远海区。

游船码头 layout

01 主要入口
02 服务进出口
03 连结浮箱
04 浮动栈板
05 户外教学区
06 艇库
07 露天艇架
08 小灯塔球
09 地标灯塔
10 管理区
11 眺望台
12 地景广场

由于水域空间有限，只能安排静水划艇、独木舟、SUP等项目。也设置艇库、游船码头、训练教学等空间

322 运动旅游

沙坑游戏区 layout

01 主要入口
02 更衣淋浴
03 管理预备区
04 沙滩车停放场
05 沙滩排球场
06 沙雕创作区
07 绿洲情境水坑
08 狮身人面像大雕塑
09 九米沙丘山·金字塔
10 观众遮荫棚
11 滑沙冲浪方向
12 沙滩车跑道

沙坑区占地约8公顷，设置斜坡，供滑沙、沙滩越野车之用；另设置供沙地球类、沙雕及亲子游戏区域

Ch.5 运动旅游规划与管理 (Planning & Management)

温泉酒店区 layout

01 酒店客房区
02 餐厅区
03 亲子游戏场
04 阳光休闲区
05 温泉游泳池
06 游客中心、多媒体厅
07 小单元别墅
08 标准网球场
09 巴洛克艺术花园
11 天鹅湖+度假别墅区
12 车辆管理调度区
13 厨房服务进出口
14 中央景观绿色园谱
15 野餐草坪农产品市场

度假休闲酒店周边提供游泳、网球、亲子游戏、景观花园、餐饮、购物等设施,也是全岛的服务、管理、交通、维护核心

324 运动旅游

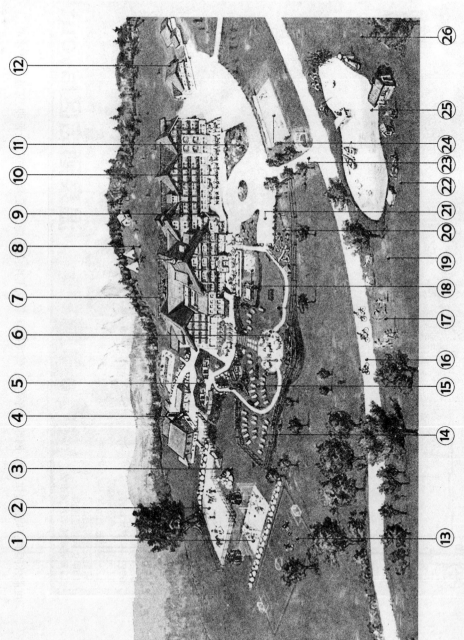

陆域环境运动旅游区配置图（图片来源：永续社）

1.排球、网球场；2.跑马牧场；3.草地活动区；4.农家体验住宿；5.马厩与动物餐区；6.野牧物舍；7.各种动物放牧区；8.滑草运动区；9.度假旅馆；10.户外餐饮区；11.精致花园；12.独栋别墅；13.足球、手球场；14.帐篷露营区；15.汽车露营区；16.主要联外道路；17.射箭场；18.露天乒乓球场；19.草地运动场；20.儿童游戏场；21.游客停车场；22.草地野餐区；23.主要入口；24.网球场；25.钓鱼划船小湖；26.苗圃菜圃

（参考自：www.seitenalm.at/sommer-map.html）

Ch.5 运动旅游规划与管理 (Planning & Management)

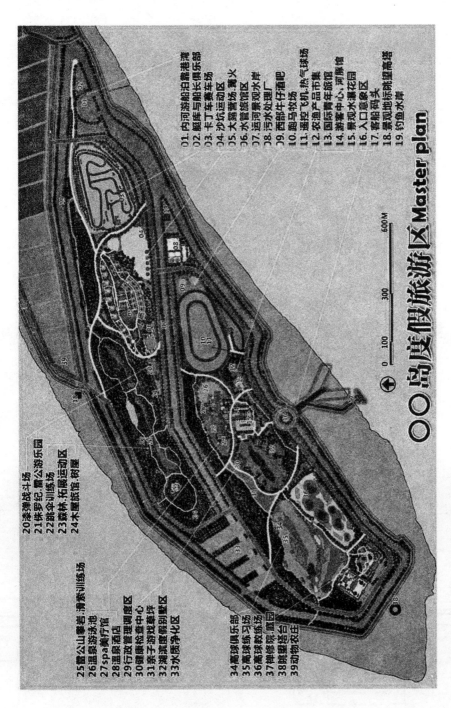

岛屿类型运动旅游区配置图（本书两位作者共同规划）

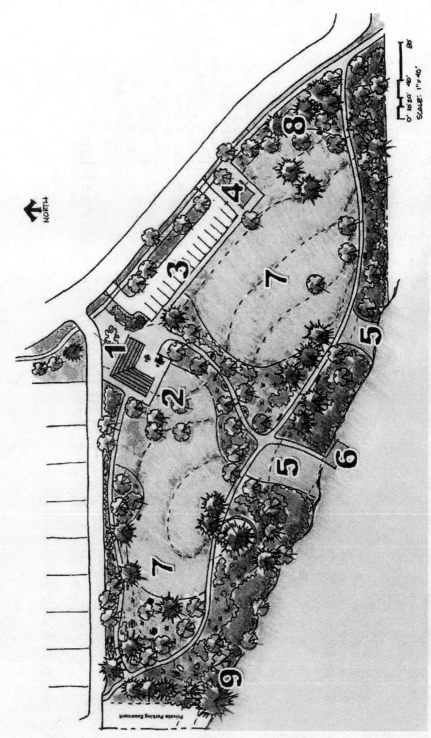

①主要入口,野餐大棚架;②草地野餐区;③停车场;④简餐、便利商店;⑤船艇上下水岸的通路;⑥小码头、钓鱼、眺景;⑦开放草地(斜坡与平地);⑧树林活动区;⑨保留植物多样性的水岸

河滨小型绿地游憩区(作者绘制)

五、海滨域运动旅游区配置参考

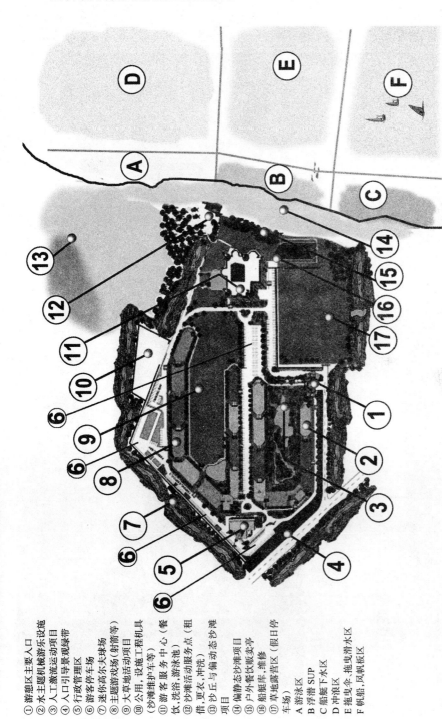

海滨沙滩旅游区配置图一（改绘自：Lotus Desaru Beach Resort）

① 游憩区主要入口
② 水主题机械游乐设施
③ 人工激流运动项目
④ 入口引导景观绿带
⑤ 行政管理区
⑥ 游客停车场
⑦ 迷你高尔夫球场
⑧ 主题游戏场（射箭等）
⑨ 大草地活动项目
⑩ 公用，设施工程机具（沙滩维护车等）
⑪ 游客服务中心（餐饮，洗浴，游泳池）
⑫ 沙滩活动服务点（租借，更衣，冲洗）
⑬ 沙丘与偏动态沙滩项目
⑭ 偏静态沙滩项目
⑮ 户外餐饮贩卖亭
⑯ 船艇库，维修
⑰ 草地露营区（假日停车场）

A 游泳区
B 浮潜 SUP
C 船艇下水区
D 冲浪区
E 拖曳伞，拖曳滑水区
F 帆船，风帆板区

328 运动旅游

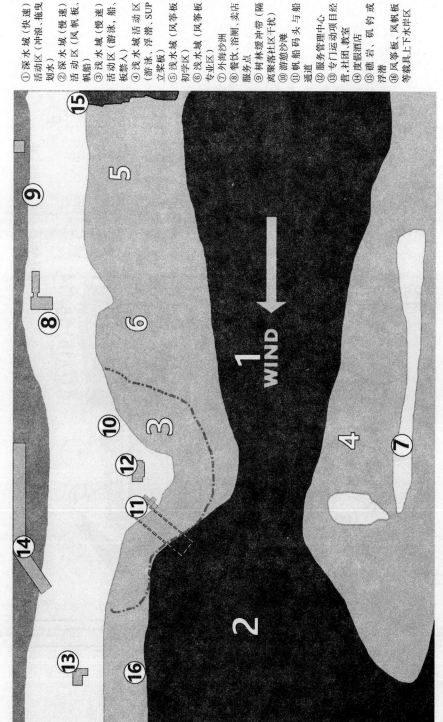

①深水域（快速）活动区（冲浪、拖曳划水）
②深水域（慢速）活动区（风帆板、帆船）
③浅水域（慢速）活动区（游泳、船板禁入）
④浅水域活动区（游泳、浮潜、SUP立浆板）
⑤浅水域（风筝板初学区）
⑥浅水域（风筝板专业区）
⑦外海沙洲
⑧餐饮、浴厕、卖店服务点
⑨树林缓冲带（隔离聚落社区干扰）
⑩游憩沙滩
⑪帆船码头与船通道
⑫服务管理中心
⑬专门运动项目经营，社团，教室
⑭度假酒店
⑮礁岩、矶钓区
⑯风帆板、风帆板浮潜
⑰等载具上下水岸区

海滨沙滩旅游区配置图二（作者绘制）

参考书目

1. 吴必虎,尹骏.观光规划原理.香港:华泰文化,2012.
2. 方伟达.休闲设施管理.台北:五南图书出版公司,2009.
3. 吴崇旗,王伟琴.户外游憩管理.台北:华都文化事业公司,2009.
4. 蔡岳达译.风浪板宝典.台北:大都会出版,2007.
5. 黄建崴.自行车健身全攻略.台北:大拓文化出版,2016.
6. 李嘉亮,邢正康.图解登山圣经.台北:远足文化,2015.
7. 李嘉亮.台湾钓鱼秘诀全集.台北:远足文化,2015.
8. 微微蔡.图解露营必备料理书.台北:快捷方式文化出版,2016.
9. 吴松龄.休闲活动设计规划.台北:杨智文化事业公司,2006.
10. 李铭辉,郭建兴.观光游憩资源规划.台北:杨智文化事业公司,2001.
11. 侯锦雄.游憩区规划.台北:地景出版公司,1999.
12. 谢淑芬.观光心理学.台北:五南图书出版公司,1994.
13. 郭岱宜.生态旅游.台北:杨智文化事业公司,1999.
14. 曾庆攒.主题乐园经营与管理.台北:华立图书公司,2013.
15. 张宫熊.休闲事业管理.台北:杨智文化事业公司,2008.
16. 李素馨.游憩体验与景观评估.台北:田园城市文化事业,1999.
17. 林晏州.观光游憩资源发展潜力评估架构之探讨发展.台北:国民旅游研讨会报告,1988.
18. 张笑译.帆船运动百科.青岛:青岛出版社,2010.
19. 林凤蕾,廉涛等.我国体育旅游产业发展政策研究.体育社会科学.2015.
20. 何祖星,夏贵霞.运动休闲产业与旅游产业融合发展研究.西安体育学院学报.2015.
21. 邹延宁,杜杰,王海涛.滑雪运动与旅游产业的发展.佳木斯教育学院学报.2006.
22. 松井健等.自然环境评估指针.东京:朝日书店,1995.
23. 滁原修等.景观用语事典.东京:彰国,1990.
24. 日本土木学会.水辺の景观设计.东京:技报堂出版株式会社,1988.
25. 网页.岛屿步行日记.hero780403.blogspot.tw.
26. 网页.健行笔记.hiking.thenote.com.tw.

27. 网页.登山与健行.www.mobile01.com.
28. 网页.维基百科全书.Wikipedia.www.wikipedia.org.
29. 网页.百度百科.www.baike.baidu.com.
30. 网页.韦伯视觉百科.www Merriam-Webster.com,Visual Dictionary Online.
31. 网页.天方地圆旅游指南.http:// p823.info/.
32. 网页.永续环境——旅游.www.epa.com.tw/tourism.
33. 网页.台湾攀岩数据库.www.climbing.org.
34. 胡斯比.钓鱼百科全书.北京:中国农业出版社,2001.
35. 网页.运动生活——天方地圆旅游指南.p823.ufc.com.tw/.
36. 网页.高尔夫球运动讨论区_Mobile01.www.mobile01.com/topiclist.pjp?f=646.
37. Joao Diniz Sanches. Jenson Button. The Karting Manual: The Complete Beginner's Guide. London: Haynes Publishing UK, 2011.
38. 网页.冲浪教学.www.afei.com/tw/ch_t/surfing_class.
39. 网页.水行者风筝冲浪俱乐部.waterman-kitesurfing.com
40. 丁枫峻.东南亚自助潜水趣.台北:华都文化,2010.
41. 盛文林.赛艇·皮划艇:激流上的运动.北京:台海出版社,2014.
42. 网页.台湾帆船网.www.siling.org.tw/
43. 陈武山.游泳运动教程.台北:大展出版社,2008.
44. 日本旅游联盟.安全游泳.台北:新雨出版社,1999.
45. 吴崇旗,王伟琴.户外游憩管理.台北:华都文化,2009.
46. Michael Kent. Oxford Dictionary of Sports Science and Medicine. New York: Oxford University Press, 2001.
47. Alan Tomlinson. A Dictionary of Sports Studies. New York: Oxford University Press, 2016.
48. John Jenkins , John Pigram. Outdoor Recreation Management. London: Rouledge, 2002.
49. Goeldner, C. & Ritchie, J. Tourism: Principles, practices. philosophies. Wiley, 2009.
50. Jean-Claude Corbeil, Ariane Archambault. Paris: Le Visuel Dictionnaire français-anglais, 2006.

后 记

随着社会经济发展，旅游逐渐成为我们生活中的一项重要活动。国外的动态运动旅游相当普及，风景区的户外运动十分丰富。结合身体运动的旅游与大自然更融为一体，使人们得到更深层次的旅游体验，更能锻炼身体健康，也更能培养冒险的精神。不同的户外运动项目都与自然环境密切关联，也就是需要身体运动、移动的介质条件，要有风、有气流、有水流、有坡度、有岩壁、有积雪等。

在黄山大断崖上攀岩、弹跳，在长城上滑滑板、玩运动单车，可能是许多户外运动爱好者的梦想，但是多数景区管理者或观赏类游客仍难接受。借鉴国外案例，有许多知名景区都在区内资源不敏感的场域，辟设活动空间。比如美国、加拿大的国家公园，也在其核心保护区外划设多处露营区、划船区，通过适当的规划、科学的管理，使环境资源可持续利用。其实，黄山周边仍有许多花岗岩剥蚀的山岳，西湖周边仍有许多类似的绿柳湖塘，整个广西美丽的石灰岩山水更是分布多处。只要有科学合理的规划，可以发展攀岩、飞行伞、划船、高空滑索等多种运动旅游项目，大幅度地扩大旅游资源容纳量，也更能使游客深度体验人与风景的互动。

这本书罗列六十余种运动旅游项目，包含常见的陆域、水域、空域户外运动项目，供爱好运动或旅游相关产业、景区规划者参考。当然，本书的每一种运动项目单凭数个页面的图文叙述，是远远不够的，它只是概略地介绍每一种项目所需的环境条件和基本入门常识。真正的玩家，可能需累积数十倍关于它的专业知识，深入掌握气流、水流、地形的奥妙变化，积累更丰富的运动旅游知识。作者希望这本书能够起到抛砖引玉的作用，为推动中国运动旅游的发展提供一份微薄的力量。

本书完稿不仅靠两位编著者的投入，还要感谢许多户外运动爱好者提供宝贵经验，尤其感谢东南大学出版社的各位老师不厌其烦地编排协助，感谢东南大学徐俐等同学热心协助。书中如有疏漏之处，恳请读者不吝赐教。